国家社会科学基金项目"中国区域经济差异的尺度效应分析"（项目号：11CJL064）

中国区域经济增长
收敛的多尺度分析

周杰文 著

中国社会科学出版社

图书在版编目（CIP）数据

中国区域经济增长收敛的多尺度分析/周杰文著.—北京：中国
社会科学出版社，2017.11
ISBN 978 – 7 – 5203 – 0951 – 6

Ⅰ.①中…　Ⅱ.①周…　Ⅲ.①区域经济发展—研究—中国
Ⅳ.①F127

中国版本图书馆 CIP 数据核字（2017）第 220309 号

出 版 人　赵剑英
责任编辑　周晓慧
责任校对　无 介
责任印制　戴 宽

出　　版　中国社会科学出版社
社　　址　北京鼓楼西大街甲 158 号
邮　　编　100720
网　　址　http://www.csspw.cn
发 行 部　010 – 84083685
门 市 部　010 – 84029450
经　　销　新华书店及其他书店

印　　刷　北京明恒达印务有限公司
装　　订　廊坊市广阳区广增装订厂
版　　次　2017 年 11 月第 1 版
印　　次　2017 年 11 月第 1 次印刷

开　　本　710×1000　1/16
印　　张　24.75
插　　页　2
字　　数　346 千字
定　　价　106.00 元

目　　录

第一章

导　　论

第一节　研究背景与研究意义

一　研究背景

中国经济在改革开放以来，为了加快向市场经济过渡的步伐，在国家宏观政策的指引下，在中央政府推行的非平衡发展战略的引导下，各地区竞相努力促进经济增长，取得了令世人瞩目的成就，并在2010年反超日本，成为世界上仅次于美国的第二大经济体。这得益于中国卓有成效的改革开放。

改革开放有力地促进了各地区经济的异速发展。不同时期的改革开放在空间布局和演化上相对于各地区而言各有侧重。与此同时，各地区有指向性的非均衡发展战略在对中国生产要素投入的空间配置以及生产率的空间分布产生极大影响的同时，也对各地区产生了不同甚或截然不同的影响。各地区各有侧重的改革导致了各有特色的地区发展，而对外开放比对内改革更加明显地塑造了地区差异性。再加上各地区经济增长初始状态不一，区位条件各异，发展过程中刺激经济增长的方式方法不同，不可避免会出现各地区异速增长的现象，从而可能出现较为严重的区域经济增长差异问题。

区域经济的差异化增长带来人口、资源、环境、工资收入、社会福利等方面的问题，并进一步影响下一阶段的经济增长。区域发展的不均衡，会产生严重的社会问题，相应地会降低高增长所产生的福利，并进一步阻碍未来经济的健康成长（Dupont，2007；Gardiner et al.，2011；Petrakos et al.，2000；Rey et al.，2005）。

区域经济的差异化也因此引起政府部门的高度重视。缩小区域发展差距，促进均衡、协调和可持续的区域经济增长成为政府调控中国区域经济发展的重要目标。

与此同时，区域经济差异问题早已引起学者的重视。各位学者采用不同的方法和指标，从不同的视角研究区域经济差异问题，取得了丰硕的成果（文献综述中有介绍，在此不再赘述）。这对深入认识、了解、解决区域经济差异问题提供了很好的参考。

其中，中国各区域经济的增长是否会收敛这一问题受到了重视。如果各区域经济增长会收敛，则各级政府应采取的措施和实施的政策与不收敛的状况会有很大不同。各位学者在此问题上做了很多工作，但其中的一些结论各异，甚或互相冲突。其中的原因，有指标和研究时段选取的不同，而研究尺度不一是导致研究结果不同的重要原因。从不同尺度来研究区域经济增长收敛情况，可以丰富对区域经济增长收敛的认识，并为寻找区域经济差异的主要来源提供参考。

二 研究意义

从多个角度分析不同空间尺度上的区域经济差异，以期对区域收入分配的历史演变加以更好的理解。这里所采用的研究思路是简化复杂的现实以获得一般的理论。总的来说，本书希望在以下方面取得一定的进步。

第一，试着整合各种探索方法，对具有多层面特征的区域经济差异进行综合分析。用区域差异系数法、收敛性检验、分布形态和空间集聚、系数分解和尺度方差等方法分析区域经济差异问题，从不同侧面反映中国区域经济差异的特征，这样可以较为全面地研究中国的区域经济差异现象。

第二，从空间依赖在区域经济差异中的影响角度考虑，与现实更接近。这一分析回应并延伸了 Rey 和 Janikas 的观点，即应理解区域经济差异和空间依赖之间的潜在关系。关于样本独立分布的假设在现实中遭遇了困难，因为空间中的经济单元很可能因为彼此之间的靠近而相互影响。通过加入空间依赖因素，在一定程度上反映了空间依赖性在区域经济差异分析中的影响。

第三，在考虑县尺度的空间依赖时是基于交通相邻的关系来分析的，这能更好地反映区域间的空间依赖性，也为以后基于县尺度的有关空间依赖性的研究提供一个参考。在省、市尺度上使用边界相邻关系来定义省、市间的空间依赖性应该没错。但是在县尺度上则可能出现问题。一个显然的事实是，县之间，特别是经济和交通都不发达的较为偏远的县之间，如果没有交通相连，则很难说这些县之间存在空间的相互依赖。故而使用交通相邻关系来定义县之间的空间依赖可能更好。

第二节 研究内容与特色

一 研究内容

区域经济增长收敛的分析是要识别各尺度在整个区域经济差异中的贡献或影响，这主要包括以下几个部分的内容。

（一）区域经济差异尺度效应分析的理论研究

研究区域经济差异的尺度效应分析中的一般指标选择和时空尺度选择，并确定区域经济差异分析中的尺度效应指标。明确研究中需要使用的区域差异指标、收敛性检验、分布形态和空间集聚等指标、方法和模型。

（二）同一方法在多尺度上重复使用的区域经济差异的尺度效应分析

确定区域差异指标，并基于全国数据和这些指标来分析区域经济差异及其收敛性；分析区域经济差异曲线形态变化；分析区域经济级变和秩变；分析区域经济空间自相关性。

二 研究特色

本书研究在继承现有的卓有成效的研究基础上，试图在以下几个方面获得一些进展：

第一，充分认识区域经济差异研究中所存在的尺度效应。通过区域差异指标、收敛性检验、分布形态和空间集聚等指标、方法和模型从不同侧面较为全面地反映了区域经济差异分析中所存在的尺度效应，得出了所选取尺度的不同会带来各异甚或相反的研究结论。

第二，基于较长的连续年份、较全面的数据在地带、省、市和县四个不同尺度上使用相同的指标分析了区域经济差异的尺度效应。使用 1990—2012 年共 23 年的 2272 个县级单位、34 个地级单位和 31 个省级单位的数据对区域经济差异尺度效应进行较为全面的分析。

第三，考虑了基于交通相邻的空间效应的影响。在 β 收敛检验中考虑了空间相关性，并且在县尺度上基于交通相邻建立了空间权重矩阵。因为每年的交通道路都有新建、改建的情况，在此收集了 1990—2012 年共 23 年的省道、国道和高速公路等道路信息，并基于此建立了基于交通相邻的空间权重矩阵。

第二章

国内外研究综述

第一节 国外研究综述

国外对区域经济增长收敛的研究很早就已开始，在各个不同时期，研究的侧重点各有不同。总体而言，可以划分为以下三个阶段。

一 20世纪50年代至90年代，绝对β收敛广受关注

区域经济差异会缩小或扩大的问题引起众多学者从理论模型和实证研究上予以关注。众多的研究者采用新古典增长理论和新增长理论。这些理论主要关注的是各经济体在两个时点间增长速度的不同，即发展中地区是否会比发达地区具有更高的增长速度及其原因，即β收敛。但是β收敛显然也存在一些不足之处，如很难揭示经济体增长在时间上和空间上的演变。很显然，区域经济差异的演变不是简单的单调的变化。因此，只检验β收敛就会忽略两个时点间差异变化的幅度和方向。就此而言，很有必要检验σ收敛。

以索洛（Solow，1956）和斯旺（Swan，1956）为创立者的新古典增长模型的基本思想是生产中规模报酬不变和要素投入的边际产出递减。资本边际报酬递减规律使得落后经济体比发达经济体的增长速度相对较快。因此，从长期来看，不同经济体的人均产出水平会收敛于稳定状态，即出现经济增长收敛。如果两个国家在人口增长率、储蓄率、技术进步率和折旧率等方面相同，则会出现"绝对β收敛"。若

这些方面不相同，则落后经济和发达经济可能会分别收敛于其自身的稳态水平，出现"条件 β 收敛"。Cass（1965）和 Koopmans（1965）等人将 Ramsey（1928）的分析框架引入经济增长分析领域，Diamond（1965）把 Overlapping Generation Model 的分析框架引入经济增长分析领域，从而使得新古典经济增长理论日臻完善。但新古典增长模型没有考虑技术进步和其他要素投入，并且假定储蓄率是外生不变的，等等，这使其无法回答"经济体为什么能够实现长期经济增长"这一问题。

以 Romer（1986）和 Lucas（1988）等人为创立者的新增长理论于 20 世纪 80 年代中期开始逐步发展起来，它改进了新古典增长理论不能解释经济体的长期经济增长这一主要缺陷。新增长理论的发展历程可划分为两个阶段，即 AK 型增长理论和 R&D 型增长理论（Jones，1995；徐现祥，2006）阶段。Romer（1986）和 Lucas（1988）从外部性角度将技术进步内生化，将其视为经济活动主体进行投资决策的产物，二者及其后来追随者的模型都假定要素边际报酬不变。这样，不同经济结构的国家和地区将以不同的速度增长，劳均产出差异呈现出发散的趋势，不存在收敛机制。AK 型增长理论通过放弃要素边际报酬递减假设得到持续增长的可能，而从真正意义上解释内生的技术变迁的是 R&D 型增长理论。R&D 型增长理论（Romer，1990；Grossman & Helpman，1991；Aghion & Howitt，1992；Jones，1995）以创新者的垄断收益与研发投入决策来刻画经济增长的动力机制，提供了关于经济增长源泉的进一步解释。他们通过将有目的的 R&D 活动进行模型化来刻画内生技术的变迁。其增长和收敛机制以技术进步为基础，特别关注技术扩散与模仿对经济增长差异的影响。如果存在技术扩散，则具有收敛机制，否则，经济增长是发散的（Grossman & Helpman，1991；Barro & Sala-i-Martin，1997）。

在这些经济收敛假说提出之后，学者们围绕不同国家，或同一国家不同地区之间的经济发展水平是否会趋于收敛进行了大量的实证研究。

真正开始从实证的角度探讨收敛性问题的是 Baumol（1986）。他分析了 16 个工业化国家 1870—1978 年的人均收入数据，得出 β 收敛的结论。他还对这 16 个国家外的其他国家进行类似分析，发现发达国家经济增长具有 β 收敛特征，而欠发达国家却没有。而 Abramovitz（1986）发现，工业化国家只是在第二次世界大战后存在收敛，而 1870—1950 年则不存在收敛；Delong（1988）从样本选择偏向和测算误差两个角度对 Baumol（1986）的研究工作提出了批评和质疑，认为 Baumol 的研究结果取决于其样本的选择范围，若将样本扩展到工业化国家以外，得到的结论是经济分散化。Ordover 和 Baumol（1988）针对 Delong 提出的质疑，使用包括工业化国家以外更多国家的数据，以保证样本选择的无偏性，结果表明，高收入国家间存在收敛性，而低收入国家间则不存在收敛性。

二 20 世纪 90 年代和 21 世纪初，σ 收敛、条件 β 收敛和俱乐部收敛更具吸引力

为更好地应对收敛研究中所出现的问题，新古典增长理论拥护者将经济收敛的情况细化为绝对 β 收敛、条件 β 收敛、俱乐部收敛、σ 收敛等多种类型。其中，条件 β 收敛是指各经济体的增长速度受其初期水平、资源禀赋、技术进步、投资率、人口增长率以及地区间要素流动等因素的影响，在长期内收敛于各自的稳定状态。Mankiw（1992）和 Durlauf（1995）在条件 β 收敛假说的基础上提出俱乐部收敛假说，即经济结构特征与初始水平相似的经济体会在长期内趋于收敛。Barro 和 Sala-i-Martin（1990）还提出了 σ 收敛的概念：若各经济体的人均收入水平差异随着时间的推移而趋于减少，则这些经济体存在 σ 收敛。σ 收敛和 β 收敛之间既存在内在关系，也存在根本区别。Sala-i-Martin（1996）认为，β 收敛是 σ 收敛的必要而非充分条件，即在一定研究时期内，若存在 σ 收敛则一定存在 β 收敛，若存在 β 收敛却不一定存在 σ 收敛；其根本区别体现在 σ 收敛分析描述的是地区经济差异在每个时点上的状态和既有的变动轨迹，β 收敛分析则能够描

述一个经济体内部差异的长期变动规律。

在众多的跨国经济收敛实证研究（Barro，1991，1997；Mankiw，Romer & Weil，1992；Sachs et al.，1995）中发现，在世界范围内，不存在绝对 β 收敛，但确实存在条件 β 收敛。Quah（1996）对条件 β 收敛分析框架提出了批判，认为重要的是经济体间经济绩效的比较，而非强调每个经济体与其自身的稳态的比较，从而应该关注整个经济体增长分布的演进。Quah 采用动态收入分布方法对 105 个国家相对收入的动态变化趋势进行了实证研究。结果表明，105 个国家的收入分布动态变化从"单峰"收敛格局向"双峰"收敛格局演进，出现了显著的俱乐部收敛。随后，Jones（1997），Carl-Johan Dalgaard（2003）也得出了相似的研究结论。

与此同时，对一国内经济收敛进行研究更容易得到收敛的结果，其中，美国、日本（Barro & Sala-i-Martin，1990，1991，1992a，1992b；Young et al.，2009）及欧盟各成员国（Neven & Gouyette，1995；Armstrong，1995；Fagerberg & Verspagen，1996；Tondl，1999，2001；Vanhoudt et al.，2000；Martin，2000，2001）、发达国家的各区域具有更为相似的经济结构特征，因而比泰国、菲律宾和印度（Dixon，1999；Hosono et al.，2000；Sanghamitra，2003）等发展中国家的区域收敛性更明显。当然，这不排除发达国家有可能存在发散的情况如意大利（Mauro & Godrecca，1994），也不能排除一些发达国家存在阶段性发散的情况如美国 19 世纪中期和内战期间的分散阶段）（Alan M. Taylor，1996）。Young et al.（2003）基于美国县、州 1970 年和 1998 年的数据进行了研究，结果显示，这两年截面上的收入分布是单峰的。

三 21 世纪初到现在空间因素很受重视

随着新经济地理学的发展（Krugman，1995），经济增长与地理特征及空间分布有关的观点，即高收入区域在空间上是日益加强还是减弱逐渐受到重视。内生增长理论认可受技术外溢、资本和劳动迁移、商品和信息流动的类型和程度影响的空间外部性因素的作用。可以说，这些外部性因素可能由于现代的空间经济一体化而变得越来越重要，在某种程度上，这可能导致区域收入水平的空间自相关性增强。Rey(2001)和 Giuseppe Arbia(2005)的研究表明，空间效应对经济增长的收敛性会产生重要影响。这些空间依赖性的存在可能使以经济学方法为基础的推论无效，因为它违反了观测独立的假设(Rey & Janikas，2005)。用以验证这种空间依赖性的方法主要有 Moran 系数(Moran，1950)，用以消除经济收敛数据的空间自相关性的模型主要有空间滞后模型、空间误差模型及将两者结合在一起的混合模型。

在地理经济学的文献中，出现了一种倾向，认为相同的规则适用于所有的空间尺度，因此，"同样的模型通常被用来解释在不同大小尺度上空间集聚与专业化，从国际层面，到国家内广泛的中心—边缘模式，到当地城市工业的集聚，甚至到内向型城市的邻里"(Martin，1999，p. 78)。Overman(2004，p. 513)对此的观点是，"在寻找通用规则或倾向的过程中，重要的是要记得，在某一特定的空间尺度上适用的规则在另一个空间尺度上可能是不适用的"。同时，地理学研究也认为，经济进程并不独立于多尺度(Sheppard & McMaster，2004)。相应地，使用差异分解技术的研究通过对区域内部或区域之间不平衡原因的区别与这一观点相联系((Martin，2001；Rey，2004a；Shorrocks & Wan，2005)。实际上，研究多尺度空间现象主要有两种方法(Wu et al.，2000)，其中之一就是将同一方法重复运用于多种尺度上。

第二节　国内研究综述

中国对区域经济增长收敛的研究起步相对较晚(从 1992 年开始)。从尺度的角度来看，对中国区域经济差异的研究主要基于省尺度、地市尺度、县尺度和多尺度等(见表 2 - 1、表 2 - 2、表 2 - 3)。

表 2 - 1　　　　基于省尺度中国区域经济收敛研究的主要文献

序号	研究者及时间	分析时段	分析方法	分析结论
1	Chen，J. et al.（1996）	1978—1993	α 收敛 β 收敛	各省间存在条件 β 收敛
2	Jian，T. et al.（1996）	1952—1993	α 收敛 β 收敛	1978—1990 年存在 α 收敛；1978—1993 年存在 β 收敛
3	宋学明（1996）	1978—1992	β 收敛	各省间存在绝对 β 收敛
4	魏后凯（1997）	1978—1995	绝对 β 收敛	从人均 GDP 和人均国民收入水平来看，存在阶段性收敛；从居民人均收入水平来看，不存在收敛
			β 收敛	1978—1985 年存在收敛；1985—1995 年不存在收敛
5	申海（1999）	1978—1996	β 收敛	各省间存在 β 收敛
6	蔡昉、都阳（2000）	1978—1998	泰尔系数	各省间不存在趋同趋势；东中西部内部呈趋同趋势
			β 收敛	东部与中部内部存在趋同趋势；各省间不存在绝对 β 趋同趋势，但存在条件 β 趋同
7	胡鞍钢、邹平（2000）	1978—1994	β 收敛	80 年代表现出 β 收敛趋势，而 90 年代以后却趋于发散
8	Aziz 等（2001）	1978—1997	收入分布	省区的收入分布具有双峰特征，沿海省区集中分布其中一个，其他省区集中分布另外一个
9	刘木平、舒元（2001）	1978—1997	β 收敛	各省间不存在绝对收敛；存在条件 β 收敛
10	刘强（2001）	1981—1998	β 收敛	1981—1998 年各省间存在弱收敛；1981—1989 年各省间存在收敛；1989—1998 年不存在收敛
11	刘强（2001）	1981—1998	σ 收敛 绝对 β 收敛	省区间经济增长的收敛性存在明显的阶段性和区域性，不同省区间的产出差距与宏观经济的波动状态存在着正相关关系
12	沈坤荣、马俊（2001）	1978—1999	β 收敛	东、中、西部内部存在显著的俱乐部收敛；存在条件 β 收敛
13	张胜等（2001）	1952—1998	绝对 β 收敛	1990 年之前收敛，之后发散
14	罗仁福等（2002）	1978—1999	β 收敛	改革开放以来呈现出条件趋同的趋势
15	沈坤荣等（2002）	1978—1999	β 收敛 俱乐部收敛	存在绝对 β 收敛，存在东、中、西部俱乐部收敛，存在条件 β 收敛

续表

序号	研究者及时间	分析时段	分析方法	分析结论
16	王铮、葛昭攀（2002）	1985—1999	β 收敛	存在着东、中、西三大经济区的条件 β 收敛，收敛的稳态值呈现东、中、西依次递减的现象。20 世纪 90 年代以区域间的差异为主，区域内部差异不显著
17	Weeks 等（2003）	1953—1997	条件 β 收敛	用截面分析方法发现不存在条件 β 收敛；用面板分析方法发现存在条件 β 收敛，且 1978 年前的收敛速度低于 1978 年后
18	林毅夫、刘明兴（2003）	1978—1999	条件 β 收敛	存在条件 β 收敛
19	马栓友等（2003）	1981—1999	β 收敛	地区差距发散
20	陈安平、李国平（2004）	1952—2001	ADF 检验协整检验	东部各省间有收敛趋势；西部各省间有收敛趋势；中部各省间不存在收敛趋势；东、中、西部间不存在收敛趋势
21	董先安（2004）	1985—2002	条件 β 收敛	存在条件 β 收敛
22	刘夏明、魏英琪、李国平（2004）	1980—2001	俱乐部收敛	中国不存在"俱乐部收敛"，90 年代地区差距呈上升趋势，地区经济的总体差距主要是沿海和内陆地区的差距，在各地区内部不存在所谓的"俱乐部收敛"
23	王志刚（2004）	1978—1999	β 收敛	不存在条件 β 收敛，地区间的收入差异在不断扩大，但并不排除地区内部的条件 β 收敛性
24	徐现祥（2004）	1978—1998	收入分布	存在双峰趋同，沿海、内地的组内收入差距逐步缩小，而组间收入差距不断拉大
25	吴玉鸣、徐建华（2004）	1998—2002	Moran's I	中国省域经济增长具有明显的空间依赖性
26	覃成林（2004）	1978—1999	σ 收敛β 收敛	1978—1990 年为 σ 趋同，1990—1999 年为 σ 分异。1978—1990 年为 β 趋同，1990—1999 年为 β 分异。1978—1999 年存在着 β 趋同和明显的俱乐部趋同现象
27	王小鲁等（2004）	1980—2001	σ 收敛β 收敛	东部沿海地区和中、西部内陆地区，在经济发展水平方面，无论是绝对差距还是相对差距都继续扩大

序号	研究者及时间	分析时段	分析方法	分析结论
28	程健等（2005）	1952—2003	随机收敛	上海、贵州与其他各省无共同变动趋势，其余中、西部地区内收敛具有共同趋势，但与东部差距有扩大趋势
29	顾六宝（2005）	1995—2005	β 收敛	存在 β 收敛
30	林光平等（2005）	1978—2002	绝对 β 收敛	存在绝对 β 收敛趋势
31	彭国华（2005）	1982—2002	β 收敛俱乐部收敛	全国范围内没有绝对收敛，只有条件 β 收敛；只有东部地区存在俱乐部收敛现象
32	姚波（2005）	1978—2003	标准差和加权变异系数绝对收敛和条件收敛	省际发散，基于标准差的结果是，各地区间经济发展差异的确呈现出比较明显的 σ 发散现象；基于加权变异系数的结果是，从 1978 年至 1990 年为一个回落阶段，而在 1990 年至 2003 年则改变了原有的方向而转变为持续的上升阶段
33	姚波（2005）	1952—2003	加权变异系数	省际呈 U 形
			ADF 检验协整检验	东部地区有长期收敛趋势；中部地区不存在收敛趋势；西部地区存在收敛趋势；东、中、西部之间不存在收敛趋势
34	周卫峰（2005）	1978—2002	σ 收敛 β 收敛	不存在绝对收敛性。1978—1991 年，东部地区和中、西部地区内部各自存在人均 GDP 收敛（β 收敛），从而形成了俱乐部收敛。但1992 年之后，这一收敛趋势已经不复存在
35	徐康宁、韩剑（2005）	1978—2003	俱乐部收敛	中国资源丰裕地区的经济增长速度普遍要慢于资源贫瘠的地区
36	程建、连玉君（2005）	1952—2003	随机收敛	除上海与贵州外，按照分省配对协整检验划分的三大区域中，西部地区具有收敛特征而东部地区不存在收敛。三大地区间不存在收敛，但中、西部地区具有共同的增长趋势而与东部地区则不存在这种关系，东部与中、西部的经济差距在 1990 年以后呈现出明显扩大的趋势

序号	研究者及时间	分析时段	分析方法	分析结论
37	王远林、杨竹莘（2005）	1980—2000	σ 收敛	中国区域经济发展水平在 1980—1990 年差异趋于减小，而 1990 年后又趋于扩大。中国区域经济之间的收敛性存在着阶段性
38	郭腾云、徐勇（2005）	1952—2000	σ 收敛 β 收敛	这一时期既不存在 σ 收敛趋势，也不存在 β 收敛趋势。其中 1966—1979 年既不存在 β 收敛，也不存在 σ 收敛；1952—1966 年存在 β 收敛；1979—2000 年既存在 β 收敛，也存在 σ 收敛
39	赵伟、马瑞永（2005）	1978—2002	β 收敛	1978—1989 年存在显著的收敛性，1989—2002 年存在发散性，1978—2002 年总体上存在一定的收敛性
40	Pedroni 等（2006）	1952—1997	随机收敛	省区存在着明显发散
41	郭朝先（2006）	1993—2004	β 收敛	三大地带没有出现俱乐部收敛
42	林光平等（2006）	1978—2002	σ 收敛	90 年代末期以后开始出现 σ 收敛
43	彭国华（2006）	1952—2004	随机收敛	中国地区经济总体上只有较弱的收敛性；改革开放以来，东部地区收敛趋势增强，全国总体、中部和西部地区的收敛力度不同程度地减弱
44	沈坤荣等（2006）	1978—2003	条件 β 收敛	存在条件 β 收敛
45	滕建州、梁琪（2006）	1952—2003	随机收敛 β 收敛	东部地区随机收敛；中、西部地区则随机发散，并具有共同随机趋势；27 个省份存在 23 个随机收敛；有 11 个省份在最后一次冲击后呈现 β 收敛
46	汪锋等（2006）	1978—2003	条件 β 收敛	存在条件 β 收敛
47	吴玉鸣（2006）	1978—2002	条件 β 收敛	存在条件 β 收敛
48	张鸿武等（2006）	1952—2004	随机收敛	1952—2004 年不存在随机性趋同；1952—2004 年，尤其是 1978—2004 年，中国部分区域存在俱乐部趋同的现象

续表

序号	研究者及时间	分析时段	分析方法	分析结论
49	许召元、李善同（2006）	1978—2004	σ收敛 β收敛	与20世纪90年代相比，2000年以来中国地区差距扩大的速度有所减缓；1990年后存在着显著的条件β收敛
50	傅晓霞等（2006）	1990—2004	随机前沿生产函数	1990年以来中国地区全要素生产率呈现出绝对发散趋势
51	石磊、高帆（2006）	1978—2004	σ收敛 β收敛	以1990年为拐点，呈U形变化；东部地区存在显著的俱乐部收敛，东部与中、西部的差距增加
52	吴强等（2007）	1971—2004	条件β收敛	收敛存在门槛效应，一旦突破低收入门槛，各省区在不同的收入状态中保持快速收敛性
53	项云帆、王少平（2007）	1996—2005	β收敛	1996—2000年区域人均GDP为β收敛，而2001—2005年为β发散，整体上1996—2005年中国区域人均GDP呈发散状态
54	贾俊雪、郭庆旺（2007）	1978—2004	基尼系数 β收敛 俱乐部收敛 收入分布	全国人均GDP水平差异主要源于地区间差异，20世纪90年代以来全国地区间差异呈上升趋势，但2001年以后明显趋缓，且于2003年出现反转迹象；全国并不存在增长趋同，三个地区中只有中部地区存在着增长趋同，但东、西部地区分别存在着以上海和新疆为中心的趋同子俱乐部；中国区域经济的增长分布主体上为"单峰"分布，但自20世纪90年代以来，"双峰"分布的迹象似乎逐步趋强
55	覃成林、王荣斌（2007）	1978—2005	σ收敛	全国区域经济增长没有出现σ趋同；初级产品生产区域和工业化中级阶段区域出现了明显的σ趋同，工业化高级阶段区域出现了微弱的σ趋同，工业化初级阶段区域则基本上没有出现σ趋同
56	龙文（2007）	1980—2004	β收敛	不能拒斥中国区域经济的条件β收敛性
57	何一峰等（2008）	1978—2006	σ收敛 俱乐部收敛	不存在全国范围内的经济收敛；存在三个收敛俱乐部，而上海和贵州未进入任何一个收敛俱乐部

续表

序号	研究者及时间	分析时段	分析方法	分析结论
58	张晓旭等（2008）	1978—2003	绝对 β 收敛	不考虑空间自相关的情况下，不存在绝对 β 收敛；考虑了空间自相关的情况下，存在绝对 β 收敛
59	余长林（2008）	1978—2003	β 收敛	中国各地区间的经济增长存在显著的条件 β 收敛特征，控制因素为人口增长率、物质资本投资率、人力资本水平和制度等
60	张茹（2008）	1978—2005	σ 收敛 Kernel 密度函数 β 收敛	地区增长差异存在阶段性和区域性，以 1990 年前后为结构性拐点，东、中、西部间和沿海内陆间存在显著变化；地区间存在显著的条件 β 收敛和俱乐部收敛
61	尹伟华、张焕明（2008）	1979—2006	β 收敛	改革开放以来中国区域经济增长不存在绝对 β 收敛趋势，但呈现出显著的条件 β 收敛
62	刘生龙（2009）	1985—2007	绝对收敛 条件 β 收敛	存在着绝对收敛，但短期内不存在绝对收敛；不论长期还是短期，中国区域经济增长均存在条件 β 收敛
63	覃成林、张伟丽（2009）	1978—2005	俱乐部收敛	改革开放以来，中国的区域经济增长发生了明显的俱乐部趋同
64	陈洪安、李国平（2009）	1978—2007	绝对差异 相对差异 绝对趋同	相对差异在 20 世纪 90 年代之前表现为组间缩小，90 年代后开始逐渐扩大，2002 年之后又有所缩小；1978—1994 年出现绝对趋同，1999—2002 年出现了绝对趋异的态势，改革开放以来并未长期表现出绝对的趋同或趋异
65	郭爱君、贾善铭（2010）	1952—2007	β 收敛	西部地区并不存在 β 收敛；特别是在改革开放和西部大开发政策实施后，经济的发散性进一步增强
66	潘文卿（2010）	1978—2007	β 收敛 σ 收敛 俱乐部收敛 Moran's I 收入分布	不存在全域性的 σ 收敛和 β 绝对收敛，但却存在东部与中部两大俱乐部收敛的趋势，而西部地区的收敛特征并不显著　纳入关联效应后，存在全域性的 β 绝对收敛。1990 年前，存在全国性的 β 绝对收敛和东部与中、西部两大收敛俱乐部；1990 年后，全国性的 β 绝对收敛已不复存在，过去的两大收敛俱乐部也分化成了东、中、西三大收敛俱乐部

续表

序号	研究者及时间	分析时段	分析方法	分析结论
67	王亮（2010）	1978—2007	俱乐部收敛	采用能够进行内生分组的 logit 回归方法和四步法集聚机制检验程序分析了中国 30 个省区 1978—2007 年的实际人均 GDP 数据的集团收敛性。最终的检验结果表明，除了黑龙江、云南和贵州三个省以外，其余 27 个省区形成了三个收敛集团
68	李冀、严汉平（2010）	1979—2008	β 收敛	1979—1992 年三大地区之间存在收敛；1992—2008 年出现了发散；1999—2008 年出现了绝对收敛；1979—2008 年，绝对收敛不太明显，未呈现出绝对收敛的态势
69	武鹏、金相郁、马丽（2010）	1952—2008	Moran's I 收入分布	未出现俱乐部收敛的现象；邻近区域间的经济发展水平具有一定的相对收敛性
70	金相郁、武鹏（2010）	1952—2008	核密度 Moran's I	1952 年以来中国区域经济发展差距呈现"Amos 假说"的周期性变化过程；改革开放以来符合"收敛假说"
71	王荣斌（2011）	1978—2008	β 收敛	没有出现绝对趋同。在要素投入、增长过程这两个稳态因子的作用下，中国区域经济增长均发生了明显的条件趋同；在地理环境、政策扰动因子的作用下，中国区域经济增长均没有出现条件趋同；在上述四个稳态因子的综合作用下，出现了条件趋同
72	陈浩、邓祥征（2011）	1980—2008	Moran's I σ 收敛	1984 年以后各地区之间经济发展呈正空间自相关关系，即全国区域经济发展差异整体上是收敛的；20 世纪 80 年代是收敛的，90 年代呈现出发散特征，90 年代末到 2008 年呈收敛态势，且在整体上是收敛的
73	钞小静、任保平（2011）	1978—2007	变异系数 基尼系数 σ 收敛	1978—2000 年，中国地区经济增长质量差距呈现剧烈的波动状态，没有出现明显的收敛趋势。2001 年开始用变异系数和基尼系数表示的各地区经济增长质量差异呈现缩小的趋势，σ 系数则显示，各地区经济增长质量的差异是略微扩大的

序号	研究者及时间	分析时段	分析方法	分析结论
74	史修松、赵曙东（2011）	1978—2009	β收敛	在考虑地区间地理空间因素之后，中国地区经济增长在1978—2009年表现出了较为显著的全域收敛性
75	曹海波（2012）	1978—2010	σ收敛 β收敛 俱乐部收敛	1978—1990年与2003—2010年中国经济满足σ收敛，但在1990—2003年样本期间经济处于发散状态。东、中、西三大地区表现出的收敛情况不相同。全国以及东、中、西三大经济区经济增长都满足条件β收敛
76	陈得文、陶良虎（2012）	1978—2010	俱乐部收敛	中国区域空间存在着显著的中心，次级和外围空间俱乐部趋同效应，各趋同俱乐部之间存在着不同水平的空间依赖关系，中心区域和次级区域之间的空间依赖性比较突出，外围区域市场效应影响有限，次级区域和外围区域之间的空间依赖性以副作用为主
77	杜丽永、蔡志坚（2012）	1952—2009	随机收敛 β收敛	如果考虑结构突变，在断点之后的时期内有近半数省份呈现随机收敛和β收敛证据，并且当断点内生时，β收敛的证据更为充分，东部地区和中部地区形成各自的"俱乐部"。东部省份近年来高于全国平均收入水平的程度有所缓解；而中部不少省份也逐渐缩小了与全国平均水平的差距；西部地区则有半数省份具有相同的增长路径，部分省份近年来与全国平均收入水平的差距也有逐渐缩小的趋势
78	宋长青等（2013）	1981—2010	σ收敛 β收敛	全国及三大区域的经济增长效率均在一定程度上表现出了收敛特征
79	张晓蓓（2013）	1990—2009	β收敛	呈现条件趋同而非绝对趋同；呈现俱乐部趋同倾向；人力资本是决定中国地区经济能否收敛的主要因素
80	朱国忠等（2014）	1952—2008	β收敛	总体上不存在收敛性。中国各省有一定的空间相关性，但总体上不是很强。东部地区经济不收敛，空间效应明显；而中西部地区经济收敛，空间效应不明显

序号	研究者及时间	分析时段	分析方法	分析结论
81	王欣亮等(2014)	1952—2012	β 收敛	整体而言呈发散状态；1952—1978 年呈收敛趋势，1979—1999 年呈发散趋势，2000—2012 年呈发散趋势，其中，2000—2005 年呈发散趋势，2006—2012 年呈收敛趋势。四大板块呈现出时段性收敛的特点，1952—1978 年呈全域收敛趋势，1979—1999 年呈全域发散状态，2000—2012 年只有东部地区呈俱乐部收敛
82	左停、穆哈拜提·帕热提(2015)	2000—2012	σ 收敛	广东、江苏、浙江、山东、广西、四川、内蒙古七个典型的区域间存在 σ 收敛

表 2－2   基于市尺度中国区域经济收敛研究的主要文献

序号	研究者及时间	分析对象与时段	分析方法	分析结论
1	徐现祥等(2004)	216 个地级城市，1990—1999	σ 收敛绝对 β 收敛	存在 σ 收敛和绝对 β 收敛
2	曾光(2006)	"长三角" 16 个城市，1978—2004	绝对差异相对差异σ 收敛	绝对差异呈现出明显加速扩大的趋势，并且有比较明显的阶段性特征；相对差异逐年减少；存在着 σ 收敛；存在较为明显的绝对 β 收敛现象
3	张馨之、何江(2006)	341 个地区，1990—2004	空间相关	1990—2004 年中国各地区人均 GDP 增长速度不仅在整个考察期，而且在各个子时段都表现出了显著的空间相关性；人均 GDP 增长速度的聚集区以高增长和低增长聚集区为主
4	俞路、蒋元涛(2007)	全国与三大都市圈，1978—2004	Theil 系数Moran's I	三大都市圈内部各区域之间的总差距一直在减小。组间差距在 1990 年以前一直持续下降，并在这之后下降为总差异中的次要部分，组内差异逐渐成为主要差异
5	周业安和章泉(2008)	182 个地市，1988—2004	β 收敛	东、中、西三大地区存在条件 β 收敛

序号	研究者及时间	分析对象与时段	分析方法	分析结论
6	徐大丰等（2009）	194个地市，1990—2003	条件β收敛 俱乐部收敛	存在高收入俱乐部趋同，而不存在条件趋同和低收入俱乐部趋同
7	张伟丽等（2011）	329个地市，1990—2006	基于空间计量的俱乐部趋同	地市 ESDA 分析得到的区域组更加符合俱乐部趋同"组内趋同而组间趋异"的特点，地市经济增长存在 HH 和 LL 两个空间趋同俱乐部
8	陈芳（2011）	256个地市，1990—2009	σ收敛 β收敛	1990—2006年，城市经济不存在 σ 收敛，但是，2006年以来，城市经济差异有明显缩小的趋势
9	曾鹏、陈芬（2012）	十大城市群，1994—2008	σ收敛 β收敛	中国十大城市群在 σ 收敛、β 收敛和俱乐部收敛的特征和趋势上不具有一致性；σ 收敛的变化受到外界因素的影响；从 β 收敛的角度看，中西部地区城市群的人均 GDP 增长率的增长势头要高于东部地区城市；从俱乐部收敛的角度看，中国十大城市群的城市一体化特征明显

表2-3 **基于县尺度中国区域经济收敛研究的主要文献**

序号	研究者及时间	研究对象与时段	分析方法	分析结论
1	马国霞等（2007）	京津冀都市圈140个县区，1992—2003	绝对β收敛	存在绝对 β 收敛
2	苏良军等（2007）	"长三角"75个县级市，2000—2005；"珠三角"19个县级市，2002—2005	条件β收敛	两个区域都存在条件 β 收敛
3	许洪范（2007）	2714个县域，1989—2004	σ收敛 绝对β收敛 俱乐部收敛	存在 σ 趋异，绝对 β 检验存在发散的趋势。第 I 类县域经济差异存在 σ 趋异，但是存在明显的俱乐部收敛；第 II 类县域经济差异存在 σ 趋异，但是不存在俱乐部收敛；第 III 类县域经济存在明显 σ 收敛，而且存在明显的俱乐部收敛

续表

序号	研究者及时间	研究对象与时段	分析方法	分析结论
4	张学良(2009)	长三角 132 个县市区,1993—2006	绝对 β 收敛	考虑空间依赖性后,长三角县市区经济增长的收敛方向并没有改变,但其经济收敛的速度却明显下降
5	陈芳(2011)	1943 个县和县级市,2000—2009	σ 收敛 β 收敛	自 2000 年以来不存在 σ 收敛,县域经济差异逐年扩大
6	龙志和等(2012)	1271 个县,2000—2008	β 收敛	县域经济间存在显著的空间正相关性,地区间的空间正向效应缩小了中国县域经济的差异,促进了中国县域经济的趋同;东、中、西和东北四大板块的县域经济具有不同的空间相关效应和收敛特征
7	谢磊等(2014)	长江中游经济区 114 个县,2001—2010	差异系数 Moran's I	以人均 GDP 为测度指标,采用传统统计学和 ESDA 相结合的方法分析 2001—2010 年长江中游经济区县域经济差异的时空特征,相对差异呈 M 形变化,县域经济空间相关性出现波动式减弱
8	潘竟虎、贾文晶(2014)	592 个国家级贫困县,2000—2010	ESDA 和 GIS 空间分析方法	在数量上表现为非均衡的发展格局;在空间分布上呈现出东—西递增,南—北递减的分异趋势;在总体分布格局上,县域经济的自相关性不断增加;在局部分布格局上,各贫困县域经济总体发展水平不均衡,县域之间的经济差异有所扩大。县域经济发展存在较显著的俱乐部收敛

此外,还有很多学者从不同方面对中国区域经济差异研究进行了翔实的整理(见表 2 - 4),并给出了相应的评价或(和)研究趋势判断(见表 2 - 5)。

表 2 - 4　　　　　中国区域经济增长收敛研究综述的主要文献

序号	研究者及时间	综述内容
1	吴彤、罗浩(2004)	介绍了新古典增长理论的趋同假说,总结 20 世纪 90 年代中期以来中国区域经济趋同研究的三个"典型化事实":阶段性绝对趋同、俱乐部趋同和条件趋同
2	王启仿(2004)	总体上认为,1978—1990 年存在 σ 收敛格局,而 1990 年以后不存在 σ 收敛格局;1978—2000 年,存在条件 β 收敛趋势,但在收敛速度的测算结果上存在较大差距;对绝对 β 收敛趋势存在与否也存在着争议;普遍认为区域经济增长的俱乐部收敛现象在中国开始显现,但在其产生原因上的观点有所不同
3	俞培果、蒋葵 (2005)	全面概括收敛问题的产生及收敛概念,并深入辨析了绝对收敛、条件 β 收敛、俱乐部收敛和 e 收敛,全面归纳了各种识别方法;归纳了对世界上大多数国家和地区数据所作识别的结果;深入分析了收敛理论与传统理论的冲突与协调;最后概括了近年来收敛研究的深化与扩展研究的趋势
4	张国强、沈茹(2006)	相关文献主要从经验出发,利用横截面数据和时间序列数据或面板数据等计量方法进行实证研究,但结论并不完全相同。原因有三:分解与测度的指标不同;样本选择的区间和时段不同以及测度误差;回归办法不同
5	金相郁(2006)	将区域经济增长收敛分析方法总结为 β 收敛、σ 收敛、概率收敛,并加以说明和评价
6	马瑞永(2006)	1978—1990 年中国区域经济增长存在 σ 收敛,而 1990 年以后不存在 σ 收敛;1978—2000 年,中国区域经济增长存在条件 β 收敛趋势;对绝对 β 收敛趋势存在与否也存在着争议;普遍认为区域经济增长存在"俱乐部收敛"现象,但关于其产生原因的观点有所不同,基本上围绕着物质资本、人力资本、市场化改革、对外开放、政府政策和发展战略等方面进行阐述
7	陈晓玲、李国平(2007)	比较分析了研究经济收敛的横截面回归分析法、时间序列分析法、分布动态法及统计指标法四种实证研究方法,介绍相关实证研究方法的最新进展
8	胡艳君、莫桂青(2008)	在分析三种区域经济差异概念的基础上,给出较为一致的界定,介绍了"极端的"平衡增长理论、"温和的"平衡增长理论和"完善的"平衡增长理论三种区域均衡发展理论,佩鲁的发展极理论、缪尔达尔的循环累积因果论、赫希曼的不平衡增长理论、弗里德曼的中心—外围论、区域经济梯度推移理论和威廉姆逊的倒"U"形理论六种区域非均衡发展理论

续表

序号	研究者及时间	综述内容
9	刘胜强、周兵（2008）	对中国区域经济发展差距现状考察的研究主要有区域经济发展差距收敛论、区域经济差距发散论和区域经济发展差距倒 U 形论。对中国区域经济发展差距产生原因的研究主要有：区域经济发展差距形成的总体原因，东西部地区经济发展差异的原因，沿海与内地经济差异的原因，从产业结构的角度分析、从人口迁移、城市化进程和受教育程度角度的分析，从资本流动角度的分析和从经济政策角度的分析等。
10	罗浩（2008）	中国区域经济增长收敛性有三个"典型化事实"，即阶段性绝对收敛、俱乐部收敛和条件 β 收敛，影响因素主要有人力资本、开放程度、市场化程度、结构变量、劳动力流动、发展战略和宏观经济波动等
11	覃成林、张伟丽（2008）	主要综述俱乐部趋同的概念探究（时间维度和空间维度）、实证检验（区域类型划分方法、俱乐部趋同检验方法）和趋同机制（基于传统计量方法、分布演变和空间计量方法）等
12	杨智斌、曾先峰（2010）	从空间集聚、技术进步、外商直接投资、产业结构调整、人力资本、贸易开放度、比较优势与自生能力、地区发展战略八个视角梳理了国内外学者解析中国区域经济差异的相关文献
13	徐鹏程（2010a，b）	综述了中国区域经济差异研究中的 σ 收敛、绝对 β 收敛、条件 β 收敛和俱乐部收敛，并分析了其研究方法的适用范围
14	邓冬林、张伟丽（2010）	从选取指标、时空尺度、研究方法、主要结论、原因探讨、扩展方向等方面进行了综述
15	琚晓星等（2011）	中国区域经济增长差异收敛性有四种情况：绝对 β 收敛、条件 β 收敛、β 俱乐部收敛和增长发散
16	王坤（2011）	由于研究区域空间的尺度不同、分析的时期不同、选择的统计指标不同、研究的计量方法不同，现有关于趋势的研究没有形成一致的结论；大多数研究认为，90 年代后，中国的区域经济发展总体趋势是趋同的
17	张伟丽、覃成林（2011）	基于文献中时间俱乐部和空间俱乐部的概念，为弥补俱乐部在时间和空间维度上分离的缺陷，认为有必要从时空耦合的角度认识俱乐部趋同，从而得到三类五种俱乐部趋同：时间俱乐部趋同（截面型时间俱乐部趋同、随机型时间俱乐部趋同）、空间俱乐部趋同和时空耦合俱乐部趋同（截面型时空耦合俱乐部趋同、随机型时空耦合俱乐部趋同）
18	张文爱（2012）	从 σ 收敛、β 收敛、俱乐部收敛和时间序列收敛四个方面综述了国内外文献；并对收敛理论概念、收敛检验方法、收敛性实证研究进行了简评
19	李广东、方创琳（2013）	近年来，国外研究在多学科融合框架下更为关注地理的作用，从而导致空间计量分析和空间统计分析成为热点方法，地理信息技术逐步受到重视，研究尺度逐步降低并向实用化发展

表 2 - 5　　　中国区域经济增长收敛文献综述中的评价或(和)

研究趋势判断情况

序号	研究者及时间	评价或(和)研究趋势判断
1	王启仿(2004)	在理论研究中,需要检验收敛假说在中国区域经济发展中的普遍适用性,需要进一步探讨中国区域经济增长中的规律性问题。在经验研究方面,需要进一步验证市场化改革、人力资本、劳动力的区际流动、人口增长、投资率、城市化、工业化、产业结构的转变、外商直接投资、技术进步、区域经济发展战略等对区域经济增长收敛性的作用机制及其影响程度
2	刘慧(2006)	对于空间模型模拟分析的理论方法还有待于进一步研究。结合 GIS 进行空间分析也是今后区域差异机制分析的一个重要方向
3	张国强、沈茹(2006)	要建立适合中国国情的增长模型,重视对制度因素的研究
4	金相郁(2006)	区域增长收敛分析不该单纯利用一种变量和方法,而应利用多种变量和方法,并做全面的分析
5	胡艳君、莫桂青(2008)	对于比较难量化的制度因素和历史文化因素对区域经济差异影响的研究以及相关的理论不多
6	罗浩(2008)	未来的可能方向是二元经济与经济收敛、要素流动性与经济收敛、经济收敛的政治经济学以及西部大开发政策的收敛绩效等
7	覃成林、张伟丽(2008)	俱乐部趋同的时空耦合及分类、区域划分方法的科学性和一致性、俱乐部趋同机制的分析路径、俱乐部趋同的理论框架和检验框架
8	杨智斌、曾先峰(2010)	缺乏基于从中观产业视角以及微观企业视角的研究;缺乏综合性的全面考察
9	徐鹏程(2010a,b)	经济增长收敛研究内容的创新、研究方法的创新
10	吴爱芝等(2011)	在制度和历史文化等难以量化的因素上的定量化分析和研究还相当匮乏;提出要使用新的研究方法对区域经济差异的构成和缘由进行分解,或在不完全竞争和规模报酬递增的框架下进行研究的建议
11	琚晓星等(2011)	完全借鉴国外已有的研究方法。未来研究方向主要表现为研究方法上的创新、研究范围的确定和影响因素的确定
12	张文爱(2012)	研究对象上对于区域内部特别是对于西部地区内部的发展差距及收敛性的研究相对偏少;研究内容上对于收敛的生成机制与实现路径的研究相对不足;研究方法上,最近才重视区域空间效应

序号	研究者及时间	评价或（和）研究趋势判断
13	李广东、方创琳(2013)	国内研究多是国外经验在中国的验证，本土化创新不足；研究尺度以省域层面为主，城市和县域研究明显缺乏；空间效应逐步受到关注，对区域差异的基本问题仍存在较大争议。未来研究应在数据选取上更为细化和全面，尝试追踪和监测区域经济差异的动态变化格局，构建经济增长差异定量测度方法体系和技术平台，加强区域间的关联以及经济溢出、空间溢出效应测度研究，关注差异机制和机理解析

从所整理的研究中国区域经济收敛的文献来看：（1）对中国区域经济收敛的研究比较多的是基于省尺度的数据来进行的，其次是基于多尺度的研究；（2）基于多尺度的研究所使用的尺度主要是地区和省，使用地市数据的不多，使用县尺度数据的更少，只有陈培阳、朱喜钢(2012)的研究使用连续多年的县尺度数据；（3）1990年是研究中需要处理的重要节点，也是中国区域经济收敛变化趋势出现转变的重要年份；（4）多种方法的对比研究不是很多，缺乏对中国区域经济收敛的较为综合的研究。

有关中国地区经济增长收敛性趋势的结论不统一，甚至相互矛盾。其中的主要原因是：（1）数据的可获得性和质量以及地区差距测算指标的选取；（2）不同的研究采用了不同的样本时期；（3）不同的研究使用了不同的方法(刘夏明，2004)。除了采用的分析方法、统计指标和考察问题的角度有所不同外，研究的时空尺度也不同。研究认为以下两点事实是不容否认的：（1）基于不同的空间基本单元，即使采用同一测度指标，衡量相同年份的收入收敛，得到的结果也肯定不同。（2）即使基于相同的空间单元，采用相同的测度指标，在不同的时间段内考察区域收入差异的收敛性，得到的结果也肯定不同(徐建华等，2005)。

因此，综合国内外研究，特别是针对中国区域经济收敛研究所存在的可以进一步延伸的地方，本书主要从大区域、省、市和县尺度上使用α收敛、绝对β收敛、俱乐部收敛、收入分布形态、空间集聚等方法来研究中国区域经济增长的收敛性。

第三章

数据与方法

第一节　指标与经济区划

一　指标

通常反映经济发展的指标有很多，使用较为广泛的是人均 GDP。

用以反映空间相关的权重矩阵有很多种建立方法。但考虑到县级单位本身的经济属性及其空间影响特性，在此基于交通相邻建立空间权重矩阵。故而，此处所使用的是省际道路以上的交通数据，且各年可能都不一样。

二　中国的经济区划

对中国经济区域的地域划分，主要有以下几种方法：两分法、三大地带划分法、四分法、五大区域划分法、六分法、七分法、八分法、九大经济区划分法及以省级行政单元(包括省、直辖市和自治区)为基本区域单元的划分法和以县级行政单元(包括县、县级市、县级区、县级镇)为基本区域单元的划分法等。

总的来看，目前中国区域的划分方法不是很统一。但是，由于多方面的原因，比较接受的还是"三大地带"的划分方法。为便于对照，在此采用两分法、三大地带划分法、四分法和六分法四种区划方法。

三 行政区划相关情况处理

中国的行政区划处于不断的变化中。从中国1990—2012年县级以上行政区划数量变化情况(见图3-1)来看，总体上变化不是很大，但局部还是有些变化。省级和地级行政单位的数目变化不大，省级行政区划的变化主要在：1997年设立的重庆直辖市和香港特别行政区，1999年设立的澳门特别行政区。而县级单位数目的绝对值变化相对而言要大一些，但相对值变化不是很大。尽管如此，这给我们的研究带来一个各指标的计算口径如何统一的问题，特别是要求各年间有相同计算对象的指标(如β收敛、级变和秩变的指标等)。

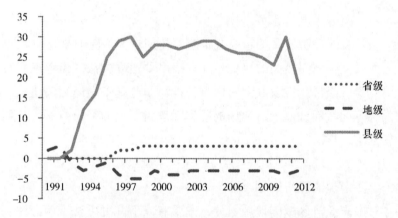

**图3-1　中国1990—2010年县级以上行政区划数目
与1990年相比的变化**

资料来源：1990—1999年的数据来自《中华人民共和国行政区划沿革地图集(1949—1999)》(陈潮、陈洪玲主编，中国地图出版社2003年版)；2000—2012年的数据来自1991—2013年各年《中华人民共和国行政区划简册》(中华人民共和国民政部编，中国地图出版社)。

虽然从整体上看，县级和地级行政区划单位的变化不是很大，但从县级和地级行政区划单位的组成部分来看可能会不一样。从地级单位的各组成部分数目(见图3-2)来看，1990—2012年，自治州的数目没变，盟的数目从 8 个变为 3 个，而地级市的数目从 185 个变为 283 个，与此同时，地区的数目从 113 个变为 17 个。

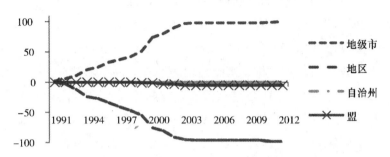

图 3 - 2　地级行政区划比 1990 年的增减情况(1991—2012)
资料来源：同图 3 - 1。

县级单位各组成部分数目(见图 3 - 3)在 1990—2012 年也有一定的变化，自治旗的数目一直是 3 个，特区的数目从 3 个变为 2 个，林区的数目从 2 个变为 1 个，旗的数目从 51 个变为 49 个，自治县的数目从 121 个变为 117 个，市辖区的数目从 651 个变为 853 个，县的数目从 1723 个变为 1461 个，县级市的数目从 279 个变为 390 个。

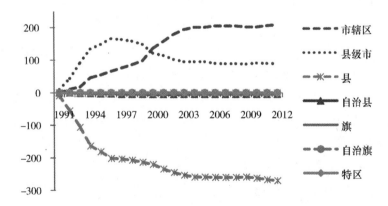

图 3 - 3　县级行政区划比 1990 年的增减情况(1991—2012)
资料来源：同图 3 - 1。

从县级和地级行政区划组成部分的单位数在 1990—2010 年的变化来看，有些组成部分的变化还是比较大的。为统一计算对象，需要对这些行政区划单位对象进行处理。从数目有增有减的情况来看，各行政单位有的被拆分，有的被合并，有的还可能被重新组合。对此按如下方式处理：(1) 被拆分的行政单位的处理。原有的行政单位被拆分后会出现新的行政单位，则新出现的行政单位在未被拆分出来时的人均 GDP 等于拆分后它的原来行政单位的人均 GDP。亦即，如果行政单位 X 在年份 j 被拆分为 X_1、X_2、$\cdots$、X_n 等 n 个行政单位，设在年份 $j-1$，X 的人均 GDP 为 X_g，则，X_1、X_2、$\cdots$、X_n 等 n 个行政单位在年份 j 应有相应的人均 GDP 值，但它们在前一年，即年份 $j-1$ 的人均 GDP 值却没有，在此将它们皆计为 X_g。(2) 被合并的行政单位的处理：相应的人口与 GDP 进行合并。

第二节　数据的处理

本研究中所涉及的数据较多。这主要体现在以下几个方面：(1) 涉及 31 个省级单位，344 个市级单位和 2272 个县级单位；(2) 时间段为 1990—2012 年，这期间各级行政单位有可能发生了一些变化，包括合并、重组、分解等；(3) 数据的统计口径可能不完全统一。

基于上述情况，需要对数据进行一些处理，其中，既包括对数据较为共性的处理，也包括对部分数据更为具体和细节性的处理。前者主要涉及人口、人均 GDP、数据统一性、数据缺失、数据连续性、数据合理性和市区数据等的处理，后者主要是指各县级数据、时间段和图例的处理。

一　数据的一般处理

数据的一般处理主要是有关数据较为通用的一些处理。这涉及人口、人均 GDP、数据统一性、数据缺失、数据连续性、数据合理性和市区数据等的处理。

（一）人口

有些区域的人口有年末人口(或年末户籍人口)和年平均人口两种口径，在此统一采用年末人口(或年末户籍人口)。凡有"年末人口"和"年末平均人口"数据的，采用"年末人口"数据。

（二）人均GDP

统计年鉴中一般会有GDP、人口、人均GDP等指标，但用GDP与人口数据计算得到的值与人均GDP的值不一致。还有些统计年鉴中并没给出各县的人均GDP值。为此，本书统一用GDP与人口数之比得到人均GDP值。

（三）数据统一性

各区域的数据由其内各次级区域数据的加总得到。统计年鉴中各区域的数据不一定等于其内各组成区域相应数据的总和。各省级行政单位内各地级行政单位的相应数据之和与该省级行政单位的相应数据不吻合，很多统计年鉴中各地级行政单位之内的各县级行政单位的相应数据之和与该地级行政单位的相应数据不吻合。考虑到此种情况，各区域的数据尽量用其内各次级区域的加总来表示。各省级行政单位的数据统一用地级行政单位数据的加总得到，各地级行政单位的数据统一用县级行政单位数据的加总得到。各省级单位的数据加总对应的是地级单位的相应数据。在特殊情况下，若区域内各次级区域的数据有缺失而需使用其数据来计算各次级区域的数据，则该区域次级区域的数据加总与该区域的数据一致。

尽量使用各省统计年鉴中给出的人口和GDP数据。为便于统一统计口径，尽量采用各省统计年鉴中给出的人口和GDP数据，若没有，则相应的人口数据来自相应年份《中华人民共和国全国分县市人口统计资料》。GDP数据尽量使用出版物中的实际数据。若没有相应的GDP数据，就使用其他出版物中的数据。

为便于统一统计口径，GDP尽量使用以"万元"为单位的数据，人口尽量使用以"万人"为单位的数据。

（四）数据缺失的处理

若地级行政单位有数据，而其内有一个县级行政单位缺数据，则此时仍用给出的地级行政单位的数据作为其本身的数据，而缺数据的县级行政单位的数据由地级行政单位的数据减去其他县级行政单位的数据得到。特别是，给出地级行政单位数据和其内各县级行政单位数据，但市辖区的数据缺失，都按此方法获得相应的数据。

为研究 1990—2012 年这 23 年的相关情况，在能获得的各种出版物中都没有相应 GDP 数据的情况下，对缺失的数据作如下处理：（1）若某县在年份 $i+1$ 的 GDP 为 g_{i+1} 及相对于前一年的增长率为 r，该县在年份 i 的 GDP 值分别为 g_i，则 $g_i = \dfrac{g_{i+1}}{1+r}$；（2）设某县在年份 i 的 GDP 为 g_i，且没有相应的增长率数据，该县在前一年和之后一年的 GDP 值分别为 g_{i-1} 和 g_{i+1}，则 $g_i = \sqrt{g_{i-1} \times g_{i+1}}$；（3）如没有前一年的数据，而只有后续年份的数据，则该年的数据为后一年数据的平方值与以后两年数据的商；（4）其他缺失年份数据依此类推。

（五）数据连续性

为保持县级单位的连续性，做如下处理：（1）把以前不在一个地市的县按照 2012 年的县目录对齐；（2）将新设和由其他行政单位分出的县级单位（新设的县级单位数为 2，由其他行政单位分出的县级单位数为 29）分别做如下处理：分出的县级单位依照当前年份的人口比重分解原分出单位以前年份的人口数和 GDP 数值，原分出单位以前年份的人口数和 GDP 数值据此改变。

（六）数据合理性

尽量使数据合理。如河南省济源市的 GDP 数据在《各市生产总值构成项目》（2005）中为 144.33 亿元，但在 2005 年《各市生产总值》中为 114.67 亿元。在《各市生产总值》（2006）和《各市支出法生产总值》（2006）中皆为 181.03 亿元，在《各市生产总值》（2004）和《各市生产总值构成项目》（2004）中皆为 120.5496 亿元。据此认为，济源市 2005 年的 GDP 应为 144.33 亿元。其他类似情况皆依此操作。

（七）市区数据的处理

市级行政单位所有市辖区数据加总被统称为"市区"，并视"市区"为一个县级单位。主要原因是：（1）全国各市的市辖区人口或GDP数据不全，甚或缺失较多；（2）有时在给出的市区相应数据中，只有部分市辖区的数据；（3）各市辖区之间的一体化程度一般很高，故应被视为一个整体。

（八）数据数量

344 个市级行政区划，比统计年鉴中 333 个多出 11 个的原因是加上了四个直辖市、海南、新疆的三个师市合一的市、湖北的三个省直辖市，去掉新疆的伊犁州。伊犁哈萨克自治州（伊犁州）是全国唯一的副省级自治州，是全国唯一的既辖地级行政区，又辖县级行政区的自治州。截至 2013 年，伊犁管辖塔城地区和阿勒泰地区，直辖 2 个县级市、7 个县、1 个自治县：伊宁市、奎屯市、伊宁县、察布查尔锡伯自治县、霍城县、巩留县、新源县、昭苏县、特克斯县、尼勒克县。境内驻有新疆生产建设兵团第四、七、八、九、十师 5 个师 60 个团场和新疆矿冶局、天西林业局、阿山林业局等单位。为便于计算，将伊犁州分为塔城地区、阿勒泰地区和伊犁州本部（即伊犁州直辖的 2 个县级市、7 个县、1 个自治县）三个地级区域，即在计算中未出现伊犁州而是出现三个地级区域。

（九）其他说明

为使得基于空间相关性的分析更为合理，在基于县级行政单位进行分析时，亦将只有市辖区而无下属县级单位的市级行政单元作为县级单位处理。

在 20 世纪 90 年代前期很多统计均无 GDP 数据，只有 GNP 数据，则以 GNP 数据代替 GDP 数据。

若省级统计年鉴数据与其他年鉴（如《中国城市统计年鉴》《中华人民共和国分县市人口统计资料》等）的统计数据相异，则采用省级统计年鉴的数据。

在不同年份的统计年鉴中都有的数据，采用距该年最近年份的数据，如 2001 年的数据采用 2002 年年鉴中的数据，而不采用后来其他年份年鉴(如 2009 年、2012 年)中出现的该年数据(有些省、直辖市和自治区的 60 年统计资料汇编中会做出修正，但并非所有的省级单位都做修正，故做此选择)。特别地，若该年的数据不全甚或缺失，而后面年份的年鉴中出现了该年的数据，但与该年前后年份的数据矛盾，则认为后面年份的数据不足采信而舍弃之。

若无其他说明，则各县区数据来自各省的统计年鉴。

所有 GDP 数据皆取"现价"值。

二 县级单位数据的具体处理

关于各省各县级单位的相关数据的具体处理参见附表 1 – 1。

三 交通数据的处理

各县间各年的交通数据主要来自相应年份的交通图册。通过各地图册的对比得到各县际的省道、国道和高速公路的修建年份。在此过程中，主要参考了各年的公路交通地图(见表 3 – 1)。很多年的情况则参考了多本地图，主要是为了确定没有漏掉相关信息。在处理中采取这样的原则：当年的地图中只要有一本地图记载了道路信息就认为该道路信息已经存在。因为有时候由于地图更新不及时而可能漏掉相应的道路信息。

表 3 – 1 　　　　　　　**各年交通数据来源(1990—2012)**

年份	参考地图资料
1989	《中国汽车司机地图册》，测绘出版社 1990 年版
1990	《中国交通营运里程图》，人民交通出版社 1991 年版
1991	《中国分省交通图》，东方出版社 1992 年版

续表

年份	参考地图资料
1991	《中国城市道路交通指南地图集》，哈尔滨地图出版社 1992 年版
1991	《最新实用中国地图册》，中国地图出版社 1992 年版
1992	《中国交通营运里程图》，人民交通出版社 1993 年版
1993	《中国交通营运里程图》，人民交通出版社 1994 年版
1993	麦柏楠主编，白凤文等编绘：《中国通用地图册》，测绘出版社 1994 年版
1994	《中国交通图册》，成都地图出版社 1995 年版
1994	《中国地图册》，中国地图出版社 1995 年版
1995	甄国宪：《驾驶员中国交通地图集》（新编版），学苑出版社 1996 年版
1995	《中国地图册》，星球地图出版社 1996 年版
1996	刘寅年、陈宝蕙：《军地两用汽车交通图册——全国公路网络行车指南》，解放军出版社 1997 年版
1997	《中国交通营运里程图》（新编版），人民交通出版社 1998 年版
1997	《中国汽车司机地图册》，中国地图出版社 1998 年版
1998	《中国交通公路营运行车指南》，成都地图出版社 1999 年版
1999	《中国交通营运里程图集》（新世纪版），人民交通出版社 2000 年版
1999	《中国交通营运里程图集》（新世纪版），人民交通出版社 2001 年版
1999	《中国交通营运里程图集》（新世纪版），人民交通出版社 2002 年版
1999	《中国旅游商务交通地图册》，哈尔滨地图出版社 2000 年版
2000	《锦绣中华交通旅游图集》，人民交通出版社、中国铁道出版社 2001 年版
2000	《中国分省道路地图集》，地质出版社 2001 年版
2001	《中国汽车司机营运地图集》，西安地图出版社 2002 年版

续表

年份	参考地图资料
2002	《中国交通营运里程图集》，人民交通出版社 2006 年版
2002	《中国高速公路速查》，成都地图出版社 2003 年版
2003	《中国交通图册》，成都地图出版社 2004 年版
2003	朱大仁编：《中国地图册》，中国地图出版社 2004 年版
2004	《中国交通图册》，星球地图出版社 2005 年版
2004	《中国旅游交通图册》，中国旅游出版社 2005 年版
2005	《中国高速公路及分省公路网地图集》，西安地图出版社 2006 年版
2005	《中国高速公路及城乡公路网地图集》（详查版），人民交通出版社 2006 年版
2006	《中国高速公路及城乡公路网地图集》，山东省地图出版社 2007 年版
2006	《中国高速公路营运里程及城乡公路网地图集》，福建省地图出版社 2010 年版
2006	《中国高速公路行车地图全集》，人民交通出版社 2013 年版
2007	《中国公路交通实用图集》，中国地图出版社 2008 年版
2008	《中国交通：公路营运行车指南》，成都地图出版社 2009 年版
2008	《中国交通地图册》，山东省地图出版社 2009 年版
2008	《中国高速公路及城乡公路网里程地图集·公路旅游必备》，中国旅游出版社 2009 年版
2009	《中国高速公路及城乡公路网里程地图集·公路旅游必备》，中国旅游出版社 2010 年版
2009	《中国公路网超详版地图集》（上册），测绘出版社 2010 年版
2009	《中国公路网超详版地图集》（下册），测绘出版社 2010 年版
2010	《通用中国交通地图册》，湖南地图出版社 2011 年版

续表

年份	参考地图资料
2010	《中国高速公路及城乡公路网里程地图集·公路旅游必备》，中国旅游出版社 2011 年版
2010	《中国分省交通详图》，人民交通出版社 2011 年版
2010	《中国分省高速公路、国道、省道地图册》，测绘出版社 2011 年版
2010	李宗顺：《中国公路交通实用图集》，中国地图出版社 2011 年版
2010	芦仲进：《中国公路交通图集》，中国地图出版社 2011 年版
2011	《中国高速公路行车指南》，人民交通出版社 2012 年版
2011	《中国专业运输及营运里程地图集》，人民交通出版社 2012 年版
2011	《中国高速公路及城乡公路网地图集》（超大详查版），中国地图出版社 2012 年版
2011	《中国高速公路及城乡公路网地图集·物流版》，中国地图出版社 2012 年版
2012	《中国高速公路地图集》，中国地图出版社 2013 年版
2012	《中国高速公路及城乡公路网地图集》（超大详查版），中国地图出版社 2013 年版

四　时间段的选取

主要选取 1990—2012 年的数据。以 1990 年为起点年份的原因是：

1. 在 1990 年之前，中国的经济发展受政治因素的影响较大，并没有体现出完全市场经济规律。只有在 1990 年之后，中国废除了价格双轨制和统包统销制度，才从真正意义上走向市场经济。因此，1990 年之后的数据能真正体现出市场经济下区域经济发展的正常规律。

2. 1989 年可以作为划分中国区域经济增长趋同区间的一个分界点。因为 1989 年以前，中国的计划机制在经济运行中仍占主导地位，但正逐步走向衰落，体制改革主要在农村领域展开，市场机制对经济运行只起着辅助性的调节作用。而 1989 年以后计划机制的职能和范围逐步萎缩和减小，市场机制在资源配置中逐步起着基础性的作用（刘强，2001）。因此，选择 1990 年为起始年份可以客观地反映改革开放深化以来中国区域经济增长及趋同的变化趋势。

3. 从前述文献综述的情况来看，1990 年是很多研究的重要时间节点。选取 1990 年为起点便于与以前的研究进行对照。

五　图例的约定

在没有给出图例的情况下，县、市、省、区域尺度的图例如下：

第三节　方法

可以从很多侧面来分析区域经济增长的收敛性，现在较为常用的方法主要有收敛性检验、分布形态和空间集聚等。

一　收敛性检验

学界一般将经济增长收敛划分为四种类型：α 收敛、条件 β 收敛、绝对 β 收敛和俱乐部收敛。这四种类型的收敛之间既有联系又有区别。

首先，α 收敛是指各个国家或地区的人均收入水平的绝对收敛，β 收敛是指落后国家或地区比发达国家或地区拥有更高的经济增长率。条件 β 收敛因各研究者使用的条件变量不一而得到的结论各异，因各尺度在各条件变量上比较难以使用具有统一口径的变量而在此不作研究。俱乐部收敛主要指经济增长的初始条件和结构特征相似的区域之间出现的相互趋同现象。俱乐部收敛具有在同一类型的区域组内趋同而在不同类型的区域组间趋异的特点，能更好地揭示区域经济增长总体趋异而局部趋同的现象。在此主要基于行政区划来分析俱乐部收敛。

其次，β收敛是α收敛存在的必要条件，因为若存在α收敛，意味着国家或地区间的收入绝对差距在缩小，这种情况只有当贫穷地区比富裕地区拥有更高的经济增长率时才能成立。但β收敛不是α收敛的充分条件，因为在收入差距缩小的过程中，常常受到新的随机因素的冲击。鉴于β收敛是α收敛存在的必要非充分条件，从逻辑上讲，在α收敛确实存在的前提下，无需对β收敛进行检验。而在β收敛确实存在的前提下，却无法确定是否存在α收敛。

最后，从数理统计的角度看，β收敛相当于不同国家和地区的增长率向期望值的回归，该期望值就是由技术进步决定的长期均衡增长率；α收敛描述的则是人均收入差异随时间的推移而减小。所以说，β收敛体现了总体收入在不同年份之间的分配变动，α收敛体现了总体收入在经济体中分布格局的变化。

而俱乐部收敛尽管属于β收敛的范畴，并且其检验方程也来源于β收敛的Barro经典回归方程，但由于俱乐部收敛是一种不同的收敛方式，且具有较强的现实意义和政策含义，因此有必要单独进行研究。

考虑到数据的可得性，在此主要使用α收敛、绝对β收敛和俱乐部收敛。

二 分布形态

分布形态主要包括分布形态动态变化和分布形态内部变化两种。前者主要用核密度方法来刻画，而后者则使用转移概率矩阵来反映各地区等级的变化(级变)和排序的变化(秩变)。

三 空间集聚

空间集聚主要使用空间自相关系数来描述各地区的分布是否存在

集聚。用以测度这种集聚程度的方法有很多种，较为常用的是莫兰系数（Moran's I，简写为 MI）来分析区域经济在空间上的分布是否具有集聚的特征。MI 定义如下（Moran，1950）：

$$MI = \frac{1}{\sum\limits_{i=1}^{n}\sum\limits_{j=1}^{n} w_{ij}} \cdot \frac{\sum\limits_{i=1}^{n}\sum\limits_{j=1}^{n} w_{ij}(x_i - \bar{x})(x_j - \bar{x})}{\sum\limits_{i=1}^{n}(x_i - \bar{x})^2/n} \qquad (3-1)$$

式中，n 为区域数，w_{ij} 为二元空间权重矩阵的元素，x_i 和 x_j 分别为区域 i,j 某一属性值，$\bar{x}$ 为 n 个区域的属性值的均值。

在正态假设下，MI 的期望值 $E(MI)$ 和方差 $Var(MI)$ 分别为：

$$E(MI) = -1/(n-1) \qquad (3-2)$$

$$Var(MI) = \frac{1}{w_0^2(n^2-1)} \cdot (n^2 w_1 - n w_2 + 3 w_0^2) - E^2(MI)$$

$$(3-3)$$

其中，

$$w_0 = \sum_{i=1}^{n}\sum_{j=1}^{n} w_{ij} \qquad (3-4)$$

$$w_1 = 0.5 \sum_{i}^{n}\sum_{j}^{n} (w_{ij} + w_{ji})^2 \qquad (3-5)$$

$$w_2 = \sum_{i}^{n} (w_{ij} + w_{ji})^2 \qquad (3-6)$$

$$w_{ij} = \sum_{j}^{n} w_{ij} \qquad (3-7)$$

$$w_{ji} = \sum_{j}^{n} w_{ji} \qquad (3-8)$$

一般通过 Z 值检验 MI 的显著性：

$$Z = [I - E(MI)]/\sqrt{Var(MI)} \qquad (3-9)$$

当 $\alpha = 0.05$ 时，$Z_{0.05} = 1.96$。

通常认为，当 $MI = -1/(n-1)$ 时，为随机的地理分布模式；当 $MI > -1/(n-1)$ 且检验为显著时，为正的空间自相关（即相似属性值倾向于聚集在一起，如高值与高值集聚在一起，低值与低值聚集在一起)的地理分布模式;当 $MI < -1/(n-1)$ 且检验为显著时,为负的空间自相关(即不同属性值倾向于聚集在一起,如高值与低值集聚在一起)的地理分布模式。

表 3 - 2 区域经济增长收敛性度量的指标

测度方法	测度指标
α 收敛	α 系数
β 收敛	β 系数
俱乐部收敛	β 系数
分布形态	核密度曲线
分布稳态	转移概率矩阵(级变、秩变)
空间集聚	空间自相关系数

第四章

区域经济增长收敛性检验的
多尺度分析

在关于收敛的研究中，一般将收敛分为 α 收敛和 β 收敛（Sala-i-Martin，1996）。σ 收敛和 β 收敛是相互联系的。若两个经济体经过一段时间后变得越来越相似，那贫穷的经济体一定会增长得快一些。这就出现了 β 收敛。进而，Log（GDP）的发散度降低了，从而也出现了 σ 收敛。不太可能出现的两个经济体更靠近了，但贫穷的经济体增长却不会快于富裕的经济体。换句话说，β 收敛是 σ 收敛的必要而非充分条件。

Quah（1993）认为，就 σ 收敛和 β 收敛而言，仅 σ 收敛有意义；β 收敛不能传递关于 σ 收敛或其他方面的任何有意义的信息，因而不应研究。但是，Sala-i-Martin（1996）认为，反映于 β 收敛的分布内迁移（intra-distribution mobility）至少和反映于 σ 收敛的分布变化（behaviour of the distribution）一样有意义。实际上，甚或可以认为，分布内迁移得非常厉害，σ 收敛的演化将变得没意义。奇怪的是，Quah（1994，1996）在进行随机核估计时（in the context of stochastic Kernel estimators）强调了迁移的重要性。β 收敛像任何必要条件一样，提供了 σ 收敛的相关信息。实际上，这两个现象在大多数的数据集里趋于同时出现也证明了这个观点。

实际上，α 收敛主要侧重于不同时间断面上的静态分析，而要动态考察某一时间段的区域经济增长就需研究 β 收敛。

第一节 α 收敛检验的多尺度分析

σ 收敛指不同地区间人均收入的标准差随时间的推移而趋于缩小。常用真实人均 GDP 对数值的标准差来描述和刻画 σ 收敛，因而被称为 σ 收敛系数。若 σ 收敛系数随时间的推移而变小，即 $\sigma_{t+T} < \sigma_t$，则称出现了 σ 收敛；若 σ 收敛系数随时间的推移而变大，则称出现了 σ 发散。

从 1990—2012 年县、市、省三个尺度上测算的 σ 系数情况（见图 4-1）来看：

1. 县尺度上的 σ 系数值要比市尺度和省尺度上的大，县尺度和市尺度上较为接近。

2. 大致呈倒 U 形。三尺度都呈现出先升后降的态势，省尺度的最高点出现在 2005 年，而县、市尺度都在 2008 年达到最高点。

3. 市尺度上的 σ 系数变化值要比县尺度和省尺度大，县尺度和市尺度较为接近。

4. 相较于 2002 年，2012 年的 σ 系数变化值总体而言是降低的，即 2002—2012 年存在 σ 收敛。2012 年的 σ 系数变化值大于 1，表明 1990—2012 年没有出现 σ 收敛。

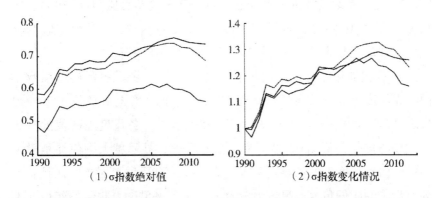

图 4-1 1990—2012 年 σ 系数及其年际变化情况

在关于 σ 收敛的研究中，很多只以少数几个时间段作为研究对象，这其中可能会漏掉这些时间段内其他年份关于 σ 收敛的信息，或者说不能全面反映这些时间段内的全部收敛信息。因此，很有必要将某一时间段内所有不同年份的 σ 收敛信息都表示出来。用三维柱状图显示以中国县、市、省三个尺度测算的 σ 系数年际变化情况，图中的每根柱条表示对应年份的 σ 系数变化值，白色柱体（σ < 1）表示发生了 σ 收敛，灰色柱体（σ > 1）表示发生了 σ 发散。

从中国县、市、省尺度 σ 系数的年际变化情况（见图 4 - 2）来看：

1. 各尺度上存在 σ 收敛的时间段数不同，县尺度上 σ 收敛的阶段数最少，市尺度上次之，省尺度上最多。在县尺度上，存在 228（即图中 "n = 228"，下同）个年份的 σ 发散，其他年份均为 σ 收敛。因而，县尺度上有 25（即 25 = 253 - 228，253 为整个时段数）个时间段是收敛的。而市尺度上有 30（即 30 = 253 - 223）个时间段是收敛的，省尺度上有 56（即，56 = 253 - 197）个时间段是收敛的。

2. 省尺度上 σ 发散的年份并不完全包含市尺度上发散的年份，市尺度上 σ 发散的年份并不完全包含县尺度上 σ 发散的年份。反过来就是，省尺度上 σ 收敛的年份并不完全包含市尺度上 σ 收敛的年份，市尺度上 σ 收敛的年份并不完全包含县尺度上 σ 发散的年份。

3. 就 σ 系数变化的波动来看，省尺度上波动最剧烈（0.396），市尺度上次之（0.393），县尺度上最小（0.327），省、市尺度上较为接近。就波动趋势来看，自 2000 年后，大多趋于下降。

4. 就相邻年际收敛情况来看，各尺度上存在 σ 收敛的阶段数不同，省尺度上 σ 收敛的阶段数最多（11），县尺度上 β 收敛的阶段数次之（10），市尺度上最少（8）。在 2002 年前，各尺度上的值没有较为一致的排序，从 2003 年开始，总的来说，县尺度上的值要稍微大一些，而省尺度上的值相对而言要小一些，市尺度上居中。而且省尺度上收敛的年份包含市尺度上收敛的年份，市尺度上收敛的年份并不完全包含县尺度上发散的年份。

5. 年际 β 系数存在后向传导效应，这在各尺度上都一样。

6. 就相邻年际 σ 系数变化的波动来看，省尺度上波动最剧烈，市尺度上次之，县尺度上最小，但县、市尺度上较为接近。就波动趋势来看，自 2000 年后，都处于下降之中。

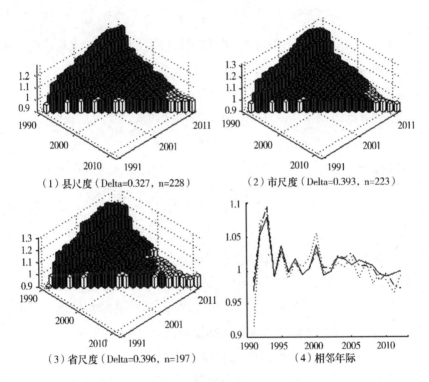

（1）县尺度（Delta=0.327，n=228）　　（2）市尺度（Delta=0.393，n=223）

（3）省尺度（Delta=0.396，n=197）　　（4）相邻年际

图 4-2　县、市、省尺度各年及相邻年际 σ 系数
变化情况（1990—2012）

从图 4-2 中也可以看出，时间段的选择对研究结果的影响很大。

第二节　绝对 β 收敛检验的多尺度分析

Baumol（1986）以新古典经济增长模型为依据把 β 收敛检验的方程式设为：

$$g_i = \alpha_i + \beta(y_{i0}) + \mu_i \qquad (5-1)$$

其中，g_i 为人均 GDP 的平均增长率；y_{i0} 为第 i 地区初期人均 GDP。如果 $\beta < 0$，则意味着存在收敛。Barro 和 Sala-i-Martin（1991）发展了 Baumol 方程式。其简化形式为：

$$\frac{1}{T-t}\log\frac{y_{iT}}{y_{it}} = B + \frac{1 - e^{-\beta(T-t)}}{T-t}\log y_{it} + \mu_{it} \qquad (5-2)$$

其中，y_{iT} 和 y_{it} 分别为期末（T）和期初（t）经济体 i 的人均产出。β 为收敛速度。

上式与 Sala-i-Martin（1996）后来提出的公式一致。Sala-i-Martin 认为，绝对 β 收敛是指欠发达地区的经济增长速度高于发达地区。

$$\gamma_{i,t,t+T} = \alpha - \beta\log(y_{i,t}) + \varepsilon_{i,t,i+T} \qquad (5-3)$$

也有将 $(1 - e^{-\beta T})/T$ 替代式（5-3）中的 β，从而得到：

$$\gamma_{i,t,t+T} = \alpha - \frac{1 - e^{-\beta T}}{T}\log(y_{i,t}) + \varepsilon_{i,t,i+T} \qquad (5-4)$$

其中，$\gamma_{i,t,t+T}$ 为区域 i 从时间 t 到时间 $t+T$ 之间 T 时段的年均经济增长率。$y_{i,t}$ 和 $y_{i,t+T}$ 分别为区域 i 在时间 t 和 $t+T$ 的人均 GDP，$\varepsilon_{i,t,i+T}$ 为误差项。

若 $\beta < 0$，则表明被测区域在时间段 T 内存在绝对 β 收敛，可见，绝对 β 收敛表现为区域经济增长与初始经济水平的负相关。

在分析 β 收敛时，很多研究只以少量的几个时间段作为研究对象，这其中可能会漏掉这些时间段内其他年份关于 β 收敛的信息，或者说，不能全面反映这些时间段内的全部收敛信息。因此，很有必要将某一时间段内所有不同年份的 β 收敛信息都表示出来。用三维柱状图显示中国县、市、省三个尺度上测算的 β 系数，图中的每根柱条表示对应年份的 β 系数，白色柱体（$\beta < 0$）表示发生了 β 收敛，灰色柱体（$\beta > 0$）表示发生了 β 发散。

一 各尺度上的 β 收敛

从县、市、省尺度上 1990—2012 年的 β 系数（见图 4-3）及其概

率情况(见图 4 - 4)来看:

(一) 县尺度上

1. β 收敛的时间段数为 247 个。县尺度上 β 发散的时间段数为 6 (即图中"$n=6$",灰色柱条数,下同)个,分别为 1991—1992 年、1991—1993 年、1990—1993 年、2002—2003 年、2002—2004 年、2006—2007 年。

2. β 系数存在后向传导效应,若后续年份的 β 收敛系数比之前年份的 β 收敛系数大则会提高前面年份的 β 收敛系数,反之则会拉低前面年份的 β 收敛系数。前者如 1990—1991 年、1990—1992 年、1990—1993 年间的 β 收敛,后者如 1991—1992 年、1991—1993 年、1991—1994 年。1990—1991 年、1990—1992 年存在的 β 收敛,1991—1992 年、1991—1993 年存在的 β 发散。很显然,因为 1991—1992 年的 β 收敛系数高于 1990—1991 年的 β 收敛系数,故而,1990—1992 年的 β 收敛系数要高于 1990—1991 年的 β 收敛系数。而且,因为 1991—1993 年的 β 收敛系数大于 0,所以,1990—1993 年的 β 收敛系数不仅高于 1990—1992 年的 β 收敛系数,而且也大于 0,表现为 β 发散。β 收敛系数高的年份,尤其是表现为 β 发散的收敛系数,会提高之前年份到这个年份的 β 收敛系数。反之则反是。1991—1992 年、1991—1993 年存在 β 发散,1992—1993 年、1993—1994 年存在 β 收敛。因为 1992—1993 年的 β 收敛系数低于 1991—1992 年的 β 收敛系数,所以,1991—1993 年的 β 收敛系数要低于 1991—1992 年的 β 收敛系数。而且,因为 1993—1994 年的 β 收敛系数远小于 0,所以,1991—1994 年的 β 收敛系数不仅低于 1991—1993 年的 β 收敛系数,而且小于 0,表现为 β 收敛。β 收敛系数低的年份会降低之前年份到这个年份的 β 收敛系数。

3. 表现为 β 发散年份的 β 收敛系数的 p 值都大于 0.05。用灰色的方格表示相应回归方程的 p 值大于 0.05 的情况,用白色的方格表示 p 值小于 0.05 的情况。县尺度上的 β 收敛系数大于 0,即表现为 β 发散年际的 β 收敛系数的 p 值都大于 0.05。除表现为 β 发散年际

的 β 收敛系数的 p 值都大于 0.05 外，还有极小部分表现为 β 收敛的年际 β 收敛系数的 p 值也大于 0.05。而这些 p 值大于 0.05 的表现为 β 收敛的年际 β 收敛系数主要分布在表现为 β 发散的年际 β 收敛系数周围。

（二）市尺度上

1. β 收敛的时间段数为 157 个。β 发散的时段主要分布在以下两个范围：1990 年、1991 年、1992 年与其他各年份（不包括 2012 年）间；起始年份为 1997 年，终止年份为 2007 年。这与县尺度上主要的 β 发散的时段基本吻合。

2. β 系数存在明显的后向传导效应。一方面，1990—1991 年为 β 收敛，但 1991—1992 年则表现为较为强烈的 β 发散，故而，1990—1992 年的 β 收敛系数不但提高了，而且大于 0，表现为 β 发散。即使 1992—1993 年、1993—1994 年都为 β 收敛，1990—1993 年、1990—1994 年也仍然表现为 β 发散。另一方面，1994—1995 年表现为 β 发散，1995—1996 年则表现为 β 收敛，故而 1994—1996 年表现为 β 收敛。尤其值得注意的是，1990—2007 年、1991—2007 年、1992—2007 年这三个年际都表现为 β 发散，之后的 2007—2008 年、2008—2009 年、2009—2010 年、2010—2011 年连续四年的相邻年际都表现为 β 收敛，但 1990—2008 年一直到 1990—2011 年，1991—2008 年一直到 1991—2011 年，1992—2008 年一直到 1992—2011 年，这些年际仍表现为 β 发散，但 1990—2012 年、1991—2012 年、1992—2012 年三个年际因前面四个连续年际和 2011—2012 年持续的 β 收敛而出现了 β 收敛。

3. 表现为 β 发散年份的 β 收敛系数的 p 值大多大于 0.05。在 96 个表现为 β 发散的年际段中，有 16 个的 p 值小于 0.05。与县尺度上类似的是，除表现为 β 发散年际的 β 收敛系数的 p 值大多大于 0.05 外，还有极小部分表现为 β 收敛年际的 β 收敛系数的 p 值也大于 0.05。而这些 p 值大于 0.05 的表现为 β 收敛年际的 β 收敛系数主要分布在表现为 β 发散年际的 β 收敛系数周围。

（三）省尺度上

1. β 收敛的时间段数为 121 个。β 发散的时段主要分布在以下范围里：1990 年、1991 年、1992 年与其他各年份（不包括 2012 年）间；起始年份为 1994 年，终止年份为 2007 年这个时段内的各年际里；起始年份为 2001 年，终止年份为 2005 年这个时段内的各年际里。第一个时间段范围与市尺度上较为相同，第二个时间段范围则与市尺度上不同，第三个时间段范围包含市尺度上的第二个时间段。省尺度上这些 β 发散的时段包含了县尺度上 β 发散的时段。

2. β 系数存在明显的后向传导效应。1997—1998 年为 β 收敛，但 1998—1999 年表现为较为强烈的 β 发散，故而，1997—1999 年的 β 收敛系数不但提高了，而且大于 0，表现为 β 发散。1999—2000 年也表现为 β 发散，后面即使 2000—2001 年、2001—2002 年都为 β 收敛，但 1997—2000 年、1997—2001 年仍然表现为 β 发散。而 2004—2005 年表现为 β 发散，但 2005—2006 年表现为 β 收敛，故而，2004—2006 年表现为 β 收敛。值得注意的是，1990—2007 年、1991—2007 年、1992—2007 这三个年际都表现为 β 发散，之后的 2007—2008 年、2008—2009 年、2009—2010 年、2010—2011 年连续四年的相邻年际都表现为 β 收敛，但 1990—2008 年一直到 1990—2010 年，1991—2008 年一直到 1991—2012 年、1992—2008 年一直到 1992—2010 年，这些年际里仍表现为 β 发散，但 1990—2011 年、1990—2012 年这两个年际却因前面四个连续年际和 2011—2012 年持续的 β 收敛而出现了 β 收敛。

3. 表现为 β 发散年份的 β 收敛系数的 p 值大多大于 0.05。132 个表现为 β 发散的年际段中有 12 个的 p 值小于 0.05。与县、市尺度上类似的是，除表现为 β 发散的年际 β 收敛系数的 p 值大多大于 0.05 外，还有部分表现为 β 收敛年际的 β 收敛系数的 p 值也大于 0.05。而这些 p 值大于 0.05 的表现为 β 收敛的年际 β 收敛系数主要分布在表现为 β 发散年际的 β 收敛系数周围。

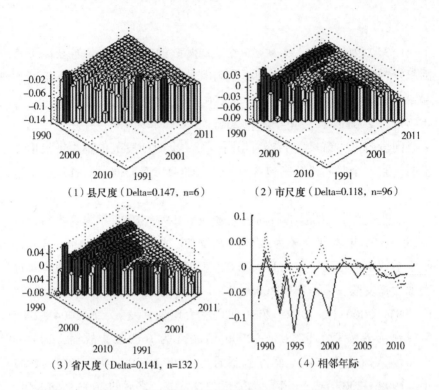

（1）县尺度（Delta=0.147，n=6）　　（2）市尺度（Delta=0.118，n=96）

（3）省尺度（Delta=0.141，n=132）　　（4）相邻年际

图4-3　县、市、省尺度上各年及相邻年份的β收敛（1990—2012）

说明：灰色柱体表示β值大于0（即β发散），白色柱体表示β值小于0（即β收敛），来做其他说明前，同此。

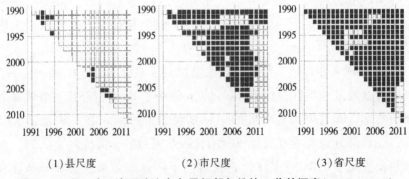

（1）县尺度　　　　　　　　（2）市尺度　　　　　　　　（3）省尺度

图4-4　县、市、省尺度上各年及相邻年份的β收敛概率（1990—2012）

（四）各尺度上 β 收敛情况比较

比较发现：1. 各尺度上存在 β 收敛的时间段数不同，县尺度上 β 收敛的阶段数最多（247 个），市尺度上次之（157 个），省尺度上最少（121 个）。

2. 省尺度上发散的年份并不完全包含市尺度上发散的年份，市尺度上发散的年份包含了县尺度上发散的年份。反过来，省尺度上收敛的年份并不完全包含市尺度上收敛的年份，市尺度上收敛的年份包含县尺度上发散的年份。

3. 就 β 系数的波动来看，县尺度上最剧烈（0.147），省尺度上波动次之（0.141），市尺度上最小（0.118），但省、市尺度上较为接近。就波动趋势来看，自 2007 年后，都存在着 β 收敛。

4. 就相邻年际的收敛情况来看，各尺度上存在 β 收敛的阶段数不同，县尺度上 β 收敛的阶段数最多（19 个），市尺度上次之（14 个），省尺度上最少（13 个）。这在一定程度上是对第一点的解释。在 2002 年前，总体而言，省尺度上的值最大，市尺度上的值次之，县尺度上的值最小。而且，省尺度上收敛的年份包含市尺度上收敛的年份，市尺度上收敛的年份包含县尺度上发散的年份。

5. β 系数都存在着明显的后向传导效应。

6. 就 β 收敛系数对应的回归 p 值而言，县尺度上满足 $p < 0.05$ 条件的时段数最多，市尺度上次之，省尺度上最少。进而，县尺度上在相邻年份的 β 收敛系数所对应的回归 p 值满足小于 0.05 条件的时间段数为 15 个，市尺度上为 7 个，而省尺度上只有一个满足条件。

另外，从图 4 - 3、图 4 - 4 也可以看出，时间段的选择对研究结果的影响很大，甚至同一时间段内的分段不同也会得到不同的结果。如在市尺度上研究 1996—2007 年的 β 收敛情况，直接以 1996—2007 年为研究对象，结果是收敛；以 1996—2004 年、2004—2007 年为研究对象，两个时间段的结论都是发散；以 1996—2000 年、2000—2007 年为研究对象，结果都是收敛。虽然这三种研究结果都没有达到回归 p 值小于 0.05 的要求，但非常明显，时间段的选择会直接导致各自不同的研究结论。

二 各尺度基于分位数回归的 β 收敛

上述计算 β 值的回归模型研究的是被解释变量的条件期望。解释变量与被解释变量分布的分位数呈何种关系，更值得关注。这就需要使用最早由 Koenker 和 Bassett(1978)提出的分位数回归，它是估计一组回归变量 X 与被解释变量 Y 的分位数之间线性关系的建模方法。

分位数回归的优点是：(1)能够更加全面地描述被解释变量条件分布的全貌，而不是仅仅分析被解释变量的条件期望(均值)，也可以分析解释变量如何影响被解释变量的中位数、分位数等。不同分位数下的回归系数估计量常常不同，即解释变量对不同水平被解释变量的影响不同。(2)在研究对象的分布呈现出异质性，如不对称、厚尾、截断性等特征时，这一方法往往对数据中出现的异常点具有耐抗性。(3)从需要满足的假设条件来看，一般的线性回归需要满足一系列较强的假设条件，而经济变量却往往做不到这一点。相比之下，分位数回归的假设条件要弱很多，与现实情况更为接近，如它对模型中的随机扰动项不需做任何分布假定，这样，整个回归模型就具有很强的稳健性，因此其参数估计量无论在有效性还是其他方面都优于一般的线性回归。(4)分位数回归还具有比较好的弹性特征，对因变量会发生单调变化，其估计出来的参数具有在大样本理论下的渐进优良性。

目前，对分位数回归方法在经济增长收敛性的应用研究方面，Mello 和 Novo (2002)利用分位数回归方法判定 1960—1985 年 98 个国家收入的收敛性以及政策变量对 GDP 增长率条件分布的效用。Irem Sacakh Sacildi(2009) 在分析介绍分位数回归方法的基础上，利用它基于 Solow 增长模型研究了 OECD 国家在不同分位下经济增长率的灵敏度。

为与本章的分析相对应，在此主要基于十分位数的 1—9 分位数对 β 收敛进行分位数回归分析，并且是基于相邻年份间的数据进行分析。

（一）县尺度上的分位数回归

以县尺度上 OLS 的 β 收敛系数为因变量，各十分位数的分位数回归系数为自变量进行线性回归分析，得到如下结果：

$$\beta_{OLS\_C} = -0.0182 + 0.4935\, QF_1 + 0.7089\, QF_2 + 2.2258\, QF_3 - 4.9528 QF_4 - 0.3233\, QF_5 - 1.8176\, QF_6 + 5.9050\, QF_7 - 3.9507\, QF_8 + 1.6537\, QF_9 \tag{4-5}$$

$$R^2 = 0.6825, F = 2.8658, p = 0.0462$$

（二）市尺度上的分位数回归

以市尺度上 OLS 的 β 收敛系数为因变量，各十分位数的分位数回归系数为自变量进行线性回归分析，得到如下结果：

$$\beta_{OLS\_D} = -0.0049 + 0.5207\, QF_1 + 0.7195\, QF_2 - 2.2317\, QF_3 + 1.6831 QF_4 - 0.2010\, QF_5 - 1.4987\, QF_6 + 2.4948\, QF_7 - 1.4182\, QF_8 + 0.4417\, QF_9 \tag{4-6}$$

$$R^2 = 0.8280, F = 6.42, p = 0.0020$$

（三）省尺度上的分位数回归

以省尺度上 OLS 的 β 收敛系数为因变量，各十分位数的分位数回归系数为自变量进行线性回归分析，得到如下结果：

$$\beta_{OLS\_P} = -0.0036 + 0.3204\, QF_1 - 0.0444\, QF_2 + 0.1974\, QF_3 - 0.1953 QF_4 - 0.3350\, QF_5 - 0.0933\, QF_6 - 0.0610\, QF_7 + 0.3274\, QF_8 + 0.2411\, QF_9 \tag{4-7}$$

$$R^2 = 0.9790, F = 62.20, p = 0.0000$$

县、市、省尺度上 OLS 的 β 收敛系数对各十分位数的分位数回归系数的回归结果存在一定的不同（见公式 4－5、4－6、4－7 和表 4－1）。首先，县尺度上的系数明显较大，市尺度次之，省尺度较小。其次，各尺度上居于主导地位的因素不同。县尺度上影响较大的前四个是 7 分位数、4 分位数（负值）、8 分位数（负值）和 3 分位数的回归系数，市尺度上影响较大的前四个是 7 分位数、3 分位数（负值）、6 分位数（负值）和 8 分位数（负值）的回归系数，省尺度上影响较大的前四个是 5 分位数、8 分位数、1 分位数和 9 分位数的回归系数。

表 4 – 1　　　　　　　县、市、省尺度上分位数的回归比较

	县尺度	市尺度	省尺度
常数	– 0.0182	– 0.0049	– 0.0036
1 分位数	0.4935	0.5207	0.3204
2 分位数	0.7089	0.7195	– 0.0444
3 分位数	2.2258	– 2.2317	0.1974
4 分位数	– 4.9528	1.6831	– 0.1953
5 分位数	– 0.3233	– 0.2010	0.3350
6 分位数	– 1.8176	– 1.4987	– 0.0933
7 分位数	5.9050	2.4948	– 0.0610
8 分位数	– 3.9507	– 1.4182	0.3274
9 分位数	1.6537	0.4417	0.2411
R^2	0.6825	0.8280	0.9790
F	2.87	6.42	62.20
p	0.0462	0.0020	0.0000

三　各尺度上考虑空间效应的 β 收敛

很显然，空间分布中各个经济体之间会因为空间的接近而发生相互作用，也就是说，各经济体不是独立分布的。因此，应考虑它们之间的空间效应。

$$\gamma_{i,t,t+T} = \alpha + p \times W \times \gamma_{i,t,t+T} - \beta \times \log(y_{i,t}) + \varepsilon_{i,t,i+T} \qquad (4-8)$$

其中，W 为空间权重矩阵。

空间权重矩阵有很多种确定权重的方法。省、市之间如果相邻会影响彼此经济的发展从而直接影响独立分布的假设，这已是确定的研究结果。因为省和市的地域范围一般比较大，而且市之间、省之间一般都有比较高等级的交通相连。但是，县之间如果只是边界相邻，而没有交通的话，则相互的直接影响很小。而且，如果只是县级公路的话，则县际的交通也不足以影响彼此经济的发展，因此以省级公路、国道、高速公路为标准建立空间权重矩阵。随着国民经济的发展，为促进经济的更好发展，每年都有高速公路、国道和省道的改建或

（和）新建。因而，每年的空间权重矩阵都不一样。故而在计算时使用基年空间权重矩阵。因此，在计算省尺度和市尺度上绝对 β 收敛时使用相邻标准建立空间权重矩阵，而在县尺度上则用基于交通相连标准建立的基年空间权重矩阵。

用三维柱状图来显示中国县、市、省三个尺度测算的考虑空间效应的 Belta 系数及其概率情况（图 4 – 5、图 4 – 6）。

（一）县尺度上

1. β 收敛的时间段数为 247 个。与未考虑空间效应时的情况相同，只是具体的数值略有不同。

2. β 系数存在后向传导效应，若后续年份的 β 收敛系数比之前年份的 β 收敛系数大，则会提高前面年份的 β 收敛系数；反之，则会拉低前面年份的 β 收敛系数。这与未考虑空间效应时一致。

3. 表现为 β 发散的年份的 β 收敛系数的 p 值大多大于 0.05。除 1990—1993 年的 β 发散的回归 p 值小于 0.05 外，其他的表现为 β 发散年份的 β 收敛系数的 p 值都大于 0.05。除此之外，有极小部分表现为 β 收敛的年际 β 收敛系数的 p 值也大于 0.05。而这些 p 值大于 0.05 的表现为 β 收敛的年际 β 收敛系数主要分布在表现为 β 发散的年际 β 收敛系数周围。这个结论与未考虑空间效应时一致，只是具体的时间段不完全一致。如 1990—1993 年 β 发散在未考虑空间效应时的 p 值大于 0.05，而在考虑空间效应后的 p 值小于 0.05；1991—2003 年、1991—2004 年的 β 收敛在未考虑空间效应时的 p 值小于 0.05，而在考虑空间效应后的 p 值大于 0.05。

（二）市尺度上

1. β 收敛的时间段数为 209 个。比未考虑空间效应时的情况多 52 个时间段，而且包含了未考虑空间效应时的所有 β 收敛的时间段。

2. β 系数存在后向传导效应，若后续年份的 β 收敛系数比之前年份的 β 收敛系数大，则会提高前面年份的 β 收敛系数；反之，则会拉低前面年份的 β 收敛系数。这与未考虑空间效应时一致，也与县尺度上考虑空间效应的情况一致。

3. 表现为 β 发散年份的 β 收敛系数的 p 值大多大于 0.05。除 1990—1993 年 β 发散的回归 p 值小于 0.05 外，其他的表现为 β 发散年份的 β 收敛系数的 p 值都大于 0.05。这与未考虑空间效应时的情况不太一致，但与考虑空间效应时县尺度上的情况一致。除此之外，还有一部分表现为 β 收敛的年际 β 收敛系数的 p 值也大于 0.05。而这些 p 值大于 0.05 的表现为 β 收敛的年际 β 收敛系数主要分布在表现为 β 发散的年际 β 收敛系数周围。这个结论与市尺度上未考虑空间效应时大体一致，只是数量增加很多，而且和考虑空间效应时的县尺度一样，具体的时间段也不完全一致。

（三）省尺度上

1. β 收敛的时间段数为 209 个。比未考虑空间效应时的情况多 6 个时间段，但并未完全包含未考虑空间效应时的所有 β 收敛的时间段。这与考虑空间效应的市尺度的情况不太一样。

2. β 系数存在后向传导效应，若后续年份的 β 收敛系数比之前年份的 β 收敛系数大，则会提高前面年份的 β 收敛系数，反之，则会拉低前面年份的 β 收敛系数。这与省尺度上未考虑空间效应的情况一致，也与市、县尺度上考虑空间效应的情况一致。

3. 表现为 β 发散年份的 β 收敛系数的 p 值大多大于 0.05。126 个表现为 β 发散的时间段中，有 18 个时间段的 p 值小于 0.05，其他的表现为 β 发散年份的 β 收敛系数的 p 值都大于 0.05。这与未考虑空间效应时的情况较为一致，但与考虑空间效应的市、县尺度上的情况不太一致。除此之外，还有一部分表现为 β 收敛的年际 β 收敛系数的 p 值也大于 0.05。而这些 p 值大于 0.05 的表现为 β 收敛的年际 β 收敛系数主要分布在表现为 β 发散的年际 β 收敛系数周围。这个结论与省尺度上未考虑空间效应时大体一致，只是数量增加很多，而且和考虑空间效应的县尺度上一样，具体的时间段也不完全一致。

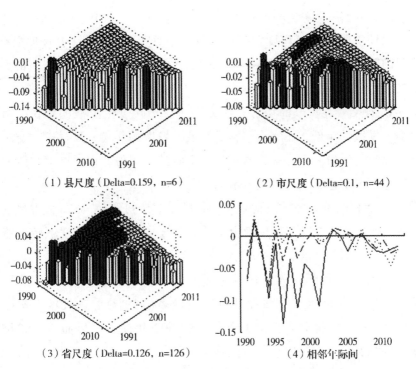

（1）县尺度（Delta=0.159，n=6）　　（2）市尺度（Delta=0.1，n=44）

（3）省尺度（Delta=0.126，n=126）　　（4）相邻年际间

图4-5　考虑空间效应的各尺度上各年 β 系数（1990—2012）

从图4-5中也可以看出，时间段的选择对研究结果的影响很大。

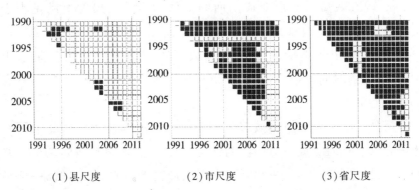

（1）县尺度　　　　　　（2）市尺度　　　　　　（3）省尺度

图4-6　考虑空间效应的各尺度上各年 β 系数概率（1990—2012）

（四）对各尺度考虑空间效应后 β 收敛情况的比较

比较发现：1. 各尺度上存在 β 收敛的时间段数不同，县尺度上 β 收敛的阶段数最多（247 个），市尺度上次之（209 个），省尺度上最少（127 个）。

2. 省尺度上发散的年份并不完全包含市尺度上发散的年份，市尺度上发散的年份并不完全包含县尺度上发散的年份。反过来，省尺度上收敛的年份并不完全包含市尺度上收敛的年份，市尺度上收敛的年份并不完全包含县尺度上发散的年份。

3. 就 β 收敛系数的波动来看，县尺度上最剧烈（0.159），省尺度上波动次之（0.126），市尺度上最小（0.1），但县、市尺度上较为接近。就波动趋势来看，自 2007 年后，都存在 β 收敛。

4. 就相邻年际的收敛情况来看，各尺度上存在 β 收敛的阶段数也不同，县尺度上 β 收敛的阶段数最多（19 个），市尺度上次之（15 个），省尺度上最少（14 个）。在 2002 年前，总体而言，省尺度上的值最大，市尺度上的值次之，县尺度上的值最小。而且，省尺度上收敛的年份包含市尺度上收敛的年份，市尺度上收敛的年份包含县尺度上发散的年份。

5. β 系数都存在明显的后向传导效应。

6. 就 β 收敛系数所对应的回归 p 值而言，县尺度上满足小于 0.05 条件的时段数最多，市尺度上次之，省尺度上最少。进而，县尺度上在相邻年份的 β 收敛系数所对应的回归 p 值满足小于 0.05 条件的时间段数为 16 个，市尺度上为 7 个，而省尺度上只有 3 个满足条件。

另外，与未考虑空间效应时相似，时间段的选择对研究结果的影响很大，而且，同一时间段内的分段不同会得到不同的结果。如在市尺度上研究 1998—2006 年的 β 收敛情况，直接以 1998—2006 年为研究对象，结果是收敛；以 1998—2001 年、2001—2006 年为研究对象，两个时段的结论都是发散；以 1998—2002 年、2002—2006 年为研究对象，结论都是发散；以 1998—2000 年、2000—

2006 年为研究对象，结果是收敛。虽然这四种研究结果都没有达到回归 p 值小于 0.05 的要求，但非常明显，时段的选择会直接导致各自不同的研究结论。

第三节　俱乐部收敛检验的多尺度分析

中国区域经济发展的俱乐部收敛检验与俱乐部的划分有很大关系。在区域尺度上考察中国俱乐部收敛情况是很多研究的重点，而基于省的尺度来考察俱乐部收敛情况对于认识各省经济发展的差异情况，进而对充分了解中国的俱乐部收敛情况也非常重要。因而，在此分别基于二分法、三分法、四分法和六分法四种区划方法及各省来考察中国的俱乐部收敛情况，从中分析尺度对俱乐部收敛检验的影响。

一　基于四种区划方法的俱乐部收敛的多尺度分析

（一）基于二分法的各区域俱乐部收敛

二分法所对应的沿海和内陆地区是改革开放以后对中国经济发展的一个非常重要的区域分类。改革开放之初，沿海和内陆地区所拥有的政策及其背后暗含的区位和人、财、物的吸引能力有很大的不同，并由此导致沿海和内陆的发展形成各自的俱乐部。

从二分法内陆地区组分为县、市、省的 β 收敛及其概率（见图 4-7、图 4-8）来看：

1. 县尺度上

（1） β 收敛的时间段数为 246 个。县尺度上 β 发散的时间段数为 7 个，分别为 2002—2003 年、2002—2004 年、2003—2004 年、2005—2007 年、2006—2007 年、2006—2008 年、2011—2012 年。除去这些发散的时间段数外，其他年份即为收敛时间段数。

（2） β 系数存在后向传导效应，若后续年份的 β 收敛系数比之前年份的 β 收敛系数大，则会提高前面年份的 β 收敛系数，反之，则会拉低前面年份的 β 收敛系数。前者如 2005—2006 年的 β 收敛，因为 2006—2007 年为 β 发散，从而导致 2005—2007 年的 β 发散。后者如 2002—2004 年、2003—2004 年的 β 发散，因为 2004—2005 年为 β 收敛，进而导致 2002—2005 年、2003—2005 年的 β 收敛。

（3）表现为 β 发散年份的 β 收敛系数的 p 值都大于 0.05。县尺度上的 β 收敛系数大于 0，即表现为 β 发散的年际 β 收敛系数的 p 值都大于 0.05。除表现为 β 发散的年际 β 收敛系数的 p 值都大于 0.05 外，有极小部分表现为 β 收敛的年际 β 收敛系数的 p 值也大于 0.05。而这些 p 值大于 0.05 的表现为 β 收敛的年际 β 收敛系数主要分布在表现为 β 发散的年际 β 收敛系数周围。

2. 市尺度上

（1）β 收敛的时间段数为 217 个。市尺度上 β 发散的时间段数为 36 个，主要集中于 2001—2008 年的各时间段上。

（2）β 系数存在后向传导效应，若后续年份的 β 收敛系数比之前年份的 β 收敛系数大，则会提高前面年份的 β 收敛系数，反之，则会拉低前面年份的 β 收敛系数。前者如 2002—2003 年的 β 收敛，因为 2003—2004 年为 β 发散，从而导致 2005—2007 年的 β 发散。后者如 2003—2008 年、2004—2008 年、2005—2008 年、2006—2008 年、2007—2008 年的 β 发散，因为 2008—2009 年为 β 收敛，进而导致 2003—2009 年、2004—2009 年、2005—2009 年、2006—2009 年、2007—2009 年的 β 收敛。

（3）表现为 β 发散年份的 β 收敛系数的 p 值大多大于 0.05。36 个表现为 β 发散的时间段中只有 3 个时间段的回归 p 值小于 0.05，其他都大于 0.05。除表现为 β 发散的年际 β 收敛系数的 p 值大多大于 0.05 外，有极小部分表现为 β 收敛的年际 β 收敛系数的 p 值也大于 0.05。而这些 p 值大于 0.05 的表现为 β 收敛的年际 β 收敛系数主要分布在表现为 β 发散的年际 β 收敛系数周围及以 1991 年、1992 年为起始年份的各时间段上。

3. 省尺度上

（1）β收敛的时间段数为205个。市尺度上β发散的时间数为48个，主要集中于2005—2012年的各时间段以及起始年份为1994—1999年、终止年份为2000—2004年的时间段里。

（2）β系数存在后向传导效应，若后续年份的β收敛系数比之前年份的β收敛系数大，则会提高前面年份的β收敛系数，反之，则会拉低前面年份的β收敛系数。前者如1994—1999年、1995—1999年、1996—1999年、1997—1999年、1998—1999年的β收敛，因为1999—2000年为β发散，从而导致1994—2000年、1995—2000年、1996—2000年、1997—2000年、1998—2000年的β发散。后者如1990—1993、1992—1993年的β发散，因为1993—1994年为β收敛，从而导致1990—1994年、1992—1994年的β收敛。

（3）表现为β发散年份的β收敛系数的p值大多大于0.05。48个表现为β发散的时间段中只有1个时间段的回归p值小于0.05，其他都大于0.05。除表现为β发散的年际β收敛系数的p值大多大于0.05外，有极小部分表现为β收敛的年际β收敛系数的p值也大于0.05。而p值小于0.05的年际β收敛系数主要分布在1990年、1993年为起始年份的各时间段和2006年为终止年份的各时间段。

4. 对各尺度上β收敛情况的比较

比较发现：（1）各尺度上存在β收敛的时间段数不同，县尺度上β收敛的时间段数最多（246个），市尺度上次之（217个），省尺度上最少（205个）。

（2）省尺度上发散的年份并不完全包含市尺度上发散的年份，市尺度上发散的年份包含了县尺度上发散的年份。反过来，省尺度上收敛的年份并不完全包含市尺度上收敛的年份，市尺度上收敛的年份包含县尺度上发散的年份。

（3）就β系数的波动来看，省尺度上最剧烈（0.581），市尺度上次之（0.182），县尺度上最小（0.176），但县、市尺度上较为接近。

（4）就相邻年际的收敛情况来看，各尺度上存在β收敛的阶段数也不同，县尺度上 β 收敛的阶段数最多(18 个)，市尺度上次之(14 个)，省尺度上最少(12 个)。总体而言，市尺度上的值大于县尺度上的值，而省尺度上的值变化很大，从而使得省尺度上与县、市尺度上的相对位置变化很大且频繁。而且，省尺度上收敛的年份并不完全包含市尺度上收敛的年份，市尺度上收敛的年份也不完全包含县尺度上收敛的年份。

(5)β 系数都存在明显的后向传导效应。

(6)就 β 收敛系数所对应的回归 p 值而言，县尺度上满足小于0.05 条件的时段数最多，市尺度上次之，省尺度上最少。进而，县尺度上在相邻年份的 β 收敛系数所对应的回归 p 值满足小于0.05 条件的时间段数为 16 个，市尺度上为 6 个，而省尺度上只有 3 个满足条件。

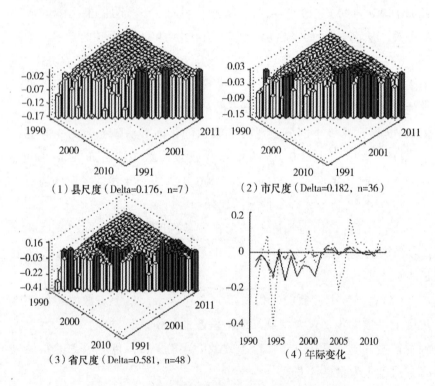

(1)县尺度(Delta=0.176, n=7)　　(2)市尺度(Delta=0.182, n=36)

(3)省尺度(Delta=0.581, n=48)　　(4)年际变化

图 4-7　二分法下内陆地区的 β 收敛(1990—2012)

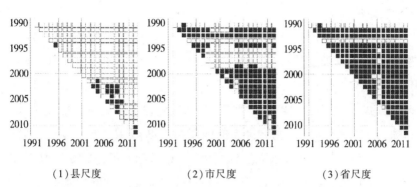

（1）县尺度　　　　　（2）市尺度　　　　　（3）省尺度

图 4 - 8　二分法下内陆地区的 β 收敛概率（1990—2012）

从 1990—2012 年二分法下沿海地区组分为县、市、省的 β 收敛及其概率情况（见图 4 - 9、图 4 - 10）来看：

1. 县尺度上

（1）β 收敛的时间段数为 211 个。主要集中于 1990 年、1991 年为起始年份，2003—2010 年为终止年份的时间段和 1996 年为起始年份、2004 年为终止年份的时间段内。

（2）β 系数存在后向传导效应，若后续年份的 β 收敛系数比之前年份的 β 收敛系数大，则会提高前面年份的 β 收敛系数，反之，则会拉低前面年份的 β 收敛系数。前者如 1996—2001 年的 β 收敛，因为 2001—2002 年、2002—2003 年为 β 发散，所以导致 1996—2002 年、1996—2003 年的 β 发散。后者如 2001—2004 年、2002—2004 年的 β 发散，因为 2004—2005 年为 β 收敛，所以导致 2001—2005 年、2002—2005 年的 β 收敛。

（3）表现为 β 发散年份的 β 收敛系数的 p 值大多大于 0.05。42 个表现为 β 发散的时间段中只有 9 个时间段的回归 p 值小于 0.05，其他都大于 0.05。除表现为 β 发散年际的 β 收敛系数的 p 值都大于 0.05 外，有极小部分表现为 β 收敛的年际 β 收敛系数的 p 值也大于 0.05。而这些 p 值大于 0.05 的表现为 β 收敛的年际 β 收敛系数主要分布在表现为 β 发散的年际 β 收敛系数周围。

2. 市尺度上

(1)β 收敛的时间段数为 108 个。市尺度上 β 发散的时间段数为 145 个，主要集中于 1990—1997 年为起始年份，1998—2011 年为终止年份和 1998—2006 年的各时间段。

(2)β 系数存在后向传导效应，若后续年份的 β 收敛系数比之前年份间的 β 收敛系数大，则会提高前面年份的 β 收敛系数，反之，则会拉低前面年份的 β 收敛系数。前者如 1990—2011 年、1991—2011 年、1992—2011 年、1994—2011 年、1995—2011 年、1996—2011 年的 β 收敛，因为 2011—2012 年为非常强烈的 β 发散，所以导致 1990—2012 年、1991—2012 年、1992—2012 年、1994—2012 年、1995—2012 年、1996—2012 年的 β 发散。后者如 1990—1997 年、1991—1997 年、1994—1997 年、1995—1997 年的 β 发散，因为 1997—1998 年为 β 收敛，所以导致 1990—1998 年、1991—1998 年、1994—1998 年、1995—1998 年的 β 收敛。

(3)表现为 β 发散年份的 β 收敛系数的 p 值大多大于 0.05。145 个表现为 β 发散的时间段中有 61 个时间段的回归 p 值小于 0.05，其他都大于 0.05。除表现为 β 发散的年际 β 收敛系数的 p 值大多大于 0.05 外，大部分表现为 β 收敛的年际 β 收敛系数的 p 值大于 0.05。这与内陆地区的情况有很大的差别。

3. 省尺度上

(1)β 收敛的时间段数为 71 个，主要集中于 1990—1993 年为起始年份、2000 年为终止年份，2002—2011 年为起始年份，2010—2012 年为终止年份的时间段内。

(2)β 系数存在后向传导效应，若后续年份的 β 收敛系数比之前年份的 β 收敛系数大，则会提高前面年份的 β 收敛系数，反之，则会拉低前面年份的 β 收敛系数。前者如 1990—2002 年、1991—2002 年的 β 收敛，因为 2002—2003 年为 β 发散，所以导致 1990—2003 年、1991—2003 年的 β 发散。后者如 2006—2009 年、2007—2009 年、2008—2009 年的 β 发散，因为 2009—2010 年为 β 收敛，所以导致

2006—2010 年、2007—2010 年、2008—2010 年的 β 收敛。

（3）表现为 β 发散年份的 β 收敛系数的 p 值大多大于 0.05。182 个表现为 β 发散的时间段中只有 41 个时间段的回归 p 值小于 0.05，其他都大于 0.05。除表现为 β 发散的年际 β 收敛系数的 p 值大多大于 0.05 外，大部分表现为 β 收敛的年际 β 收敛系数的 p 值也大于 0.05。

4. 对各尺度上 β 收敛情况的比较

比较发现：（1）各尺度上所存在的 β 收敛的时间段数不同，县尺度上 β 收敛的阶段数最多（211 个），市尺度上次之（108 个），省尺度上最少（71 个）。

（2）省尺度上发散的年份并不完全包含市尺度上发散的年份，市尺度上发散的年份包含了县尺度上发散的年份。反过来，省尺度上收敛的年份并不完全包含市尺度上收敛的年份，市尺度上收敛的年份包含县尺度上发散的年份。

（3）就 β 系数的波动来看，县尺度上最剧烈（0.195），省尺度上次之（0.179），市尺度上最小（0.145）。

（4）就相邻年际的收敛情况来看，各尺度上存在 β 收敛的时间段数不同，县尺度上 β 收敛的阶段数最多（18），市尺度上次之（12个），省尺度上最少（11）。2006 年以前，总体而言，省尺度上的值最大，市尺度上的值次之，县尺度上的值最小。2006 年后，县尺度上的值大多比市尺度上的值大，而省尺度上的值变化很大，从而使得省尺度上与县、市尺度上的相对位置变化很大且频繁。而且，省尺度上收敛的年份并不完全包含市尺度上收敛的年份，市尺度上收敛的年份包含了县尺度上发散的年份。

（5）β 系数都存在着明显的后向传导效应。

（6）就 β 收敛系数所对应的回归 p 值而言，县尺度上满足小于 0.05 条件的时间段数最多，市尺度上次之，省尺度上最少。进而，县尺度上在相邻年份的 β 收敛系数所对应的回归 p 值满足小于 0.05 条件的时间段数为 13 个，市尺度上为 8 个，而省尺度上只有 3 个满足条件。

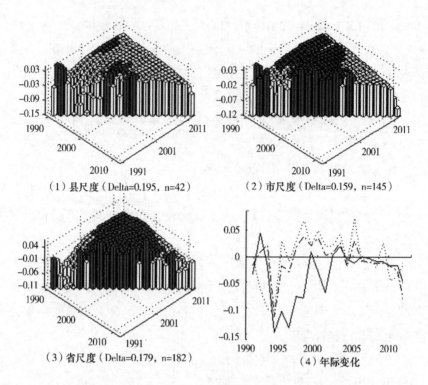

（1）县尺度（Delta=0.195, n=42）　（2）市尺度（Delta=0.159, n=145）

（3）省尺度（Delta=0.179, n=182）　（4）年际变化

图4-9　二分法下沿海地区的 β 收敛（1990—2012）

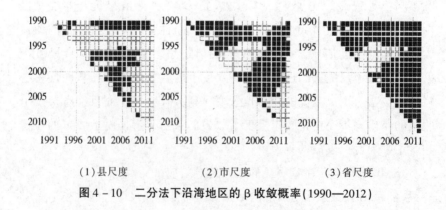

（1）县尺度　　　（2）市尺度　　　（3）省尺度

图4-10　二分法下沿海地区的 β 收敛概率（1990—2012）

从1990—2012年二分法下各分区域总体收敛情况（见图4-11）来看：

1. 在省尺度上，沿海地区表现为发散，而内陆地区则表现为收敛。

2. 在市、县尺度上，沿海地区和内陆地区虽都表现为收敛，但沿海地区的值更高，即沿海地区的收敛程度没有内陆地区显著。

3. 沿海地区和内陆地区市尺度上的值都大于县尺度上的值。

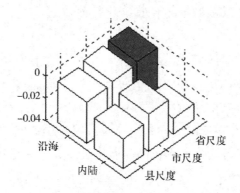

图 4 - 11　二分法下各分区域 1990—2012 年的总体 β 收敛

（二）基于三分法的各区域俱乐部收敛

从 1990—2012 年三分法下东部地区组分为县、市、省的 β 收敛及其概率情况（见图 4 - 12、图 4 - 13）来看：

1. 县尺度上

（1）β 收敛的时间段数为 212 个。主要集中于 1990 年、1991 年为起始年份，2003—2010 年为终止年份的时间段和 1996 年为起始年份、2004 年为终止年份的时间段内。

（2）β 系数存在后向传导效应，若后续年份的 β 收敛系数比之前年份的 β 收敛系数大，则会提高前面年份的 β 收敛系数，反之，则会拉低前面年份的 β 收敛系数。前者如 1996—2001 年的 β 收敛，因为 2001—2002 年、2002—2003 年为 β 发散，所以导致 1996—2002 年、1996—2003 年间的 β 发散。后者如 2001—2004 年、2002—2004 年的 β 发散，因为 2004—2005 年为 β 收敛，所以导致 2001—2005 年、2002—2005 年的 β 收敛。

（3）表现为 β 发散年份的 β 收敛系数的 p 值大多大于 0.05。42

个表现为 β 发散的时间段中只有 9 个时间段的回归 p 值小于 0.05，其他都大于 0.05。除表现为 β 发散的年际 β 收敛系数的 p 值都大于 0.05 外，有极小部分表现为 β 收敛的年际 β 收敛系数的 p 值也大于 0.05。而这些 p 值大于 0.05 的表现为 β 收敛的年际 β 收敛系数主要分布在表现为 β 发散的年际 β 收敛系数周围。

2. 市尺度上

(1) β 收敛的时间段数为 108 个。市尺度上 β 发散的时间段数为 145 个，主要集中于 1990—1997 年为起始年份、1998—2011 年为终止年份和 1998—2006 年的各时间段。

(2) β 系数存在后向传导效应，若后续年份的 β 收敛系数比之前年份的 β 收敛系数大，则会提高前面年份的 β 收敛系数，反之，则会拉低前面年份的 β 收敛系数。前者如 1990—2011 年、1991—2011 年、1992—2011 年、1994—2011 年、1995—2011 年、1996—2011 年的 β 收敛，因为 2011—2012 年为非常强烈的 β 发散，所以导致 1990—2012 年、1991—2012 年、1992—2012 年、1994—2012 年、1995—2012 年、1996—2012 年的 β 发散。后者如 1990—1997 年、1991—1997 年、1994—1997 年、1995—1997 年的 β 发散，因为 1997—1998 年为 β 收敛，所以导致 1990—1998 年、1991—1998 年、1994—1998 年、1995—1998 年的 β 收敛。

(3) 表现为 β 发散年份的 β 收敛系数的 p 值大多大于 0.05。145 个表现为 β 发散的时间段中有 61 个时间段的回归 p 值小于 0.05，其他都大于 0.05。除表现为 β 发散的年际 β 收敛系数的 p 值大多大于 0.05 外，大部分表现为 β 收敛的年际 β 收敛系数的 p 值大于 0.05。这与内陆地区的情况有很大的差别。

3. 省尺度上

(1) β 收敛的时间段数为 71 个，主要集中于 1990—1993 年为起始年份，2000 年为终止年份，2002—2011 年为起始年份，2010—2012 年为终止年份的时间段。

(2) β 系数存在后向传导效应，若后续年份的 β 收敛系数比之前年

份的 β 收敛系数大，则会提高前面年份的 β 收敛系数，反之，则会拉低前面年份的 β 收敛系数。前者如 1990—2002 年、1991—2002 年的 β 收敛，因为 2002—2003 年为 β 发散，所以导致 1990—2003 年、1991—2003 年的 β 发散。后者如 2006—2009 年、2007—2009 年、2008—2009 年的 β 发散，因为 2009—2010 年为 β 收敛，所以导致 2006—2010 年、2007—2010 年、2008—2010 年的 β 收敛。

(3) 表现为 β 发散年份的 β 收敛系数的 p 值大多大于 0.05。182 个表现为 β 发散的时间段中只有 41 个时间段的回归 p 值小于 0.05，其他都大于 0.05。除表现为 β 发散的年际 β 收敛系数的 p 值大多大于 0.05 外，大部分表现为 β 收敛的年际 β 收敛系数的 p 值也大于 0.05。

4. 对各尺度上 β 收敛情况的比较

比较发现：(1) 各尺度上存在 β 收敛的时间段数不同，县尺度上 β 收敛的时间段数最多 (211 个)，市尺度上次之 (108 个)，省尺度上最少 (71 个)。

(2) 省尺度上发散的年份并不完全包含市尺度上发散的年份，市尺度上发散的年份包含了县尺度上发散的年份。反过来，省尺度上收敛的年份并不完全包含市尺度上收敛的年份，市尺度上收敛的年份包含了县尺度上发散的年份。

(3) 就 β 系数的波动来看，县尺度上最剧烈 (0.195)，省尺度上次之 (0.179)，市尺度上最小 (0.145)。

(4) 就相邻年际的收敛情况来看，各尺度上存在 β 收敛的阶段数也不同，县尺度上 β 收敛的阶段数最多 (18)，市尺度上次之 (12)，省尺度上最少 (11)。2006 年以前，总体而言，省尺度上的值最大，市尺度上的值次之，县尺度上的值最小。2006 年后，县尺度上的值大多比市尺度上的值大，而省尺度上的值变化很大，从而使得省尺度上与县、市尺度上的相对位置变化很大且频繁。而且，省尺度上收敛的年份并不完全包含市尺度上收敛的年份，市尺度上收敛的年份包含了县尺度上发散的年份。

(5) β 系数都存在明显的后向传导效应。

(6) 就 β 收敛系数所对应的回归 p 值而言，县尺度上满足小于

0.05 条件的时段数最多，市尺度上次之，省尺度上最少。进而，县尺度上在相邻年份的 β 收敛系数所对应的回归 p 值满足小于 0.05 条件的时段数为 13 个，市尺度上为 8 个，而省尺度上只有 3 个满足条件。

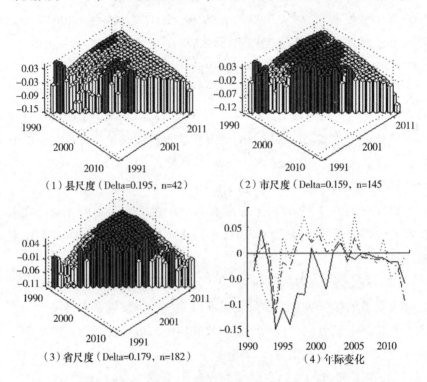

（1）县尺度（Delta=0.195, n=42）　　　（2）市尺度（Delta=0.159, n=145

（3）省尺度（Delta=0.179, n=182）　　　（4）年际变化

图 4 – 12　三分法下东部地区的 β 收敛（1990—2012）

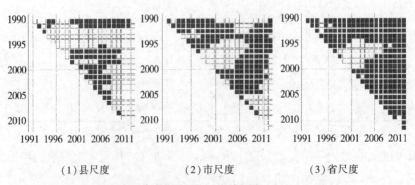

（1）县尺度　　　　　（2）市尺度　　　　　（3）省尺度

图 4 – 13　三分法下东部地区的 β 收敛概率（1990—2012）

从 1990—2012 年三分法下中部地区组分为县、市、省的 β 收敛及其概率情况(见图 4 - 14、图 4 - 15)来看:

1. 县尺度上

(1)β 收敛的时间段数为 244 个。在 253 个时间段内,绝大部分是收敛的。

(2)β 系数存在后向传导效应,若后续年份的 β 收敛系数比之前年份的 β 收敛系数大,则会提高前面年份的 β 收敛系数,反之则会拉低前面年份的 β 收敛系数。前者如 1999—2000 年的 β 收敛,因为 2000—2001 年为 β 发散,所以导致 1999—2001 年的 β 发散。后者如 2002—2003 的 β 发散,因为 2003—2004 年为 β 收敛,所以导致 2002—2004 年的 β 收敛。

(3)表现为 β 发散年份的 β 收敛系数的 p 值绝大部分大于 0.05。9 个表现为 β 发散的时间段中只有 1 个时间段的回归 p 值小于 0.05,其他都大于 0.05。有小部分表现为 β 收敛的年际 β 收敛系数的 p 值大于 0.05。

2. 市尺度上

(1)β 收敛的时间段数为 169 个。市尺度上 β 发散的时间段数为 84 个,主要集中于 1999—2006 年为起始年份,2000—2012 年为终止年份的各时间段。

(2)β 系数存在后向传导效应,若后续年份的 β 收敛系数比之前年份的 β 收敛系数大,则会提高前面年份的 β 收敛系数,反之,则会拉低前面年份的 β 收敛系数。前者如 2007—2008 年的 β 收敛,因为 2008—2009 年为 β 发散,所以导致 2007—2009 年的 β 发散。后者如 1996—1998 年、1997—1998 年的 β 发散,因为 1998—1999 年为 β 收敛,所以导致 1996—1999 年、1997—1999 年的 β 收敛。

(3)表现为 β 发散年份的 β 收敛系数的 p 值绝大多数大于 0.05。84 个表现为 β 发散的时间段中有两个时间段的回归 p 值小于 0.05,其他都大于 0.05。除表现为 β 发散年际的 β 收敛系数的 p 值大多大于 0.05 外,大部分表现为 β 收敛年际的 β 收敛系数的 p 值大于

0.05。而实际上，收敛系数的 p 值小于 0.05 的表现为 β 收敛的年际 β 收敛系数主要集中于 1990—1994 年为起始年份、1994—2002 年为终止年份的时间段内。而且整个市尺度上 253 个时间段里，收敛系数的 p 值小于 0.05 的数目为 51 个。

3. 省尺度上

（1）β 收敛的时间段数为 189 个，主要集中于 1994—1999 年为起始年份、1997—2004 年为终止年份和 2005—2008 年为起始年份、2006—2012 年为终止年份的时间段内。

（2）β 系数存在后向传导效应，若后续年份的 β 收敛系数比之前年份的 β 收敛系数大，则会提高前面年份的 β 收敛系数，反之，则会拉低前面年份的 β 收敛系数。前者如 1995—1997 年、1996—1997 年的 β 收敛，因为 1997—1998 年为 β 发散，所以导致 1995—1998 年、1996—1998 年的 β 发散。后者如 1994—2004 年、1995—2004 年、1996—2004 年、1997—2004 年、1998—2004 年的 β 发散，因为 2004—2005 年较为强烈的 β 收敛，所以导致 1994—2005 年、1995—2005 年、1996—2005 年、1997—2005 年、1998—2005 年的 β 收敛。

（3）表现为 β 发散年份的 β 收敛系数的 p 值绝大部分大于 0.05。64 个表现为 β 发散的时间段中只有两个时间段的回归 p 值小于 0.05，其他都大于 0.05。除表现为 β 发散的年际 β 收敛系数的 p 值大多大于 0.05 外，绝大部分表现为 β 收敛的年际 β 收敛系数的 p 值也大于 0.05。实际上，整个省尺度上 253 个时间段里，收敛系数的 p 值小于 0.05 的数目为 7 个。

4. 对各尺度上 β 收敛情况的比较

比较发现：（1）各尺度上存在 β 收敛的时间段数不同，县尺度上 β 收敛的时间段数最多（244 个），省尺度上次之（189 个），市尺度上最少（169 个）。

（2）省尺度上发散的年份并不完全包含市尺度上发散的年份，市尺度上发散的年份包含了县尺度上发散的年份。反过来，省尺度上收敛的年份并不完全包含市尺度上收敛的年份，市尺度上收敛的年份包含了县尺度上发散的年份。

(3)就β系数的波动来看，省尺度上最剧烈(0.475)，市尺度上次之(0.177)，县尺度上最小(0.142)。

(4)就相邻年际的收敛情况来看，各尺度上存在β收敛的时间段数也不同，县尺度上β收敛的时间段数最多(20个)，省尺度上次之(12个)，市尺度上最少(10个)。总体而言，市尺度上的值大多比市尺度上的值大，而省尺度上的值变化很大，从而使得省尺度上与县、市尺度上的相对位置变化很大且频繁。而且，省尺度上收敛的年份并不完全包含市尺度上收敛的年份，市尺度上收敛的年份包含了县尺度上发散的年份。

(5)β系数都存在明显的后向传导效应。

(6)就β收敛系数所对应的回归p值而言，县尺度上满足小于0.05条件的时间段数最多，市尺度上次之，省尺度上最少。进而，县

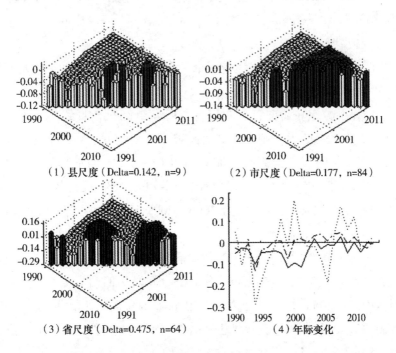

(1)县尺度(Delta=0.142, n=9)　　(2)市尺度(Delta=0.177, n=84)

(3)省尺度(Delta=0.475, n=64)　　(4)年际变化

图4-14　三分法下中部地区的β收敛(1990—2012)

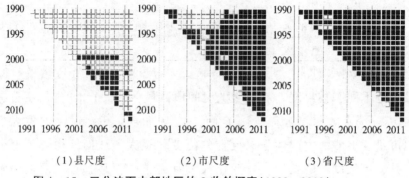

(1)县尺度　　　　　　(2)市尺度　　　　　　(3)省尺度

图4-15　三分法下中部地区的β收敛概率(1990—2012)

尺度上在相邻年份的β收敛系数所对应的回归p值满足小于0.05条件的时间段数为15个，市尺度上为4个，而省尺度上只有两个满足条件。

从1990—2012年三分法下西部地区组分为县、市、省的β收敛及其概率情况(见图4-16、图4-17)来看：

1. 县尺度上

(1)β收敛的时间段数为249个。在253个时间段内，绝大部分是收敛的。

(2)β系数存在后向传导效应，若后续年份的β收敛系数比之前年份的β收敛系数大，则会提高前面年份的β收敛系数，反之，则会拉低前面年份的β收敛系数。前者如2010—2011年的β收敛，因为2011—2012年为β发散，所以导致2010—2012年的β发散。后者如2005—2006年的β发散，因为2006—2007年为β收敛，所以导致2005—2007年的β收敛。

(3)表现为β发散年份的β收敛系数的p值绝大部分大于0.05。4个表现为β发散的时间段中只有1个时间段的回归p值小于0.05，其他都大于0.05。绝大部分表现为β收敛的年际β收敛系数的p值小于0.05。而且，整个县尺度上253个时间段里，收敛系数的p值大于0.05的数目为18个。

2. 市尺度上

（1）β收敛的时间段数为227个。市尺度上β发散的时间数为26个，主要集中于2001—2005年时间段内。

（2）β系数存在后向传导效应，若后续年份的β收敛系数比之前年份的β收敛系数大，则会提高前面年份的β收敛系数，反之，则会拉低前面年份的β收敛系数。前者如2001—2002年的β收敛，因为2002—2003年为β发散，所以导致2001—2003年的β发散。后者如2007—2008年的β发散，因为2008—2009年为β收敛，所以导致2007—2009年的β收敛。

（3）表现为β发散年份的β收敛系数的p值绝大多数大于0.05。26个表现为β发散的时间段中有两个时间段的回归p值小于0.05，其他都大于0.05。除表现为β发散的年际β收敛系数的p值大多大于0.05外，小部分表现为β收敛的年际β收敛系数的p值大于0.05。而实际上，收敛系数的p值小于0.05的表现为β收敛的年际β收敛系数主要集中于1990年、1993年为起始年份，以2011年为终止年份的各时间段以及以1994—1997年为起始年份，1999—2012年为终止年份的时间段。

3. 省尺度上

（1）β收敛的时间段数为220个。省尺度上β发散的时间段数为26个，大致集中于2001—2012年时间段。

（2）β系数存在后向传导效应，若后续年份的β收敛系数比之前年份的β收敛系数大，则会提高前面年份的β收敛系数，反之，则会拉低前面年份的β收敛系数。前者如1990—1993年、1991—1993年、1992—1993年的β收敛，因为1993—1994年为β发散，所以导致1990—1994年、1991—1994年、1992—1994年的β发散。后者如2007—2008年的β发散，因为2008—2009年的β收敛，所以导致2007—2009年的β收敛。

（3）表现为β发散年份的β收敛系数的p值大于0.05。除表现为β发散的年际β收敛系数的p值大多大于0.05外，绝大部分表现为β

收敛的年际 β 收敛系数的 p 值也大于 0.05。实际上，整个省尺度上 253 个时间段里，收敛系数的 p 值小于 0.05 的数目为 40 个，主要分布于以 1990 年、1993 年为起始年份的时间段内。

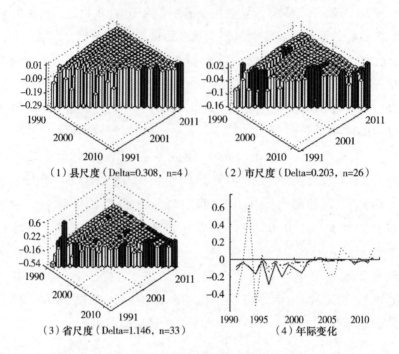

（1）县尺度（Delta=0.308，n=4）　　　（2）市尺度（Delta=0.203，n=26）

（3）省尺度（Delta=1.146，n=33）　　　（4）年际变化

图 4 - 16　三分法下西部地区的 β 收敛(1990—2012)

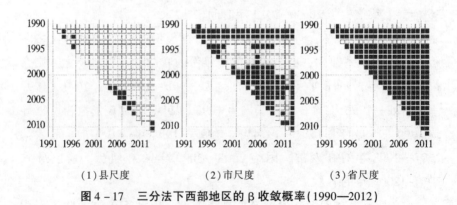

（1）县尺度　　　　　（2）市尺度　　　　　（3）省尺度

图 4 - 17　三分法下西部地区的 β 收敛概率(1990—2012)

4. 对各尺度上 β 收敛情况的比较

比较发现：(1)各尺度上存在 β 收敛的时间段数不同，县尺度上 β 收敛的时间段数最多(249 个)，市尺度上次之(227 个)，省尺度上最少(220 个)。

(2)省尺度上发散的年份不完全包含市尺度上发散的年份，市尺度上发散的年份也不完全包含县尺度上发散的年份。反过来，省尺度上收敛的年份并不完全包含市尺度上收敛的年份，市尺度上收敛的年份也并不完全包含县尺度上收敛的年份。

(3)就 β 系数的波动来看，省尺度上最剧烈(1.146)，县尺度上次之(0.308)，市尺度上最小(0.203)。

(4)就相邻年际的收敛情况来看，各尺度上存在 β 收敛的阶段数也不同，县尺度上 β 收敛的阶段数最多(19 个)，市尺度上次之(16 个)，省尺度上最少(15 个)。总体而言，市尺度上的值大多比县尺度上的值大，且较为接近。而省尺度上的值变化很大，从而使得省尺度上与县、市尺度上的相对位置变化很大且频繁。而且，省尺度上收敛的年份并不完全包含市尺度上收敛的年份，市尺度上收敛的年份也并不完全包含县尺度上收敛的年份。

(5)β 系数存在明显的后向传导效应。

(6)就 β 收敛系数所对应的回归 p 值而言，县尺度上满足小于 0.05 条件的时段数最多，市尺度上次之，省尺度上最少。进而，县尺度上在相邻年份的 β 收敛系数所对应的回归 p 值满足小于 0.05 条件的时段数为 14 个，市尺度上为 5 个，而省尺度上只有两个满足条件。

从 1990—2012 年三分法下各分区域总体收敛情况(见图 4 – 18)来看：

1. 在省尺度上，东部地区表现为发散，而内陆地区表现为收敛。

2. 在市、县尺度上，东部、中部、西部地区虽都表现为收敛，但东部地区的值最高，中部地区次之，西部地区最小，即东部地区的收敛程度没有中部地区显著，而西部地区最为显著。

3. 东部、中部、西部地区市尺度上的值都大于县尺度上的值。

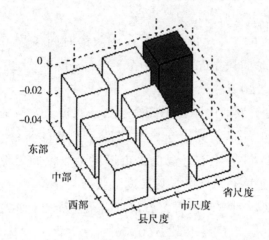

图 4 – 18　三分法下各分区域 1990—2012 年的总体 β 收敛

（三）基于四分法的各区域俱乐部收敛

从 1990—2012 年四分法下东北部地区组分为县、市、省的 β 收敛及其概率情况（见图 4 – 19、图 4 – 20）来看：

1. 县尺度上

（1）β 收敛的时间段数为 231 个。在 253 个时间段内，绝大部分都是收敛的。

（2）β 系数存在后向传导效应，若后续年份的 β 收敛系数比之前年份的 β 收敛系数大，则会提高前面年份的 β 收敛系数，反之，则会拉低前面年份的 β 收敛系数。前者如 2002—2003 年的 β 收敛，因为 2003—2004 年为 β 发散，所以导致 2002—2004 年的 β 发散。后者如 1997—2003 年、1998—2003 年、1999—2003 年的 β 发散，因为 2003—2004 年为 β 收敛，所以导致 1997—2004 年、1998—2004 年、1999—2004 年的 β 收敛。

（3）表现为 β 发散年份的 β 收敛系数的 p 值绝大部分大于 0.05。22 个表现为 β 发散的时间段中只有 1 个时间段的回归 p 值小于 0.05，其他都大于 0.05。一部分表现为 β 收敛的年际 β 收敛系数的 p 值小于 0.05。而 p 值大于 0.05 的表现为 β 收敛的年际 β 收敛系数主要分

布在表现为 β 发散的年际 β 收敛系数周围。

2. 市尺度上

(1) β 收敛的时间段数为 174 个。市尺度上 β 发散的时间段数为 79 个，主要集中于以 1992—1999 年为起始年份、2000—2007 年为终止年份的时间段内。

(2) β 系数存在后向传导效应，若后续年份的 β 收敛系数比之前年份的 β 收敛系数大，则会提高前面年份的 β 收敛系数，反之，则会拉低前面年份的 β 收敛系数。前者如 1997—1998 年的 β 收敛，因为 1998—1999 年为 β 发散，所以导致 1997—1999 年的 β 发散。后者如 1995—2007 年、1996—2007 年、1997—2007 年、1998—2007 年、1999—2007 年的 β 发散，因为 2007—2008 年为 β 收敛，所以导致 1995—2008 年、1996—2008 年、1997—2008 年、1998—2008 年、1999—2008 年的 β 收敛。

(3) 表现为 β 发散年份的 β 收敛系数的 p 值绝大多数大于 0.05。79 个表现为 β 发散的时间段中有 10 个时间段的回归 p 值小于 0.05，其他都大于 0.05。除表现为 β 发散的年际 β 收敛系数的 p 值大多大于 0.05 外，一部分表现为 β 收敛的年际 β 收敛系数的 p 值大于 0.05。而实际上，收敛系数的 p 值小于 0.05 的表现为 β 收敛的年际 β 收敛系数主要集中于 1999—2011 年为起始年份、2008—2012 年为终止年份的时间段内。

3. 省尺度上

(1) β 收敛的时间段数为 139 个。省尺度上 β 发散的时间段数为 114 个，大致集中于 1990—1992 年为起始年份、1992—1997 年为终止年份和 1998—2008 年为起始年份、2004—2011 年为终止年份的两个时间段内。

(2) β 系数存在后向传导效应，若后续年份的 β 收敛系数比之前年份的 β 收敛系数大，则会提高前面年份的 β 收敛系数，反之，则会拉低前面年份的 β 收敛系数。前者如 1990—1991 年的 β 收敛，因为 1991—1992 年为 β 发散，所以导致 1990—1992 年的 β 发散。后者如

1994—1995 年的 β 发散，因为 1995—1996 年的 β 收敛，所以导致 1994—1996 年的 β 收敛。

（3）表现为 β 发散年份的 β 收敛系数的 p 值绝大部分大于 0.05。114 个表现为 β 发散的时间段中有 3 个时间段的回归 p 值小于 0.05，其他都大于 0.05。除表现为 β 发散的年际 β 收敛系数的 p 值大多大于 0.05 外，绝大部分表现为 β 收敛的年际 β 收敛系数的 p 值也大于 0.05。实际上，整个省尺度上 253 个时间段里，收敛系数的 p 值小于 0.05 的数目为 6 个。

4. 对各尺度上 β 收敛情况的比较

比较发现：（1）各尺度上存在 β 收敛的时间段数不同，县尺度上 β 收敛的时间段数最多（231 个），市尺度上次之（174 个），省尺度上最少（139 个）。

（2）省尺度上发散的年份不完全包含市尺度上发散的年份，市尺度上发散的年份也不完全包含县尺度上发散的年份。反过来，省尺度上收敛的年份并不完全包含市尺度上收敛的年份，市尺度上收敛的年份也不完全包含县尺度上收敛的年份。

（3）就 β 系数的波动来看，省尺度上最剧烈（1.568），市尺度上次之（0.527），县尺度上最小（0.408）。

（4）就相邻年际的收敛情况来看，各尺度上存在 β 收敛的阶段数也不同，县尺度上 β 收敛的阶段数最多（20 个），市尺度上次之（19 个），省尺度上最少（10 个）。总体而言，市尺度上的值大多大于县尺度上的值，且较为接近。而省尺度上的值变化很大，从而使得省尺度与县、市尺度的相对位置变化很大且频繁。而且，省尺度上收敛的年份并不完全包含市尺度上收敛的年份，市尺度上收敛的年份也不完全包含县尺度上收敛的年份。

（5）β 系数都存在明显的后向传导效应。

（6）就 β 收敛系数所对应的回归 p 值而言，县尺度上满足小于 0.05 条件的时段数最多，市尺度上次之，省尺度上最少。进而，县尺度上在相邻年份的 β 收敛系数所对应的回归 p 值满足小于 0.05 条件的时段数为 10 个，市尺度上为 4 个，而省尺度上只有两个满足条件。

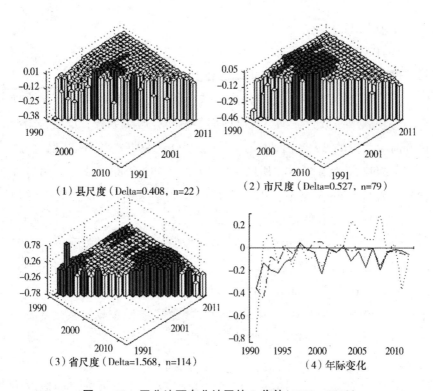

（1）县尺度（Delta=0.408，n=22）　（2）市尺度（Delta=0.527，n=79）

（3）省尺度（Delta=1.568，n=114）　（4）年际变化

图4-19　四分法下东北地区的β收敛（1990—2012）

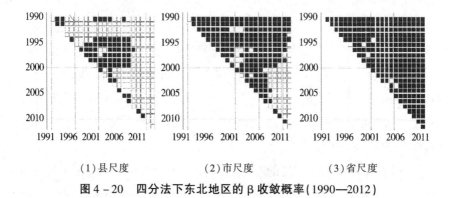

（1）县尺度　　　　（2）市尺度　　　　（3）省尺度

图4-20　四分法下东北地区的β收敛概率（1990—2012）

从1990—2012年四分法下东部地区组分为县、市、省的β收敛及其概率情况（见图4-21、图4-22）来看：

1. 县尺度上

(1)β 收敛的时间段数为 201 个。主要集中在 1990—1992 年为起始年份、1992—1994 年为终止年份和 1998—2007 年的时间段内。

(2)β 系数存在后向传导效应，若后续年份的 β 收敛系数比之前年份的 β 收敛系数大，则会提高前面年份的 β 收敛系数，反之，则会拉低前面年份的 β 收敛系数。前者如 1990—1991 年的 β 收敛，因为 1991—1992 年为 β 发散，所以导致 1990—1992 年的 β 发散。后者如 2007—2008 年的 β 发散，因为 2008—2009 年为 β 收敛，所以导致 2007—2009 年的 β 收敛。

(3)表现为 β 发散年份的 β 收敛系数的 p 值大部分大于 0.05。52 个表现为 β 发散的时间段中只有 14 个时间段的回归 p 值小于 0.05，其他都大于 0.05。一部分表现为 β 收敛的年际 β 收敛系数的 p 值小于 0.05。而 p 值大于 0.05 的表现为 β 收敛的年际 β 收敛系数主要分布在表现为 β 发散的年际 β 收敛系数周围。

2. 市尺度上

(1)β 收敛的时间段数为 113 个。市尺度上 β 发散的时间段数为 140 个，主要集中于以 1992—1993 年为起始年份的各时间段和 1994—2007 年的时间段内。

(2)β 系数存在后向传导效应，若后续年份的 β 收敛系数比之前年份的 β 收敛系数大，则会提高前面年份的 β 收敛系数，反之，则会拉低前面年份的 β 收敛系数。前者如 2001—2002 年的 β 收敛，因为 2002—2003 年为 β 发散，所以导致 2001—2003 年间的 β 发散。后者如 2002—2003 年的 β 发散，因为 2003—2004 年为 β 收敛，所以导致 2002—2004 年的 β 收敛。

(3)表现为 β 发散年份的 β 收敛系数的 p 值大部分大于 0.05。140 个表现为 β 发散的时间段中有 32 个时间段的回归 p 值小于 0.05，其他都大于 0.05。除表现为 β 发散的年际 β 收敛系数的 p 值大多大于 0.05 外，一部分表现为 β 收敛的年际 β 收敛系数的 p 值大于 0.05。而实际上，收敛系数的 p 值小于 0.05 的表现为 β 收敛的年际 β 收敛系数主要集中于 2005—2011 年时间段和以 2012 年为终止年份的时间段内。

3. 省尺度上

（1）β 收敛的时间段数为 82 个，大致集中于 1990—1993 年为起始年份、1992—2004 年为终止年份和 2002—2011 年为起始年份、2010—2012 年为终止年份的时间段内。

（2）β 系数存在后向传导效应，若后续年份的 β 收敛系数比之前年份的 β 收敛系数大，则会提高前面年份的 β 收敛系数，反之，则会拉低前面年份的 β 收敛系数。前者如 2005—2008 年、2006—2008 年、2007—2008 年的 β 收敛，因为 2008—2009 年为 β 发散，所以导致 2005—2009 年、2006—2009 年、2007—2009 年的 β 发散。后者如 2002—2003 年为 β 发散，因为 2003—2004 年的 β 收敛，所以导致 2002—2004 年的 β 收敛。

（3）表现为 β 发散年份的 β 收敛系数的 p 值绝大部分大于 0.05。171 个表现为 β 发散的时间段中有 14 个时间段的回归 p 值小于 0.05，其他都大于 0.05。除表现为 β 发散的年际 β 收敛系数的 p 值大多大于 0.05 外，绝大部分表现为 β 收敛的年际 β 收敛系数的 p 值也大于 0.05。实际上，整个省尺度上 253 个时间段里，收敛系数的 p 值小于 0.05 的数目为 16 个。

4. 对各尺度 β 收敛情况的比较

比较发现：（1）各尺度上存在 β 收敛的时间段数不同，县尺度上 β 收敛的阶段数最多（201 个），市尺度上次之（113 个），省尺度上最少（82 个）。

（2）省尺度上发散的年份并不完全包含市尺度上发散的年份，市尺度上发散的年份也不完全包含县尺度上发散的年份。反过来，省尺度上收敛的年份并不完全包含市尺度上收敛的年份，市尺度上收敛的年份也不完全包含县尺度上收敛的年份。

（3）就 β 系数的波动来看，县尺度上最剧烈（0.229），省尺度上次之（0.222），市尺度上最小（0.182）。

（4）就相邻年际的收敛情况来看，各尺度上存在 β 收敛的时间段数也不同,县尺度上 β 收敛的时间段数最多(14 个),市、省尺度上次之(都为 10)。在 2006 年前的大部分时间段里,省尺度上的值最大,市尺度上的值次之,县尺度上的值最小,省、市尺度上的值较为接近。2006 年后,县、市尺度上的值较为接近,且省尺度上的值变化较大,从而使得省尺度上的值与县、市尺度上的值的排序变化较大且频繁。而且,省尺度上收敛的年份并不完全包含市尺度上收敛的年份,市尺度上收敛的年份也不完全包含县尺度上收敛的年份。

(5)β 系数都存在明显的后向传导效应。

(6)就 β 收敛系数所对应的回归 p 值而言,县尺度上满足小于 0.05 条件的时段数最多,市尺度上次之,省尺度上最少。进而,县尺度上在相邻年份的 β 收敛系数所对应的回归 p 值满足小于 0.05 条件的时间段数为 15 个,市尺度上为 10 个,而省尺度上没有满足条件的相邻时间段。

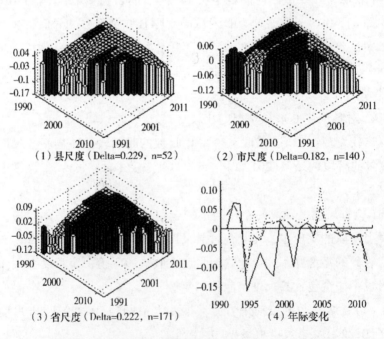

(1)县尺度(Delta=0.229, n=52)　　(2)市尺度(Delta=0.182, n=140)

(3)省尺度(Delta=0.222, n=171)　　(4)年际变化

图 4-21　四分法下东部地区的 β 收敛(1990—2012)

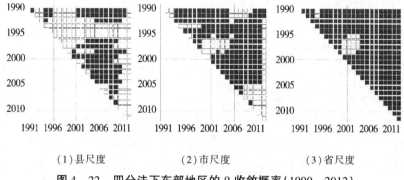

（1）县尺度　　　　　（2）市尺度　　　　　（3）省尺度

图 4 - 22　四分法下东部地区的 β 收敛概率（1990—2012）

从 1990—2012 年四分法中部地区组分为县、市、省的 β 收敛及其概率情况（见图 4 - 23、图 4 - 24）来看：

1. 县尺度上

（1）β 收敛的时间段数为 248 个。在 253 个时间段内，绝大部分是收敛的。

（2）β 系数存在后向传导效应，若后续年份的 β 收敛系数比之前年份的 β 收敛系数大，则会提高前面年份的 β 收敛系数，反之，则会拉低前面年份的 β 收敛系数。前者如 2001—2002 年的 β 收敛，因为 2002—2003 年为 β 发散，所以导致 2001—2003 年的 β 发散。后者如 2002—2003 年的 β 发散，因为 2003—2004 年为 β 收敛，所以导致 2002—2004 年的 β 收敛。

（3）表现为 β 发散年份的 β 收敛系数的 p 值都大于 0.05。一部分表现为 β 收敛的年际 β 收敛系数的 p 值小于 0.05。而这些 p 值大于 0.05 的表现为 β 收敛的年际 β 收敛系数主要分布在表现为 β 发散的年际 β 收敛系数周围。

2. 市尺度上

（1）β 收敛的时间段数为 177 个。市尺度上 β 发散的时间段数为 76 个，主要集中于以 1999—2003 年为起始年份、2000—2012 年为终止年份的各时间段和 2004—2009 年的时间段内。

（2）β 系数存在后向传导效应，若后续年份的 β 收敛系数比之前

年份的 β 收敛系数大，则会提高前面年份的 β 收敛系数，反之，则会拉低前面年份的 β 收敛系数。前者如 1996—1997 年的 β 收敛，因为 1997—1998 年为 β 发散，所以导致 1996—1998 年间的 β 发散。后者如 1997—1998 年的 β 发散，因为 1998—1999 年为 β 收敛，所以导致 1997—1999 年的 β 收敛。

（3）表现为 β 发散年份的 β 收敛系数的 p 值大部分大于 0.05。76 个表现为 β 发散的时间段中有 5 个时间段的回归 p 值小于 0.05，其他都大于 0.05。除表现为 β 发散的年际 β 收敛系数的 p 值大多大于 0.05 外，一部分表现为 β 收敛的年际 β 收敛系数的 p 值大于 0.05。而 p 值大于 0.05 的表现为 β 收敛的年际 β 收敛系数主要分布在表现为 β 发散的年际 β 收敛系数周围。

3. 省尺度上

（1）β 收敛的时间段数为 205 个，主要集中于 1995—1999 年为起始年份、2000—2004 年和 2012 年为终止年份的时间段内。

（2）β 系数存在后向传导效应，若后续年份的 β 收敛系数比之前年份的 β 收敛系数大，则会提高前面年份的 β 收敛系数，反之，则会拉低前面年份的 β 收敛系数。前者如 1995—1998 年、1996—1998 年、1997—1998 年的 β 收敛，因为 1998—1999 年为 β 发散，所以导致 1995—1999 年、1996—1999 年、1997—1999 年的 β 发散。后者如 2000—2001 年为 β 发散，因为 2001—2002 年的 β 收敛，所以导致 2000—2002 年的 β 收敛。

（3）表现为 β 发散年份的 β 收敛系数的 p 值绝大部分大于 0.05。48 个表现为 β 发散的时间段中只有 1 个时间段的回归 p 值小于 0.05，其他都大于 0.05。除表现为 β 发散的年际 β 收敛系数的 p 值大多大于 0.05 外，绝大部分表现为 β 收敛的年际 β 收敛系数的 p 值也大于 0.05。实际上，整个省尺度上 253 个时间段里，收敛系数的 p 值小于 0.05 的数目为 39 个。

4. 对各尺度上 β 收敛情况的比较

比较发现：（1）各尺度上存在 β 收敛的时间段数不同，县尺度上

β 收敛的阶段数最多(248 个),省尺度上次之(205 个),市尺度上最少(177 个)。

(2)省尺度上发散的年份并不完全包含市尺度上发散的年份,市尺度上发散的年份包含了县尺度上发散的年份。反过来,省尺度上收敛的年份并不完全包含市尺度上收敛的年份,市尺度上收敛的年份包含县尺度上发散的年份。

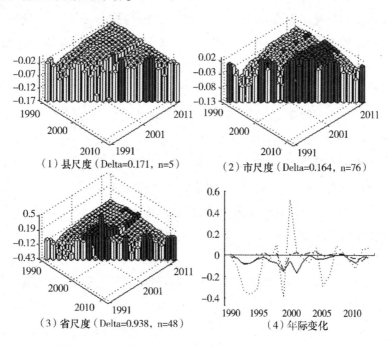

图4-23　四分法下中部地区的 β 收敛(1990—2012)

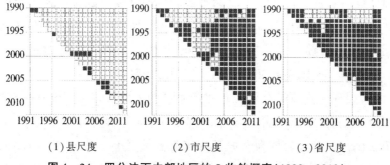

(1)县尺度　　　(2)市尺度　　　(3)省尺度

图4-24　四分法下中部地区的 β 收敛概率(1990—2012)

（3）就 β 系数的波动来看，省尺度上最剧烈（0.938），县尺度上次之（0.171），市尺度上最小（0.164），县、市尺度较为接近。

（4）就相邻年际的收敛情况来看，各尺度上存在 β 收敛的时间段数也不同，县尺度上 β 收敛的时间段数最多（19 个），省尺度上次之（14 个），市尺度上最少（10 个）。总体而言，市尺度上的值比县尺度上的值大，县、市尺度上的值较为接近。且省尺度上的值变化较大，从而使得省尺度上的值与县、市尺度上的值的排序变化较大且频繁。而且省尺度上收敛的年份并不完全包含市尺度上收敛的年份，市尺度上收敛的年份包含县尺度上发散的年份。

（5）β 系数都存在明显的后向传导效应。

（6）就 β 收敛系数所对应的回归 p 值而言，县尺度上满足小于 0.05 条件的时段数最多，市尺度上次之，省尺度上最少。进而，县尺度在相邻年份间的 β 收敛系数所对应的回归 p 值满足小于 0.05 条件的时段数为 13 个，省尺度上两个，市尺度上 1 个。

从 1990—2012 年四分法下西部地区组分为县、市、省的 β 收敛及其概率情况（见图 4 – 25、图 4 – 26）来看：

1. 县尺度上

（1）β 收敛的时间段数为 220 个。县尺度上 β 发散的时间段数为 33 个，主要集中于 2002—2009 年的时间段内。

（2）β 系数存在后向传导效应，若后续年份的 β 收敛系数比之前年份的 β 收敛系数大，则会提高前面年份的 β 收敛系数，反之，则会拉低前面年份的 β 收敛系数。前者如 2009—2011 年、2010—2011 年的 β 收敛，因为 2011—2012 年为 β 发散，所以导致 2009—2012 年、2010—2012 年的 β 发散。后者如 2007—2008 年的 β 发散，因为 2008—2009 年为 β 收敛，所以导致 2007—2009 年的 β 收敛。

（3）表现为 β 发散年份的 β 收敛系数的 p 值大多大于 0.05。33 个表现为 β 发散的时间段中有 7 个时间段的回归 p 值小于 0.05，其他都大于 0.05。一部分表现为 β 收敛的年际 β 收敛系数的 p 值小于 0.05。而 p 值大于 0.05 的表现为 β 收敛的年际 β 收敛系数主要分布在表现为

β 发散的年际 β 收敛系数周围。

2. 市尺度上

(1)β 收敛的时间段数为 163 个。市尺度上 β 发散的时间段数为 90 个，主要集中于以 1991—1992 为起始年份、2003—2010 年为终止年份和以 2000—2012 年为起始年份、2003—2012 年为终止年份的时间段内。

(2)β 系数存在后向传导效应，若后续年份的 β 收敛系数比之前年份的 β 收敛系数大，则会提高前面年份的 β 收敛系数，反之，则会拉低前面年份的 β 收敛系数。前者如 2001—2002 年的 β 收敛，因为 2002—2003 年为 β 发散，所以导致 2001—2003 年的 β 发散。后者如 2009—2010 年的 β 发散，因为 2010—2011 年为 β 收敛，所以导致 2009—2011 年的 β 收敛。

(3)表现为 β 发散年份的 β 收敛系数的 p 值大部分大于 0.05。90 个表现为 β 发散的时间段中有 9 个时间段的回归 p 值小于 0.05，其他都大于 0.05。除表现为 β 发散的年际 β 收敛系数的 p 值大多大于 0.05 外，一部分表现为 β 收敛的年际 β 收敛系数的 p 值大于 0.05。而 p 值大于 0.05 的表现为 β 收敛的年际 β 收敛系数主要分布在表现为 β 发散的年际 β 收敛系数周围。

3. 省尺度上

(1)β 收敛的时间段数为 145 个，省尺度上 β 发散的时间段数为 108 个，主要集中于 1991 年、1992 年、1994 年、1996—2011 年为起始年份、2007—2012 年为终止年份的时间段内。

(2)β 系数存在后向传导效应，若后续年份的 β 收敛系数比之前年份的 β 收敛系数大，则会提高前面年份的 β 收敛系数，反之，则会拉低前面年份的 β 收敛系数。前者如 2001—2002 年的 β 收敛，因为 2002—2003 年为 β 发散，所以导致 2001—2003 年的 β 发散。后者如 2004—2005 年的 β 发散，因为 2005—2006 年为 β 收敛，所以导致 2004—2006 年的 β 收敛。

(3)表现为 β 发散年份的 β 收敛系数的 p 值绝大部分大于 0.05。

108 个表现为 β 发散的时间段中只有两个时间段的回归 p 值小于
0.05，其他都大于 0.05。除表现为 β 发散的年际 β 收敛系数的 p 值
大多大于 0.05 外，绝大部分表现为 β 收敛的年际 β 收敛系数的 p 值
也大于 0.05。实际上，整个省尺度上 253 个时间段里，收敛系数的 p
值小于 0.05 的数目为 33 个，主要分布于以 1990 年和 1993 年为起始
年份、1994—2008 年为终止年份的时间段内。

4. 对各尺度上 β 收敛情况的比较

比较发现：(1)各尺度上存在 β 收敛的时间段数不同，县尺度上
β 收敛的阶段数最多(220 个)，市尺度上次之(163 个)，省尺度上最
少(145 个)。

(2)省尺度上发散的年份并不完全包含市尺度上发散的年份，市
尺度上发散的年份也不完全包含县尺度上发散的年份。反过来，省尺
度上收敛的年份并不完全包含市尺度上收敛的年份，市尺度上收敛的
年份也不完全包含县尺度上收敛的年份。

(3)就 β 系数的波动来看，省尺度上最剧烈(1.032)，县尺度上
次之(0.302)，市尺度上最小(0.195)，县、市尺度较为接近。

(4)就相邻年际的收敛情况来看，各尺度上存在 β 收敛的时间段
数也不同，县尺度上 β 收敛的时间段数最多(15 个)，市尺度上次之
(14 个)，省尺度上最少(13 个)。总体而言，市尺度上的值比县尺度
上的值大，县、市尺度上的值较为接近。且省尺度上的值变化较大，
从而使得省尺度上的值与县、市尺度上的值的排序变化较大且频繁。
而且，省尺度上收敛年份并不完全包含市尺度上收敛的年份，市尺度
上收敛的年份也不完全包含县尺度上收敛的年份。

(5)β 系数都存在明显的后向传导效应。

(6)就 β 收敛系数所对应的回归 p 值而言，县尺度上满足小于
0.05 条件的时间段数最多，市尺度上次之，省尺度上最少。进而，
县尺度上在相邻年份的 β 收敛系数所对应的回归 p 值满足小于 0.05
条件的时间段数为 13 个，市尺度上 7 个，省尺度上 3 个。

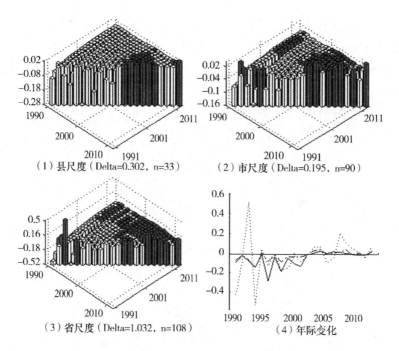

（1）县尺度（Delta=0.302，n=33）　　（2）市尺度（Delta=0.195，n=90）

（3）省尺度（Delta=1.032，n=108）　　（4）年际变化

图 4 - 25　四分法下西部地区的 β 收敛（1990—2012）

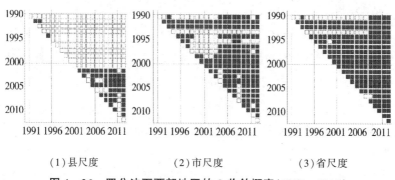

（1）县尺度　　　　　（2）市尺度　　　　　（3）省尺度

图 4 - 26　四分法下西部地区的 β 收敛概率（1990—2012）

　　从 1990—2012 年四分法下各分区域总体收敛情况（见图 4 - 27）来看：

　　1. 在三个尺度上，所有区域都为收敛，但东部地区的值最大。

　　2. 在省尺度上，东北和东部地区的值较大，西部地区次之，中部地区的值最小。

3. 在市尺度上，东部地区的值最大，东北、中部和西部地区的值相差不大。

4. 在县尺度上，东部地区的值最大，西部地区次之，而东北和中部地区的值较为接近。

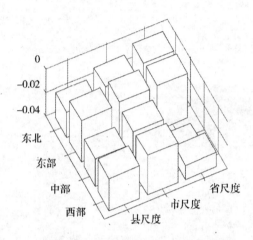

图4-27 四分法下各分区域1990—2012年的总体β收敛

（四）基于六分法的各区域俱乐部收敛

从1990—2012年六分法下东北部地区组分为县、市、省的β收敛及其概率情况（见图4-28、图4-29）来看：

1. 县尺度上

（1）β收敛的时间段数为231个。在253个时间段内，绝大部分都收敛。

（2）β系数存在后向传导效应，若后续年份的β收敛系数比之前年份的β收敛系数大，则会提高前面年份的β收敛系数，反之则会拉低。前者如2002—2003年的β收敛，因为2003—2004年为β发散，所以导致2002—2004年的β发散。后者如1997—2003年、1998—2003年、1999—2003年的β发散，因为2003—2004年为β收敛，所以导致1997—2004年、1998—2004年、1999—2004年的β收敛。

（3）表现为β发散年份的β收敛系数的p值绝大部分大于0.05。

22 个表现为 β 发散的时间段中只有 1 个时间段的回归 p 值小于 0.05，其他都大于 0.05。一部分表现为 β 收敛的年际 β 收敛系数的 p 值小于 0.05。p 值大于 0.05 的表现为 β 收敛的年际 β 收敛系数主要分布在表现为 β 发散的年际 β 收敛系数周围。

2. 市尺度上

(1)β 收敛的时间段数为 174 个。市尺度上 β 发散的时间段数为 79 个，主要集中于以 1992—1999 年为起始年份、2000—2007 年为终止年份的时间段。

(2)β 系数存在后向传导效应，若后续年份的 β 收敛系数比之前年份的 β 收敛系数大，则会提高前面年份的 β 收敛系数，反之，则会拉低前面年份的 β 收敛系数。前者如 1997—1998 年的 β 收敛，因为 1998—1999 年为 β 发散，所以导致 1997—1999 年的 β 发散。后者如 1995—2007 年、1996—2007 年、1997—2007 年、1998—2007 年、1999—2007 年的 β 发散，因为 2007—2008 年为 β 收敛，所以导致 1995—2008 年、1996—2008 年、1997—2008 年、1998—2008 年、1999—2008 年的 β 收敛。

(3)表现为 β 发散年份的 β 收敛系数的 p 值绝大多数大于 0.05。79 个表现为 β 发散的时间段中有 10 个时间段的回归 p 值小于 0.05，其他都大于 0.05。除表现为 β 发散的年际 β 收敛系数的 p 值大多大于 0.05 外，一部分表现为 β 收敛的年际 β 收敛系数的 p 值大于 0.05。而实际上，收敛系数的 p 值小于 0.05 的表现为 β 收敛的年际 β 收敛系数主要集中于 1999—2011 年为起始年份、2008—2012 年为终止年份的时间段。

3. 省尺度上

(1)β 收敛的时间段数为 139 个。省尺度上 β 发散的时间段数为 114 个，大致集中于 1990—1992 年为起始年份、1992—1997 年为终止年份和 1998—2008 年为起始年份、2004—2011 年为终止年份的两个时间段内。

(2)β 系数存在后向传导效应，若后续年份的 β 收敛系数比之前

年份的 β 收敛系数大，则会提高前面年份的 β 收敛系数，反之，则会拉低前面年份的 β 收敛系数。前者如 1990—1991 年的 β 收敛，因为 1991—1992 年为 β 发散，所以导致 1990—1992 年为 β 发散。后者如 1994—1995 年的 β 发散，因为 1995—1996 年的 β 收敛，所以导致 1994—1996 年的 β 收敛。

（3）表现为 β 发散年份的 β 收敛系数的 p 值绝大部分大于 0.05。114 个表现为 β 发散的时间段中有 3 个时间段的回归 p 值小于 0.05，其他都大于 0.05。除表现为 β 发散的年际 β 收敛系数的 p 值大多大于 0.05 外，绝大部分表现为 β 收敛的年际 β 收敛系数的 p 值也大于 0.05。实际上，整个省尺度上 253 个时间段里，收敛系数的 p 值小于 0.05 的数目为 6 个。

4. 对各尺度 β 收敛情况的比较

比较发现：（1）各尺度上存在 β 收敛的时间段数不同，县尺度上 β 收敛的时间段数最多（231 个），市尺度上次之（174 个），省尺度上最少（139 个）。

（2）省尺度上发散的年份并不完全包含市尺度上发散的年份，市尺度上发散的年份也不完全包含县尺度上发散的年份。反过来，省尺度上收敛的年份并不完全包含市尺度上收敛的年份，市尺度上收敛的年份并不完全包含县尺度上收敛的年份。

（3）就 β 系数的波动来看，省尺度上最剧烈（1.568），市尺度上次之（0.527），县尺度上最小（0.408）。

（4）就相邻年际的收敛情况来看，各尺度上存在 β 收敛的时间段数也不同，县尺度上 β 收敛的时间段数最多（20 个），市尺度上次之（19 个），省尺度上最少（10 个）。总体而言，市尺度上的值大多大于县尺度上的值，且较为接近。而省尺度上的值变化很大，从而使得省尺度上与县、市尺度上的相对位置变化很大且频繁。而且，省尺度上收敛的年份并不完全包含市尺度上收敛的年份，市尺度上收敛的年份也不完全包含县尺度上收敛的年份。

（5）β 系数都存在明显的后向传导效应。

（6）就β收敛系数所对应的回归p值而言，县尺度上满足小于0.05条件的时段数最多，市尺度上次之，省尺度上最少。进而，县尺度上在相邻年份的β收敛系数所对应的回归p值满足小于0.05条件的时段数为10个，市尺度上4个，而省尺度上只有两个满足条件。

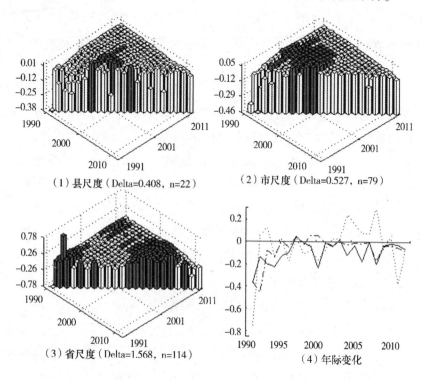

（1）县尺度（Delta=0.408, n=22）　　（2）市尺度（Delta=0.527, n=79）

（3）省尺度（Delta=1.568, n=114）　　（4）年际变化

图4-28　六分法下东北地区的β收敛（1990—2012）

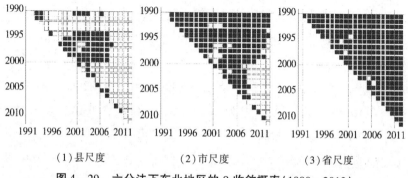

（1）县尺度　　　　　（2）市尺度　　　　　（3）省尺度

图4-29　六分法下东北地区的β收敛概率（1990—2012）

从 1990—2012 年六分法下华北地区组分为县、市、省的 β 收敛及其概率情况(见图 4 – 30、图 4 – 31)来看:

1. 县尺度上

(1)β 收敛的时间段数为 227 个。在 253 个时间段内,绝大部分是收敛的。县尺度上 β 发散的时间段数为 64 个,主要集中于以 1990—1991 年为起始年份、1992—1993 年为终止年份和 2004—2009 年两个时间段内。

(2)β 系数存在后向传导效应,若后续年份的 β 收敛系数比之前年份的 β 收敛系数大,则会提高前面年份的 β 收敛系数,反之则会拉低前面年份的 β 收敛系数。前者如 1990—1991 年的 β 收敛,因为 1991—1992 年为 β 发散,所以导致 1990—1992 年的 β 发散。后者如 2008—2009 年的 β 发散,因为 2009—2010 年为 β 收敛,所以导致 2008—2010 年的 β 收敛。

(3)表现为 β 发散年份的 β 收敛系数的 p 值绝大部分大于 0.05。26 个表现为 β 发散的时间段中只有 4 个时间段的回归 p 值小于 0.05,其他都大于 0.05。一部分表现为 β 收敛的年际 β 收敛系数的 p 值小于 0.05。而 p 值大于 0.05 的表现为 β 收敛的年际 β 收敛系数主要分布在表现为 β 发散的年际 β 收敛系数周围。

2. 市尺度上

(1)β 收敛的时间段数为 189 个。市尺度上 β 发散的时间段数为 64 个,主要集中于 1996—2002 年和 2003—2012 年时间段内。

(2)β 系数存在后向传导效应,若后续年份的 β 收敛系数比之前年份的 β 收敛系数大,则会提高前面年份的 β 收敛系数,反之,则会拉低前面年份的 β 收敛系数。前者如 1999—2001 年、2000—2001 年的 β 收敛,因为 2001—2002 年为 β 发散,所以导致 1999—2002 年、2000—2002 年的 β 发散。后者如 1999—2002 年、2000—2002 年、2001—2002 年的 β 发散,因为 2002—2003 年为 β 收敛,所以导致 1999—2003 年、2000—2003 年、2001—2003 年的 β 收敛。

(3)表现为 β 发散年份的 β 收敛系数的 p 值绝大多数大于 0.05。64 个表现为 β 发散的时间段中有 3 个时间段的回归 p 值小于 0.05,其他都大于 0.05。除表现为 β 发散的年际 β 收敛系数的 p 值大多大于 0.05 外，绝大部分表现为 β 收敛的年际 β 收敛系数的 p 值大于 0.05。而实际上，整个市尺度上 253 个时间段里，收敛系数的 p 值小于 0.05 的数目为 5 个。

3. 省尺度上

（1）β 收敛的时间段数为 146 个。省尺度上 β 发散的时间段数为 107 个，大致集中于以 1990—1999 年为起始年份、1999—2003 年和 2005 年为终止年份以及以 2004 年和 2008 年为起始年份的时间段内。

（2）β 系数存在后向传导效应，若后续年份的 β 收敛系数比之前年份的 β 收敛系数大，则会提高前面年份的 β 收敛系数，反之，则会拉低前面年份的 β 收敛系数。前者如 2003—2004 年的 β 收敛，因为 2004—2005 年为 β 发散，所以导致 2003—2005 年的 β 发散。后者如 1991—1992 年的 β 发散，因为 1992—1993 年为 β 收敛，所以导致 1991—1993 年的 β 收敛。

（3）表现为 β 发散年份的 β 收敛系数的 p 值绝大部分都大于 0.05。107 个表现为 β 发散的时间段中有 6 个时间段的回归 p 值小于 0.05，其他都大于 0.05。除表现为 β 发散的年际 β 收敛系数的 p 值大多大于 0.05 外，绝大部分表现为 β 收敛的年际 β 收敛系数的 p 值也大于 0.05。实际上，整个省尺度上 253 个时间段里，收敛系数的 p 值小于 0.05 的数目为 7 个。

4. 对各尺度上 β 收敛情况的比较

比较发现：（1）各尺度上存在 β 收敛的时间段数不同，县尺度上 β 收敛的阶段数最多（227 个），市尺度上次之（189 个），省尺度上最少（146 个）。

（2）省尺度上发散的年份并不完全包含市尺度上发散的年份，市尺度上发散的年份也不完全包含县尺度上发散的年份。反过来，省尺度上收敛的年份并不完全包含市尺度上收敛的年份，市尺度上收敛的年份也不完全包含县尺度上收敛的年份。

（3）就 β 系数的波动来看，省尺度上最剧烈（0.325），县尺度上次之

(0.204)，市尺度上最小(0.152)。总体而言，县、市尺度更为接近。

（4）就相邻年际的收敛情况来看，各尺度上存在 β 收敛的时间段数也不同，县尺度上 β 收敛的时间段数最多(15 个)，省尺度上次之(11 个)，市尺度上最少(8 个)。总体而言，市尺度上的值大多比县尺度上的值大，且较为接近。而省尺度上的值变化很大，从而使得省尺度与县、市尺度上的相对位置变化很大且频繁。而且，省尺度上收敛的年份并不完全包含市尺度上收敛的年份，市尺度上收敛的年份也不完全包含县尺度上收敛的年份。

（5）β 系数都存在明显的后向传导效应。

（6）就 β 收敛系数所对应的回归 p 值而言，县尺度上满足小于0.05 条件的时间段数最多，市尺度和省尺度上非常少，省尺度上为 5个，市尺度上也为 5 个。进而，县尺度上在相邻年份的 β 收敛系数所对应的回归 p 值满足小于 0.05 条件的时间段数为 8 个，市尺度上 3个，而省尺度上只有两个满足条件。

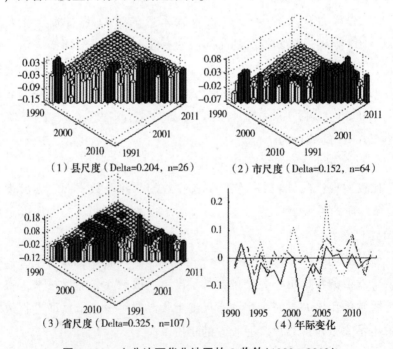

（1）县尺度（Delta=0.204, n=26）　　（2）市尺度（Delta=0.152, n=64）

（3）省尺度（Delta=0.325, n=107）　　（4）年际变化

图 4-30　六分法下华北地区的 β 收敛(1990—2012)

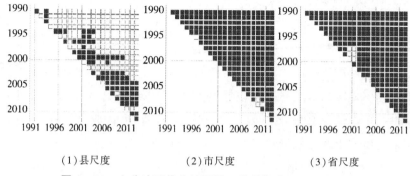

(1)县尺度 (2)市尺度 (3)省尺度

图 4 - 31 六分法下华北地区的 β 收敛概率(1990—2012)

从 1990—2012 年六分法下华东地区组分为县、市、省的 β 收敛及其概率情况(见图 4 - 32、图 4 - 33)来看:

1. 县尺度上

(1)β 收敛的时间段数为 163 个。县尺度上 β 发散的时间段数为 90 个,主要集中于以 1990—1992 年为起始年份,1992—1993 年为终止年份和 1995—2007 年两个时间段内。

(2)β 系数存在后向传导效应,若后续年份的 β 收敛系数比之前年份的 β 收敛系数大,则会提高前面年份的 β 收敛系数,反之,则会拉低前面年份的 β 收敛系数。前者如 1990—1991 年的 β 收敛,因为 1991—1992 年为 β 发散,所以导致 1990—1992 年的 β 发散。后者如 1990—1993 年、1991—1993 年、1992—1993 年的 β 发散,因为 1993—1994 年为 β 收敛,所以导致 1990—1994 年、1991—1994 年、1992—1994 年的 β 收敛。

(3)表现为 β 发散年份的 β 收敛系数的 p 值大部分大于 0.05。90 个表现为 β 发散的时间段中只有 38 个时间段的回归 p 值小于 0.05,其他都大于 0.05。一部分表现为 β 收敛的年际 β 收敛系数的 p 值小于 0.05。而 p 值大于 0.05 的表现为 β 收敛的年际 β 收敛系数主要分布在表现为 β 发散的年际 β 收敛系数周围。

2. 市尺度上

(1)β 收敛的时间段数为 72 个,主要集中于 1990—2007 年和以

1990—1998 年为起始年份、2008—2012 为终止年份的时间段。

（2）β 系数存在后向传导效应，若后续年份的 β 收敛系数比之前年份的 β 收敛系数大，则会提高前面年份的 β 收敛系数，反之，则会拉低前面年份的 β 收敛系数。前者如 1996—1997 年的 β 收敛，因为 1997—1998 年为 β 发散，所以导致 1996—1998 年的 β 发散。后者如 2003—2004 年为 β 发散，因为 2004—2005 年为 β 收敛，所以导致 2003—2005 年的 β 收敛。

（3）表现为 β 发散年份的 β 收敛系数的 p 值大多大于 0.05。181 个表现为 β 发散的时间段中有 59 个时间段的回归 p 值小于 0.05，其他都大于 0.05。除表现为 β 发散的年际 β 收敛系数的 p 值大多大于 0.05 外，绝大部分表现为 β 收敛的年际 β 收敛系数的 p 值大于 0.05。而 p 值大于 0.05 的表现为 β 收敛的年际 β 收敛系数主要分布在表现为 β 发散的年际 β 收敛系数周围。

3. 省尺度上

（1）β 收敛的时间段数为 98 个。省尺度上 β 发散的时间段数为 155 个，大致集中于 1990—2004 年和以 1990—1998 为起始年份、2005—2011 年为终止年份的时间段。

（2）β 系数存在后向传导效应，若后续年份的 β 收敛系数比之前年份的 β 收敛系数大，则会提高前面年份的 β 收敛系数，反之，则会拉低前面年份的 β 收敛系数。前者如 1994—1997 年、1995—1997 年的 β 收敛，因为 1997—1998 年为 β 发散，所以导致 1994—1998 年、1995—1998 年的 β 发散。后者如 1994—1995 年的 β 发散，因为 1995—1996 年为 β 收敛，所以导致 1994—1996 年的 β 收敛。

（3）表现为 β 发散的年份的 β 收敛系数的 p 值大部分大于 0.05。155 个表现为 β 发散的时间段中有 16 个时间段的回归 p 值小于 0.05，其他都大于 0.05。除表现为 β 发散的年际 β 收敛系数的 p 值大多大于 0.05 外，绝大部分表现为 β 收敛的年际 β 收敛系数的 p 值也大于 0.05。实际上，整个省尺度上的 253 个时间段里，收敛系数的 p 值小于 0.05 的数目为 33 个。

4．对各尺度上 β 收敛情况的比较

比较发现：（1）各尺度上存在 β 收敛的时间段数不同，县尺度上 β 收敛的阶段数最多（163 个），省尺度上次之（98 个），市尺度上最少（72 个）。

（2）省尺度上发散的年份并不完全包含市尺度上发散的年份，市尺度上发散的年份包含了县尺度上发散的年份。反过来，省尺度上收敛的

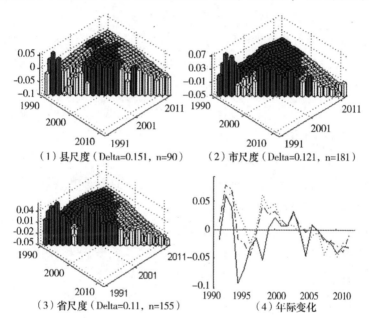

（1）县尺度（Delta=0.151, n=90）　　（2）市尺度（Delta=0.121, n=181）

（3）省尺度（Delta=0.11, n=155）　　（4）年际变化

图 4-32　六分法下华东地区的 β 收敛（1990—2012）

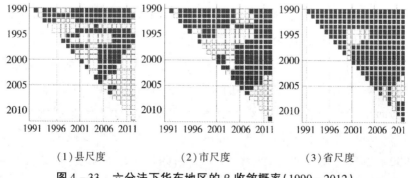

（1）县尺度　　　　　（2）市尺度　　　　　（3）省尺度

图 4-33　六分法下华东地区的 β 收敛概率（1990—2012）

年份并不完全包含市尺度上收敛的年份，市尺度上收敛的年份包含县尺度上发散的年份。

（3）就 β 系数的波动来看，县尺度上最剧烈（0.151），市尺度上次之（0.121），省尺度上最小（0.11）。总体而言，省、市尺度上的值更为接近。

（4）就相邻年际的收敛情况来看，各尺度上存在 β 收敛的时间段数也不同，县尺度上 β 收敛的时间段数最多（14 个），市尺度上次之（11 个），省尺度上最少（10 个）。总体而言，市尺度上的值大多比县尺度上的值大，且较为接近。而省尺度上的值变化很大，从而使得省尺度与县、市尺度上的相对位置变化很大且频繁。而且省尺度上收敛的年份并不完全包含市尺度收敛的年份，市尺度上收敛的年份包含县尺度上发散的年份。

（5）β 系数都存在明显的后向传导效应。

（6）就 β 收敛系数所对应的回归 p 值而言，县尺度上满足小于 0.05 条件的时间段数最多，市尺度和省尺度上非常少，省尺度上为 5 个，市尺度上也为 5 个。进而，县尺度上在相邻年份的 β 收敛系数所对应的回归 p 值满足小于 0.05 条件的时间段数为 12 个，市尺度上为 10 个，而省尺度上只有 3 个满足条件。

从 1990—2012 年六分法下中南地区组分为县、市、省的 β 收敛及其概率情况（见图 4 - 34、图 4 - 35）来看：

1. 县尺度上

（1）β 收敛的时间段数为 241 个。县尺度上 β 发散的时间段数为 12 个，主要集中于 1990—1993 年时间段。

（2）β 系数存在后向传导效应，若后续年份的 β 收敛系数比之前年份的 β 收敛系数大，则会提高前面年份的 β 收敛系数，反之，则会拉低前面年份间的 β 收敛系数。前者如 2001—2002 年的 β 收敛，因为 2002—2003 年为 β 发散，所以导致 2001—2003 年的 β 发散。后者如 1992—1993 年的 β 发散，因为 1993—1994 年为 β 收敛，所以导致 1992—1994 年的 β 收敛。

（3）表现为 β 发散年份的 β 收敛系数的 p 值大部分大于 0.05。12 个表现为 β 发散的时间段中只有两个时间段的回归 p 值小于 0.05，其他都大于 0.05。绝大部分表现为 β 收敛的年际 β 收敛系数的 p 值小于 0.05。而 p 值大于 0.05 的表现为 β 收敛的年际 β 收敛系数主要分布在表现为 β 发散的年际 β 收敛系数周围。

2. 市尺度上

（1）β 收敛的时间段数为 114 个，主要集中于以 1990—1994 年以及 1990—2004 年为起始年份，以 1998 年和 2000—2008 年为终止年份的时间段内。

（2）β 系数存在后向传导效应，若后续年份的 β 收敛系数比之前年份的 β 收敛系数大，则会提高前面年份的 β 收敛系数，反之，则会拉低前面年份的 β 收敛系数。前者如 2003—2004 年的 β 收敛，因为 2004—2005 年为 β 发散，所以导致 2003—2005 年的 β 发散。后者如 1992—1993 年的 β 发散，因为 1993—1994 年为 β 收敛，所以导致 1992—1994 年的 β 收敛。

（3）表现为 β 发散年份的 β 收敛系数的 p 值大多大于 0.05。139 个表现为 β 发散的时间段中有 34 个时间段的回归 p 值小于 0.05，其他都大于 0.05。除表现为 β 发散的年际 β 收敛系数的 p 值大多大于 0.05 外，大部分表现为 β 收敛的年际 β 收敛系数的 p 值大于 0.05。而 p 值大于 0.05 的表现为 β 收敛的年际 β 收敛系数主要分布在表现为 β 发散的年际 β 收敛系数周围。

3. 省尺度上

（1）β 收敛的时间段数为 114 个。省尺度上 β 发散的时间段数为 139 个，大致集中于以 1992—1994 年为起始年份，1994—1998 年为终止年份和以 1992—2011 为起始年份，2008—2012 年为终止年份以及 1993 年为起始年份的时间段。

（2）β 系数存在后向传导效应，若后续年份的 β 收敛系数比之前年份的 β 收敛系数大，则会提高前面年份的 β 收敛系数，反之，则会拉低前面年份的 β 收敛系数。前者如 1995—1997 年的 β 收敛，因为

1997—1998 年为 β 发散，所以导致 1995—1998 年的 β 发散。后者如 1992—1993 年的 β 发散，因为 1993—1994 年为 β 收敛，所以导致 1992—1994 年的 β 收敛。

(3)表现为 β 发散年份的 β 收敛系数的 p 值绝大部分大于 0.05。139 个表现为 β 发散的时间段中有 3 个时间段的回归 p 值小于 0.05，其他都大于 0.05。除表现为 β 发散的年际 β 收敛系数的 p 值大多大于 0.05 外，所有表现为 β 收敛的年际 β 收敛系数的 p 值也大于 0.05。实际上，整个省尺度上 253 个时间段里，收敛系数的 p 值小于 0.05 的数目为 3 个。

4. 对各尺度上 β 收敛情况的比较

比较发现：(1)各尺度上存在 β 收敛的时间段数不同，县尺度上 β 收敛的阶段数最多(241 个)，省、市尺度上次之(都是 114 个)。

(2)省尺度上发散的年份并不完全包含市尺度上发散的年份，市尺度上发散的年份也不完全包含县尺度上发散的年份。反过来，省尺度上收敛的年份并不完全包含市尺度上收敛的年份，市尺度上收敛的年份也不完全包含县尺度上收敛的年份。

(3)就 β 系数的波动来看，省尺度上最剧烈(0.236)，市尺度上次之(0.211)，县尺度上最小(0.177)。总体而言，省、市尺度上的值更为接近。

(4)就相邻年际的收敛情况来看，各尺度上存在 β 收敛的时间段数也不同，县尺度上 β 收敛的时间段数最多(16 个)，市、省尺度上次之(都是 11 个)。2006 年以前，省、市尺度上的值较为接近，且大多比县尺度上的值大。2006 年后，县、市尺度上的值较为接近，且大多比省尺度上的值大。而且，省尺度上收敛的年份并不完全包含市尺度上收敛的年份，市尺度上收敛的年份包含县尺度上发散的年份。

(5) β 系数都存在明显的后向传导效应。

(6)就 β 收敛系数所对应的回归 p 值而言，县尺度上满足小于 0.05 条件的时间段数最多，市尺度和省尺度上非常少，省尺度上为 5 个，市尺度上也为 5 个。进而，县尺度上在相邻年份的 β 收敛系数所对应的回归 p 值满足小于 0.05 条件的时间段数为 11 个，市尺度上为 9 个，而省尺度上没有满足条件的时间段。

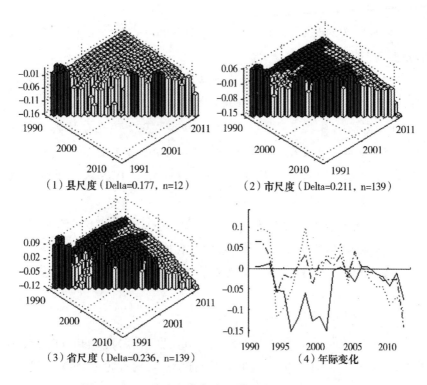

（1）县尺度（Delta=0.177, n=12）　　（2）市尺度（Delta=0.211, n=139）

（3）省尺度（Delta=0.236, n=139）　　（4）年际变化

图 4 - 34　六分法下中南地区的 β 收敛（1990—2012）

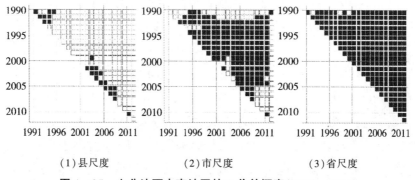

（1）县尺度　　　　（2）市尺度　　　　（3）省尺度

图 4 - 35　六分法下中南地区的 β 收敛概率（1990—2012）

从 1990—2012 年六分法西南地区组分为县、市、省的 β 收敛及其概率情况(见图 4 – 36、图 4 – 37)来看:

1. 县尺度上

(1)β 收敛的时间段数为 247 个。县尺度上 253 个时间段里绝大部分表现为收敛。

(2)β 系数存在后向传导效应,若后续年份的 β 收敛系数比之前年份的 β 收敛系数大,则会提高前面年份的 β 收敛系数,反之,则会拉低前面年份的 β 收敛系数。前者如 1991—1992 年的 β 收敛,因为 1992—1993 年为 β 发散,所以导致 1991—1993 年的 β 发散。后者如 1992—1993 年的 β 发散,因为 1993—1994 年为 β 收敛,所以导致 1992—1994 年的 β 收敛。

(3)表现为 β 发散年份的 β 收敛系数的 p 值都大于 0.05。绝大部分表现为 β 收敛的年际 β 收敛系数的 p 值小于 0.05。而 p 值大于 0.05 的表现为 β 收敛的年际 β 收敛系数主要分布在表现为 β 发散的年际 β 收敛系数周围。

2. 市尺度上

(1)β 收敛的时间段数为 215 个。市尺度上 β 发散的时间段数为 38 个,主要集中于以 1990—1994 年为起始年份,1993—1999 年为终止年份的时间段。

(2)β 系数存在后向传导效应,若后续年份的 β 收敛系数比之前年份的 β 收敛系数大,则会提高前面年份的 β 收敛系数,反之则会拉低。前者如 1991—1992 年的 β 收敛,因为 1992—1993 年为 β 发散,所以导致 1991—1993 年的 β 发散。后者如 1994—1995 年的 β 发散,因为 1995—1996 年为 β 收敛,所以导致 1994—1996 年的 β 收敛。

(3)表现为 β 发散年份的 β 收敛系数的 p 值大多大于 0.05。38 个表现为 β 发散的时间段中有两个时间段的回归 p 值小于 0.05,其他都大于 0.05。除表现为 β 发散的年际 β 收敛系数的 p 值大多大于 0.05 外,一部分表现为 β 收敛的年际 β 收敛系数的 p 值大于 0.05。而 p 值大于 0.05 的表现为 β 收敛的年际 β 收敛系数主要分布在表现

为 β 发散的年际 β 收敛系数周围。

3. 省尺度上

（1）β 收敛的时间段数为 170 个。省尺度上 β 发散的时间段数为 83 个，大致集中于以 1993—1994 年为起始年份的时间段和 2006—2009 年时间段以及以 1993—2011 年为起始年份、2012 年为终止年份的时间段。

（2）β 系数存在后向传导效应，若后续年份的 β 收敛系数比之前年份的 β 收敛系数大，则会提高前面年份的 β 收敛系数，反之，则会拉低前面年份的 β 收敛系数。前者如 2007—2008 年的 β 收敛，因为 2008—2009 年为 β 发散，所以导致 2007—2009 年的 β 发散。后者如 2009—2009 年、2007—2009 年、2008—2009 年的 β 发散，因为 2009—2010 年为 β 收敛，所以导致 2010—2009 年、2007—2010 年、2008—2010 年的 β 收敛。

（3）表现为 β 发散年份的 β 收敛系数的 p 值绝大部分大于 0.05。83 个表现为 β 发散的时间段中只有 1 个时间段的回归 p 值小于 0.05，其他都大于 0.05。除表现为 β 发散的年际 β 收敛系数的 p 值大多大于 0.05 外，绝大多数表现为 β 收敛的年际 β 收敛系数的 p 值也大于 0.05。实际上，整个省尺度上 253 个时间段里，收敛系数的 p 值小于 0.05 的数目为两个。

4. 对各尺度上 β 收敛情况的比较

比较发现：（1）各尺度上存在 β 收敛的时间段数不同，县尺度上 β 收敛的时间段数最多（247 个），市尺度次之（215 个），省尺度上最少（170 个）。

（2）省尺度上发散的年份并不完全包含市尺度上发散的年份，市尺度上发散的年份也不完全包含县尺度上发散的年份。反过来，省尺度上收敛的年份并不完全包含市尺度上收敛的年份，市尺度上收敛的年份也不完全包含县尺度上收敛的年份。

（3）就 β 系数的波动来看，省尺度上最剧烈（0.536），县尺度上次之（0.389），市尺度上最小（0.331）。

(4)就相邻年际的收敛情况来看，各尺度上存在 β 收敛的时间段数也不同，县尺度上 β 收敛的时间段数最多(19 个)，市尺度上次之(18 个)，省尺度上最少(14 个)。2001 年以前，市尺度上的值大多比县尺度上的值大。2001 年后，县、市、省尺度上值的排序变化很频繁，但县、市尺度上的值较为接近。而且，省尺度上收敛的年份并不完全包含市尺度上收敛的年份，市尺度上收敛的年份也不完全包含县尺度上收敛的年份。

(5)β 系数都存在明显的后向传导效应。

(6)就 β 收敛系数所对应的回归 p 值而言，县尺度上满足小于 0.05 条件的时间段数最多，市尺度上次之，省尺度上最少。进而，县尺度上在相邻年份的 β 收敛系数所对应的回归 p 值满足小于 0.05 条件的时间段数为 12 个，市尺度上 7 个，而省尺度上只有 1 个。

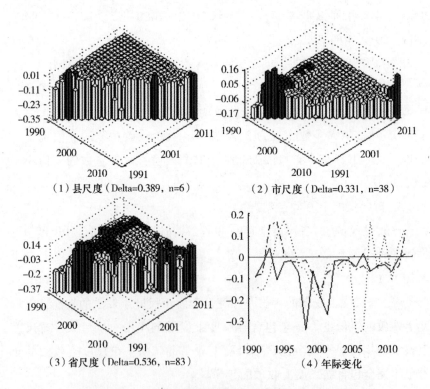

（1）县尺度（Delta=0.389, n=6）　　（2）市尺度（Delta=0.331, n=38）

（3）省尺度（Delta=0.536, n=83）　　（4）年际变化

图 4 - 36　六分法下西南地区的 β 收敛(1990—2012)

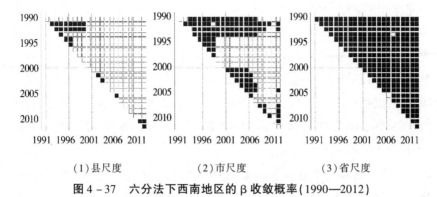

（1）县尺度　　　　（2）市尺度　　　　（3）省尺度

图4－37　六分法下西南地区的β收敛概率（1990—2012）

从1990—2012年六分法下西北地区组分为县、市、省的β收敛及其概率情况（见图4－38、图4－39）来看：

1. 县尺度上

（1）β收敛的时间段数为228个。县尺度上253个时间段里绝大部分时间表现为收敛。表现为β发散的时间段数为25个，主要集中于2003—2008年的时间段内。

（2）β系数存在后向传导效应，若后续年份的β收敛系数比之前年份的β收敛系数大，则会提高前面年份的β收敛系数，反之，则会拉低前面年份的β收敛系数。前者如1996—1997年的β收敛，因为1997—1998年为β发散，所以导致1996—1998年的β发散。后者如1994—1995年的β发散，因为1995—1996年为β收敛，所以导致1994—1996年的β收敛。

（3）表现为β发散年份的β收敛系数的p值大多大于0.05。25个表现为β发散的时间段中有两个时间段的回归p值小于0.05，其他都大于0.05。大部分表现为β收敛的年际β收敛系数的p值小于0.05。而p值大于0.05的表现为β收敛的年际β收敛系数主要分布在表现为β发散的年际β收敛系数周围。

2. 市尺度上

（1）β收敛的时间段数为178个。市尺度上β发散的时间段数为75个，主要集中于以1994为起始年份、1995—2008年为终止年份的时间段和 1998—2008 年的时间段。

（2）β 系数存在后向传导效应，若后续年份的 β 收敛系数比之前年份的 β 收敛系数大，则会提高前面年份的 β 收敛系数，反之，则会拉低前面年份的 β 收敛系数。前者如 1998—1999 年的 β 收敛，因为 1999—2000 年为 β 发散，所以导致 1998—2000 年的 β 发散。后者如 1991—1992 年的 β 发散，因为 1992—1993 年为 β 收敛，所以导致 1991—1993 年的 β 收敛。

（3）表现为 β 发散年份的 β 收敛系数的 p 值绝大多数大于 0.05。75 个表现为 β 发散的时间段中有两个时间段的回归 p 值小于 0.05，其他都大于 0.05。除表现为 β 发散的年际 β 收敛系数的 p 值大多大于 0.05 外，大部分表现为 β 收敛的年际 β 收敛系数的 p 值大于 0.05。而 p 值大于 0.05 的表现为 β 收敛的年际 β 收敛系数主要分布在表现为 β 发散的年际 β 收敛系数周围。实际上，整个市尺度上 253 个时间段里，收敛系数的 p 值小于 0.05 的数目为 32 个。

3. 省尺度上

（1）β 收敛的时间段数为 223 个。省尺度上 β 发散的时间段数为 30 个，大致集中于 2005—2012 年的时间段内。

（2）β 系数存在后向传导效应，若后续年份的 β 收敛系数比之前年份的 β 收敛系数大，则会提高前面年份的 β 收敛系数，反之，则会拉低前面年份的 β 收敛系数。前者如 2004—2005 年的 β 收敛，因为 2005—2006 年为 β 发散，所以导致 2004—2006 年的 β 发散。后者如 1999—2000 年的 β 发散，因为 2000—2001 年为 β 收敛，所以导致 1999—2001 年的 β 收敛。

（3）表现为 β 发散年份的 β 收敛系数的 p 值绝大部分大于 0.05。30 个表现为 β 发散的时间段中只有 1 个时间段的回归 p 值小于 0.05，其他都大于 0.05。除表现为 β 发散的年际 β 收敛系数的 p 值大多大于 0.05 外，绝大多数表现为 β 收敛的年际 β 收敛系数的 p 值也大于 0.05。实际上，整个省尺度上 253 个时间段里，收敛系数的 p 值小于 0.05 的数目为 30 个。

4. 对各尺度上 β 收敛情况的比较

比较发现：(1)各尺度上存在 β 收敛的时间段数不同，县尺度上 β 收敛的时间段数最多(228 个)，省尺度上次之(223 个)，市尺度上最少(178 个)。

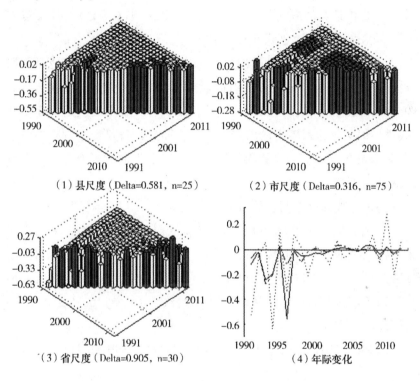

（1）县尺度（Delta=0.581, n=25）　　（2）市尺度（Delta=0.316, n=75）

（3）省尺度（Delta=0.905, n=30）　　（4）年际变化

图 4 - 38　六分法下西北地区的 β 收敛(1990—2012)

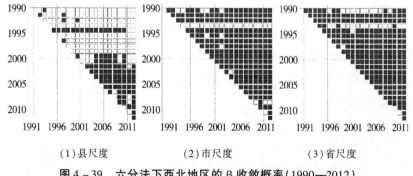

（1）县尺度　　　　（2）市尺度　　　　（3）省尺度

图 4 - 39　六分法下西北地区的 β 收敛概率(1990—2012)

(2)省尺度上发散的年份并不完全包含市尺度上发散的年份，市尺度上发散的年份也不完全包含县尺度上发散的年份。反过来，省尺度上收敛的年份并不完全包含市尺度上收敛的年份，市尺度上收敛的年份也不完全包含县尺度上收敛的年份。

(3)就β系数的波动来看，省尺度上最剧烈(0.905)，县尺度上次之(0.581)，市尺度上最小(0.316)。

(4)就相邻年际的收敛情况来看，各尺度上存在β收敛的时间段数也不同，县尺度上β收敛的时间段数最多(13个)，省尺度上次之(12个)，市尺度个最少(11个)。县、市、省尺度上的值的排序变化很频繁，但县、市尺度上的值较为接近。而且，省尺度上收敛的年份并不完全包含市尺度上收敛的年份，市尺度上收敛的年份也不完全包含县尺度上收敛的年份。

(5)β系数都存在明显的后向传导效应。

(6)就β收敛系数所对应的回归 p 值而言，县尺度上满足小于0.05条件的时间段数最多，市、省尺度上较少，市尺度上为32个，省尺度上为30个。进而，县尺度上在相邻年份的β收敛系数所对应的回归 p 值满足小于0.05条件的时间段数为10个，市尺度上3个，而省尺度上只有两个。

从1990—2012年六分法下各分区域总体收敛情况(见图4-40)来看：

1. 大致来说，省尺度上的值最大，市尺度上的值次之，县尺度上的值最小。

2. 在省尺度上，除西北地区的值比较小外，其他的值相对较高，而中南地区的值反超0(即出现了发散)。

3. 在市尺度上，除华东地区的值最大并反超0外，其他五个地区的值相差不大。

4. 在县尺度上，各地区的值都较为接近，且小于0。

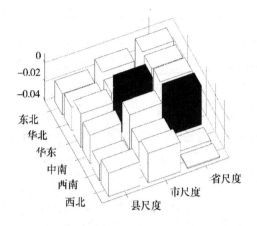

图 4 - 40 六分法下各分区域 1990—2012 年的总体 β 收敛

二 基于省俱乐部收敛的多尺度分析

各省因其各次级区域的发展历史、经济条件、发展措施和策略各异而有不同的收敛表现。

（一）安徽的 β 收敛

从 1990—2012 年安徽各年 β 收敛及其概率、相邻年份 β 收敛情况（见图 4 - 41、图 4 - 42 和图 4 - 43）来看：

1. 县尺度上

（1）大部分时间段都表现为 β 收敛。β 收敛的时间段数为 152 个，主要集中于以 1990—1992 年为起始年份的时间段和以 1998—2006 年为起始年份，2005—2012 年为终止年份的时间段。

（2）β 系数存在后向传导效应，若后续年份的 β 收敛系数比之前年份的 β 收敛系数大，则会提高前面年份的 β 收敛系数，反之则会拉低前面年份的 β 收敛系数。前者如 1998—1999 年的 β 收敛，因为 1999—2000 年为 β 发散，所以导致 1998—2000 年的 β 发散。后者如 2009—2010 年的 β 发散，因为 2010—2011 年为 β 收敛，所以导致 2009—2011 年的 β 收敛。

（3）大部分时间段的 β 收敛系数的 p 值大于 0.05。表现为 β 发散年份的 β 收敛系数的 p 值大多大于 0.05。101 个表现为 β 发散的时间段中有 16 个时间段的回归 p 值小于 0.05。大部分表现为 β 收敛的年际 β 收敛系数的 p 值小于 0.05。152 个表现为 β 收敛的时间段中有 80 个时间段的回归 p 值小于 0.05。而 p 值大于 0.05 的表现为 β 收敛的年际 β 收敛系数主要分布在表现为 β 发散的年际 β 收敛系数周围。

2. 市尺度上

（1）少部分时间段表现为 β 收敛。β 收敛的时间段数为 28 个，主要集中于以 1990—1995 年为起始年份，1995—1998 年为终止年份的时间段。

（2）β 系数存在后向传导效应，若后续年份的 β 收敛系数比之前年份的 β 收敛系数大，则会提高前面年份的 β 收敛系数，反之，则会拉低前面年份的 β 收敛系数。前者如 1991—1992 年的 β 收敛，因为 1992—1993 年为 β 发散，所以导致 1991—1993 年的 β 发散。后者如 2009—2010 年的 β 发散，因为 2010—2011 年为 β 收敛，所以导致 2009—2011 年的 β 收敛。

（3）大部分时间段 β 收敛系数的 p 值大于 0.05。表现为 β 发散年份的 β 收敛系数的 p 值绝大多数大于 0.05。225 个表现为 β 发散的时间段中有 108 个时间段的回归 p 值小于 0.05，其他都大于 0.05。除表现为 β 发散的年际 β 收敛系数的 p 值大多大于 0.05 外，大部分表现为 β 收敛的年际 β 收敛系数的 p 值大于 0.05。28 个表现为 β 收敛的时间段中有 4 个时间段的回归 p 值小于 0.05。而 p 值大于 0.05 的表现为 β 收敛的年际 β 收敛系数主要分布在表现为 β 发散的年际 β 收敛系数周围。

3. 对各尺度上 β 收敛情况的比较

比较发现：（1）各尺度上存在 β 收敛的时间段数不同，县尺度上 β 收敛的时间段数最多（152 个），市尺度上较少（28 个）。

（2）市尺度上发散的年份并不完全包含县尺度上发散的年份。反过来，市尺度上收敛的年份也不完全包含县尺度上收敛的年份。

（3）就 β 系数的波动来看，县尺度上最剧烈（0.371），市尺度上较小（0.247）。

（4）就相邻年际的收敛情况来看，县尺度上 β 收敛的时间段数多,市尺度上 β 收敛系数一般比县尺度上大。各尺度上存在 β 收敛的时间段数也不同,县尺度上 β 收敛的时间段数多(14 个),市尺度上 β 收敛的时间段数少(6 个)。除 1992 年、1995 年、1996 年、2011 年外,其他年份都是市尺度上 β 收敛系数比县尺度上大。但市尺度上收敛的年份并没有完全包含县尺度上收敛的年份。

(5)β 系数都存在明显的后向传导效应。

(6)就 β 收敛系数所对应的回归 p 值而言,县尺度上满足小于 0.05 条件的时间段数多,市尺度上少。进而,县尺度上在相邻年份的 β 收敛系数所对应的回归 p 值满足小于 0.05 条件的时段数为 6 个,市尺度上为 4 个。

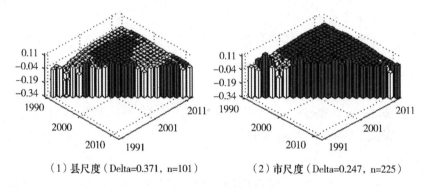

(1)县尺度(Delta=0.371, n=101)　　(2)市尺度(Delta=0.247, n=225)

图 4 - 41　安徽的 β 收敛(1990—2012)

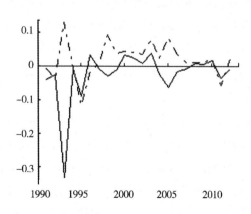

图 4 - 42　安徽相邻年份的 β 收敛(1990—2012)

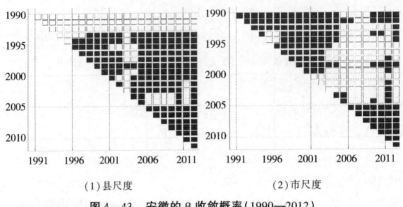

（1）县尺度　　　　　　　　　　（2）市尺度

图4-43　安徽的 β 收敛概率（1990—2012）

（二）福建的 β 收敛

从 1990—2012 年福建各年 β 收敛及其概率、相邻年份 β 收敛情况（见图4-44、图4-45和图4-46）来看：

1. 县尺度上

（1）绝大部分时间段表现为 β 收敛。β 收敛的时间段数为212个。β 发散的时间段数为 41 个，主要集中于 1996—2004 年的时间段内。

（2）β 系数存在后向传导效应。若后续年份的 β 收敛系数比之前年份的 β 收敛系数大，则会提高前面年份的 β 收敛系数，反之，则会拉低前面年份的 β 收敛系数。前者如 1999—2001 年的 β 收敛，因为 2001—2002 年为 β 发散，所以导致 1999—2002 年的 β 发散。后者如 1998—1999 年的 β 发散，因为 1999—2000 年为 β 收敛，所以导致 1998—2000 年的 β 收敛。

（3）大部分时间段的 β 收敛系数的 p 值大于 0.05。表现为 β 发散年份的 β 收敛系数的 p 值大多大于 0.05。41 个表现为 β 发散的时间段中有两个时间段的回归 p 值小于 0.05。大部分表现为 β 收敛的年际 β 收敛系数的 p 值大于 0.05。212 个表现为 β 收敛的时间段中有 84 个时间段的回归 p 值小于 0.05。而 p 值大于 0.05 的表现为 β 收敛的年际 β 收敛系数主要分布在表现为 β 发散的年际 β 收敛系数周围。

2. 市尺度上

(1)大部分时间段表现为β收敛。β收敛的时间段数为165个，主要集中于1992—2004年的时间段内。

(2)β系数存在后向传导效应。若后续年份的β收敛系数比之前年份的β收敛系数大，则会提高前面年份的β收敛系数，反之，则会拉低前面年份的β收敛系数。前者如1999—2001年的β收敛，因为2001—2002年为β发散，所以导致1999—2002年的β发散。后者如2002—2003年的β发散，因为2003—2004年为β收敛，所以导致2002—2004年的β收敛。

(3)绝大部分时间段的β收敛系数的p值大于0.05。表现为β发散年份的β收敛系数的p值绝大多数大于0.05。88个表现为β发散的时间段中有4个时间段的回归p值小于0.05，其他都大于0.05。除表现为β发散的年际β收敛系数的p值大多大于0.05外，大部分表现为β收敛的年际β收敛系数的p值大于0.05。165个表现为β收敛的时间段中有27个时间段的回归p值小于0.05。而这些p值大于0.05的表现为β收敛的年际β收敛系数主要分布在表现为β发散的年际β收敛系数周围。实际上，整个市尺度上253个时间段里β收敛系数的p值小于0.05的时间段数为31个。

3. 对各尺度上β收敛情况的比较

比较发现：(1)各尺度上存在β收敛的时间段数不同，县尺度上β收敛的时间段数多(212个)，市尺度上少(165个)。

(2)市尺度上发散的年份并不完全包含县尺度上发散的年份。反过来，市尺度上收敛的年份也不完全包含县尺度上收敛的年份。

(3)就β系数的波动来看，县尺度上最剧烈(0.138)，市尺度上较小(0.126)。

(4)就相邻年际的收敛情况来看，县、市尺度上β收敛的时间段数相同(都是8个)，但具体收敛的时间段不同，县、市尺度上β收敛系数没有较为固定的排序。县尺度上 β 收敛主要集中在 1996—
2003 年，而市尺度上则主要集中于 1993—2003 年。市尺度上收敛的
年份并不完全包含县尺度上收敛的年份。

（5）β 系数都存在明显的后向传导效应。

（6）就 β 收敛系数所对应的回归 p 值而言，县尺度上满足小于
0.05 条件的时间段数稍多（86 个），市尺度上较少（31 个）。进而，
县、市尺度上在相邻年份间的 β 收敛系数所对应的回归 p 值满足小于
0.05 条件的时间段数相同（都为 5 个）。

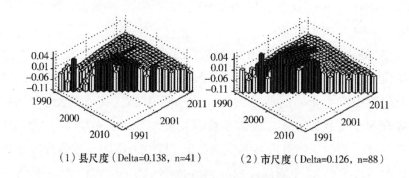

（1）县尺度（Delta=0.138, n=41）　　（2）市尺度（Delta=0.126, n=88）

图 4 - 44　福建的 β 收敛（1990—2012）

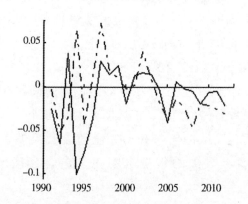

图 4 - 45　福建相邻年份的 β 收敛（1990—2012）

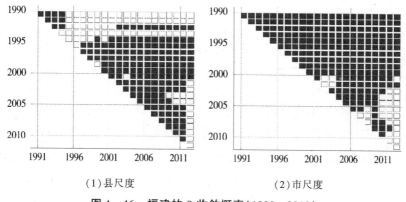

（1）县尺度　　　　　　　　（2）市尺度

图 4 - 46　福建的 β 收敛概率（1990—2012）

（三）甘肃的 β 收敛

从 1990—2012 年甘肃省各年间 β 收敛及其概率、相邻年份间 β 收敛情况（见图 4 - 47、图 4 - 48 和图 4 - 49）来看：

1. 县尺度上

（1）小部分时间段表现为 β 收敛。β 收敛的时间段数为 89 个，主要集中于以 1990—1993 年为起始年份，1994—2004 为终止年份和 1995—1999 为起始年份、2000—2003 年为终止年份以及以 1994—2010 年为起始年份、2011 年为终止年份的时间段。

（2）β 系数存在后向传导效应。若后续年份的 β 收敛系数比之前年份的 β 收敛系数大，则会提高前面年份的 β 收敛系数，反之，则会拉低前面年份的 β 收敛系数。前者如 2007—2009 年、2008—2009 年的 β 收敛，因为 2009—2010 年为 β 发散，所以导致 2007—2010 年、2008—2010 年的 β 发散。后者如 1998—1999 年的 β 发散，因为 1999—2000 年为 β 收敛，所以导致 1998—2000 年的 β 收敛。

（3）大部分时间段 β 收敛系数的 p 值大于 0.05。表现为 β 发散年份的 β 收敛系数的 p 值大多大于 0.05。164 个表现为 β 发散的时间段中有 11 个时间段的回归 p 值小于 0.05。大部分表现为 β 收敛的年际 β 收敛系数的 p 值大于 0.05。89 个表现为 β 收敛的时间段中有 4 个时间段的回归 p 值小于 0.05。而 p 值大于 0.05 的表现为 β 收敛的年

际 β 收敛系数主要分布在表现为 β 发散的年际 β 收敛系数周围。实际上，整个县尺度上 253 个时间段内只有 15 个时间段的 β 收敛系数的 p 值小于 0.05。

2. 市尺度上

(1) 小部分时间段表现为 β 收敛。β 收敛的时间段数为 105 个，主要集中于以 1991—1999 年为起始年份，1998—2003 年为终止年份的时间段和以 1991—2003 年为起始年份，2011 年为终止年份的时间段以及以 2004—2008 年为起始年份，2009—2012 年为终止年份的时间段。

(2) β 系数存在后向传导效应。若后续年份的 β 收敛系数比之前年份的 β 收敛系数大，则会提高前面年份的 β 收敛系数，反之，则会拉低前面年份的 β 收敛系数。前者如 1994—1996 年、1995—1996 年的 β 收敛，因为 1996—1997 年为 β 发散，所以导致 1994—1997 年、1995—1997 年的 β 发散。后者如 1994—1997 年、1995—1997 年、1996—1997 年的 β 发散，因为 1997—1998 年为 β 收敛，所以导致 1994—1998 年、1995—1998 年、1996—1998 年的 β 收敛。

(3) 绝大部分时间段的 β 收敛系数的 p 值大于 0.05。表现为 β 发散年份的 β 收敛系数的 p 值绝大多数大于 0.05。148 个表现为 β 发散的时间段中有 6 个时间段的回归 p 值小于 0.05，其他都大于 0.05。除表现为 β 发散的年际 β 收敛系数的 p 值大多大于 0.05 外，大部分表现为 β 收敛的年际 β 收敛系数的 p 值大于 0.05。105 个表现为 β 收敛的时间段中有 7 个时间段的回归 p 值小于 0.05。而 p 值大于 0.05 的表现为 β 收敛的年际 β 收敛系数主要分布在表现为 β 发散的年际 β 收敛系数周围。实际上，整个市尺度上的 253 个时间段内只有 13 个时间段的 β 收敛系数的 p 值小于 0.05。

3. 对各尺度 β 收敛情况的比较

比较发现：(1) 各尺度上存在 β 收敛的时间段数不同，市尺度上 β 收敛的时间段数较多 (105 个)，县尺度上较少 (89 个)。

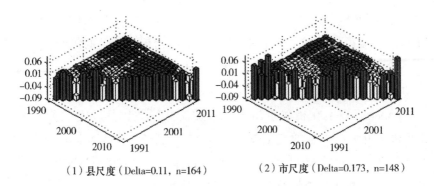

（1）县尺度（Delta=0.11，n=164）　　　（2）市尺度（Delta=0.173，n=148）

图 4 - 47　甘肃的 β 收敛（1990—2012）

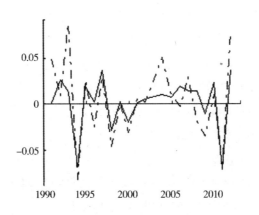

图 4 - 48　甘肃相邻年份的 β 收敛（1990—2012）

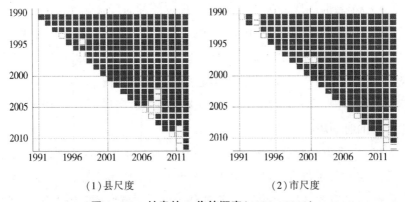

（1）县尺度　　　　　　　　　　（2）市尺度

图 4 - 49　甘肃的 β 收敛概率（1990—2012）

（2）市尺度上发散的年份并不完全包含县尺度上发散的年份。反过来，市尺度上收敛的年份也不完全包含县尺度上收敛的年份。

（3）就 β 系数的波动来看，市尺度上更剧烈（0.173），县尺度上波动小（0.11）。

（4）市尺度上在相邻年际的 β 收敛时间段数比县尺度上多，县、市尺度上 β 收敛系数的变化较为同步。市尺度上在相邻年际的 β 收敛时间段数为 8 个，县尺度上在相邻年际的 β 收敛时间段数为 5 个。县、市尺度上 β 收敛系数没有较为固定的排序，但县、市尺度上的 β 收敛系数的变化较为同步。市尺度上收敛的年份并不完全包含县尺度上收敛的年份。

（5）β 系数都存在明显的后向传导效应。

（6）就 β 收敛系数所对应的回归 p 值而言，县尺度上满足小于 0.05 条件的时间段数稍多（15 个），市尺度上较少（13 个）。进而，县、市尺度上在相邻年份的 β 收敛系数所对应的回归 p 值满足小于 0.05 条件的时间段数相同（都为 6 个）。

（四）广东的 β 收敛

从 1990—2012 年广东各年 β 收敛及其概率、相邻年份的 β 收敛情况（见图 4 - 50、图 4 - 51 和图 4 - 52）来看：

1. 县尺度上

（1）半数时间段表现为 β 收敛。β 收敛的时间段数为 126 个，主要集中于五个时间段：以 1990—1994 年为起始年份、1994—1996 为终止年份的时间段；以 1995—1996 年为起始年份、1996—2011 年为终止年份的时间段；以 2000 年为起始年份的时间段；以 1998—2011 年为起始年份，2008—2011 年为终止年份的时间段；以 2012 年为终止年份的时间段。

（2）β 系数存在后向传导效应。若后续年份的 β 收敛系数比之前年份的 β 收敛系数大，则会提高前面年份的 β 收敛系数，反之，则会拉低前面年份的 β 收敛系数。前者如 1991—1992 年的 β 收敛，因为 1992—1993 年为 β 发散，所以导致 1991—1993 年的 β 发散。后者如

2004—2007 年、2005—2007 年、2006—2007 年的 β 发散，因为 2007—2008 年为 β 收敛，所以导致 2004—2008 年、2005—2008 年、2006—2008 年的 β 收敛。

（3）大部分时间段的 β 收敛系数的 p 值大于 0.05。表现为 β 发散年份的 β 收敛系数的 p 值大多大于 0.05。127 个表现为 β 发散的时间段中有 20 个时间段的回归 p 值小于 0.05。大部分表现为 β 收敛的年际 β 收敛系数的 p 值大于 0.05。136 个表现为 β 收敛的时间段中有 61 个时间段的回归 p 值小于 0.05。而 p 值大于 0.05 的表现为 β 收敛的年际 β 收敛系数主要分布在表现为 β 发散的年际 β 收敛系数周围。实际上，整个县尺度上 253 个时间段内只有 81 个时间段的 β 收敛系数的 p 值小于 0.05。

2. 市尺度上

（1）小部分时间段表现为 β 收敛。β 收敛的时间段数为 56 个，主要集中于以 1992—1993 年为起始年份、1994—1998 年为终止年份的时间段和 2005—2011 年以及以 2012 年为终止年份的时间段。

（2）β 系数存在后向传导效应。若后续年份的 β 收敛系数比之前年份的 β 收敛系数大，则会提高前面年份的 β 收敛系数，反之，则会拉低前面年份的 β 收敛系数。前者如 2002—2004 年、2003—2004 年的 β 收敛，因为 2004—2005 年为 β 发散，所以导致 2002—2005 年、2003—2005 年的 β 发散。后者如 1992—1993 年的 β 发散，因为 1993—1994 年为 β 收敛，所以导致 1992—1994 年的 β 收敛。

（3）绝大部分时间段的 β 收敛系数的 p 值大于 0.05。表现为 β 发散年份的 β 收敛系数的 p 值绝大多数大于 0.05。197 个表现为 β 发散时间段中有 52 个时间段的回归 p 值小于 0.05，其他都大于 0.05。除表现为 β 发散的年际 β 收敛系数的 p 值大多大于 0.05 外，大部分表现为 β 收敛的年际 β 收敛系数的 p 值小于 0.05。56 个表现为 β 收敛的时间段中有 31 个时间段的回归 p 值小于 0.05。而这些 p 值大于 0.05 的表现为 β 收敛的年际 β 收敛系数主要分布在表现为 β 发散的年际 β 收敛系数周围。实际上，整个市尺度上 253 个时间段内有 83 个时间段的 β 收敛系数的 p 值小于 0.05。

3. 对各尺度上 β 收敛情况的比较

比较发现：（1）各尺度上存在 β 收敛的时间段数不同，县尺度上 β 收敛的时间段数多（126 个），市尺度上少（56 个）。

（2）市尺度上发散的年份并不完全包含县尺度上发散的年份。反过来，市尺度上收敛的年份也不完全包含县尺度上收敛的年份。

（3）就 β 系数的波动来看，市尺度上更剧烈（0.421），县尺度上波动小（0.349）。

（4）县尺度上在相邻年际 β 收敛的时间段数比市尺度上多，县、市尺度上 β 收敛系数的变化不是十分同步。县尺度上在相邻年际 β 收敛的时间段数为 12 个，而市尺度上在相邻年际 β 收敛的时间段数为 10 个。县、市尺度上 β 收敛系数没有较为固定的排序，而且县、市尺度上 β 收敛系数的变化也不十分同步。市尺度上收敛的年份并不完全包含县尺度上收敛的年份。

（5）β 系数都存在明显的后向传导效应。

（6）就 β 收敛系数所对应的回归 p 值而言，市尺度上满足小于 0.05 条件的时间段数稍多（83 个），县尺度上稍少（81 个）。进而，市尺度上在相邻年份间 β 收敛系数所对应的回归 p 值满足小于 0.05 条件的时间段数较多（8 个），县尺度上在相邻年份间的 β 收敛系数所对应的回归 p 值满足小于 0.05 条件的时间段数稍少（5 个）。

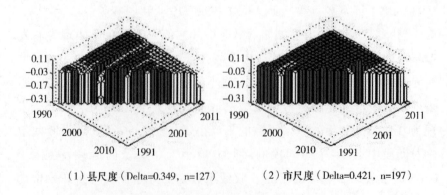

（1）县尺度（Delta=0.349, n=127）　　（2）市尺度（Delta=0.421, n=197）

图 4-50　广东的 β 收敛（1990—2012）

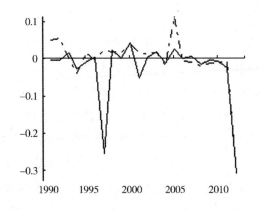

图 4 - 51　广东相邻年份的 β 收敛(1990—2012)

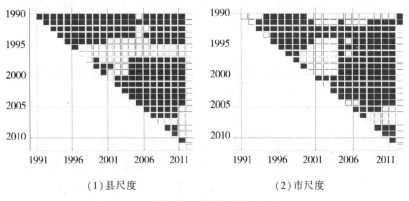

(1)县尺度　　　　　　　　　(2)市尺度

图 4 - 52　广东的 β 收敛概率(1990—2012)

(五)广西的 β 收敛

从 1990—2012 年广西各年 β 收敛及其概率、相邻年份 β 收敛情况(见图 4 - 53、图 4 - 54 和图 4 - 55)来看：

1. 县尺度上

(1)绝大部分时间段表现为 β 收敛。表现为 β 收敛的时间段数为 230 个。表现为 β 发散的时间段数为 23 个，主要集中于 1990—1992 年、2003—2007 年和 2009—2012 年三个时间段。

(2)β 系数存在后向传导效应。若后续年份的 β 收敛系数比之前年份的 β 收敛系数大，则会提高前面年份的 β 收敛系数，反之，则会拉

低前面年份的 β 收敛系数。前者如 2003—2004 年的 β 收敛，因为 2004—2005 年为 β 发散，所以导致 2003—2005 年的 β 发散。后者如 2000—2002 年、2001—2002 年的 β 发散，因为 2002—2003 年为 β 收敛，所以导致 2000—2003 年、2001—2003 年的 β 收敛。

（3）大部分时间段的 β 收敛系数的 p 值大于 0.05。表现为 β 发散年份的 β 收敛系数的 p 值大多大于 0.05。23 个表现为 β 发散的时间段中有 5 个时间段的回归 p 值小于 0.05。大部分表现为 β 收敛的年际 β 收敛系数的 p 值小于 0.05。230 个表现为 β 收敛的时间段中有 144 个时间段的回归 p 值小于 0.05。而 p 值大于 0.05 的表现为 β 收敛的年际 β 收敛系数主要分布在表现为 β 发散的年际 β 收敛系数周围。

2. 市尺度上

（1）小部分时间段表现为 β 收敛。表现为 β 收敛的时间段数为 147 个。表现为 β 发散的时间段数为 106 个，主要集中于以下四个时间段：以 1990—1991 年为起始年份的时间段；1996—2002 年时间段；2005—2011 年时间段；以 2012 年为终止年份的时间段。

（2）β 系数存在后向传导效应。若后续年份的 β 收敛系数比之前年份的 β 收敛系数大，则会提高前面年份的 β 收敛系数，反之，则会拉低前面年份的 β 收敛系数。前者如 2000—2001 年的 β 收敛，因为 2001—2002 年为 β 发散，所以导致 2000—2002 年的 β 发散。后者如 2000—2002 年、2001—2002 年的 β 发散，因为 2002—2003 年为 β 收敛，所以导致 2000—2003 年、2001—2003 年的 β 收敛。

（3）绝大部分时间段 β 收敛系数的 p 值大于 0.05。表现为 β 发散年份的 β 收敛系数的 p 值绝大多数大于 0.05。106 个表现为 β 发散的时间段中只有 4 个时间段的回归 p 值小于 0.05，其他都大于 0.05。除表现为 β 发散的年际 β 收敛系数的 p 值大多大于 0.05 外，大部分表现为 β 收敛的年际 β 收敛系数的 p 值小于 0.05。147 个表现为 β 收敛的时间段中只有两个时间段的回归 p 值小于 0.05。而 p 值大于 0.05 的表现为 β 收敛的年际 β 收敛系数主要分布在表现为 β 发散的年际 β 收敛系数周围。实际上，整个市尺度上 253 个时间段内有 6 个

时间段的 β 收敛系数的 p 值小于 0.05。

3. 对各尺度上 β 收敛情况的比较

比较发现：（1）各尺度上存在 β 收敛的时间段数不同，县尺度上 β 收敛的时间段数多（230 个），市尺度上少（147 个）。

（2）市尺度上发散的年份并不完全包含县尺度上发散的年份。反过来，市尺度上收敛的年份也不完全包含县尺度上收敛的年份。

（3）就 β 系数的波动来看，市尺度上最剧烈（0.272），县尺度上波动小（0.265）。

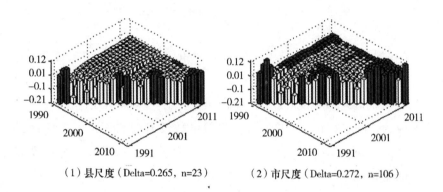

（1）县尺度（Delta=0.265，n=23）　　（2）市尺度（Delta=0.272，n=106）

图 4－53　广西的 β 收敛（1990—2012）

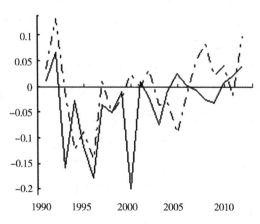

图 4－54　广西相邻年份的 β 收敛（1990—2012）

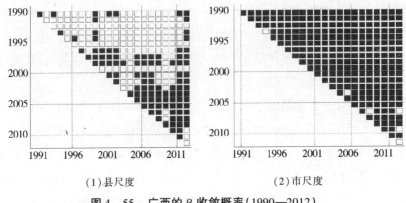

(1).县尺度　　　　　　　　　(2).市尺度

图4-55　广西的β收敛概率(1990—2012)

（4）县尺度上在相邻年际的β收敛的时间段数比市尺度上多，县、市尺度上β收敛系数的变化不是十分同步。县尺度上在相邻年际的β收敛的时间段数为14个，而市尺度上在相邻年际的β收敛的时间段数为15个。县、市尺度上β收敛系数没有较为固定的排序，但市尺度上的值大多时候比县尺度上大。而且，县、市尺度上的β收敛系数的变化也不十分同步，特别是1998年后则大致相反。市尺度上收敛的年份并不完全包含县尺度上收敛的年份。

（5）β系数都存在明显的后向传导效应。

（6）就β收敛系数所对应的回归p值而言，县尺度上满足小于0.05条件的时间段数稍多（149个），市尺度上稍少（6个）。进而，县尺度上在相邻年份的β收敛系数所对应的回归p值满足小于0.05条件的时间段数较多（7个），市尺度上在相邻年份的β收敛系数所对应的回归p值满足小于0.05条件的时间段数稍少（2）。

（六）贵州的β收敛

从1990—2012年贵州省各年β收敛及其概率、相邻年份β收敛情况（见图4-56、图4-57和图4-58）来看：

1. 县尺度上

（1）绝大部分的时间段都表现为β收敛。表现为β收敛的时间段数为235个，表现为β发散的时间段数为18个，主要集中于2000—

2003 年和以 2001—2005 年为起始年份，2006 年为终止年份的时间段。

（2）β 系数存在后向传导效应。若后续年份间的 β 收敛系数比之前年份间的 β 收敛系数大，则会提高前面年份间的 β 收敛系数，反之，则会拉低前面年份间的 β 收敛系数。前者如 2000—2001 年的 β 收敛，因为 2001—2002 年为 β 发散，所以导致 2000—2002 年的 β 发散。后者如 2000—2003 年、2001—2003 年、2002—2003 年的 β 发散，因为 2003—2004 年为 β 收敛，所以导致 2000—2004 年、2001—2004 年、2002—2004 年的 β 收敛。

（3）一部分时间段的 β 收敛系数的 p 值大于 0.05。表现为 β 发散年份的 β 收敛系数的 p 值大多大于 0.05。18 个表现为 β 发散的时间段中有 3 个时间段的回归 p 值小于 0.05。大部分表现为 β 收敛的年际 β 收敛系数的 p 值小于 0.05。235 个表现为 β 收敛的时间段中有 132 个时间段的回归 p 值小于 0.05。而 p 值大于 0.05 的表现为 β 收敛的年际 β 收敛系数主要分布在表现为 β 发散的年际 β 收敛系数周围。

2. 市尺度上

（1）大部分时间段都表现为 β 收敛。表现为 β 收敛的时间段数为 168 个，表现为 β 发散的时间段数为 85 个，主要集中于以下三个时间段：1990—1993 年时间段；2004—2006 年中除去以 1998 年为起始年份的时间段；以 2008—2011 年为起始年份，2012 年为终止年份的时间段。

（2）β 系数存在后向传导效应。若后续年份间的 β 收敛系数比之前年份间的 β 收敛系数大，则会提高前面年份间的 β 收敛系数，反之，则会拉低前面年份间的 β 收敛系数。前者如 2003—2005 年、2004—2005 年的 β 收敛，因为 2005—2006 年为 β 发散，所以导致 2003—2006 年、2004—2006 年的 β 发散。后者如 2000—2006 年、2001—2006 年、2002—2006 年、2003—2006 年、2004—2006 年、2005—2006 年的 β 发散，因为 2006—2007 年为 β 收敛，所以导致 2000—2007 年、2001—2007 年、2002—2007 年、2003—2007 年、

2004—2007 年、2005—2007 年的 β 收敛。

（3）大部分时间段的 β 收敛系数的 p 值大于 0.05。表现为 β 发散年份的 β 收敛系数的 p 值绝大多数大于 0.05。85 个表现为 β 发散的时间段中只有 7 个时间段的回归 p 值小于 0.05，其他都大于 0.05。除表现为 β 发散的年际 β 收敛系数的 p 值大多大于 0.05 外，大部分表现为 β 收敛的年际 β 收敛系数的 p 值大于 0.05。168 个表现为 β 收敛的时间段中有 46 个时间段的回归 p 值小于 0.05。而 p 值大于 0.05 的表现为 β 收敛的年际 β 收敛系数主要分布在表现为 β 发散的年际 β 收敛系数周围。实际上，整个市尺度上 253 个时间段内有 53 个时间段的 β 收敛系数的 p 值小于 0.05。

3. 对各尺度上 β 收敛情况的比较

比较发现：（1）各尺度上存在 β 收敛的时间段数不同，县尺度上 β 收敛的时间段数多（235 个），市尺度上少（168 个）。

（2）市尺度上发散的年份并不完全包含县尺度上发散的年份。反过来，市尺度上收敛的年份也不完全包含县尺度上收敛的年份。

（3）就 β 系数的波动来看，市尺度上最剧烈（0.505），县尺度上波动小（0.447）。

（4）县尺度上在相邻年际的 β 收敛的时间段数比市尺度上多，县、市尺度上 β 收敛系数的变化大致同步。县尺度上在相邻年际的 β 收敛的时间段数为 16 个，而市尺度上在相邻年际的 β 收敛的时间段数为 11 个。县、市尺度上 β 收敛系数没有较为固定的排序。而且，县、市尺度上的 β 收敛系数的变化除 1996—2001 年外大致同步。市尺度上收敛的年份也不完全包含县尺度上收敛的年份。

（5）β 系数都存在明显的后向传导效应。

（6）就 β 收敛系数所对应的回归 p 值而言，县尺度上满足小于 0.05 条件的时间段数稍多（135 个），市尺度上满足小于 0.05 条件的时间段数稍少（53 个）。县、市尺度上在相邻年份的 β 收敛系数所对应的回归 p 值满足小于 0.05 条件的时间段数相同（都是 8 个）。

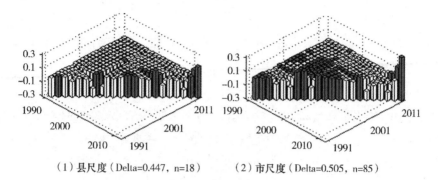

（1）县尺度（Delta=0.447, n=18）　　（2）市尺度（Delta=0.505, n=85）

图4－56　贵州的β收敛(1990—2012)

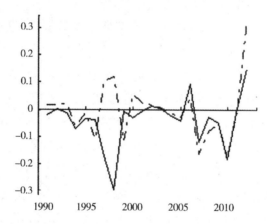

图4－57　贵州相邻年份的β收敛(1990—2012)

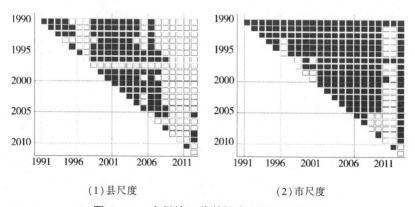

（1）县尺度　　　　　　　　　（2）市尺度

图4－58　贵州的β收敛概率(1990—2012)

（七）河北的 β 收敛

从 1990—2012 年河北各年 β 收敛及其概率、相邻年份 β 收敛情况（见图 4 - 59、图 4 - 60 和图 4 - 61）来看：

1. 县尺度上

（1）绝大部分时间段表现为 β 收敛。表现为 β 收敛的时间段数为 213 个。表现为 β 发散的时间段数为 40 个，主要集中于三个时间段：以 1990—1991 年为起始年份，1991—1994 年为终止年份的时间段；以 1995—1996 年和 1998—1999 年为起始年份，2001—2004 年为终止年份的时间段；2005—2008 年的时间段。

（2）β 系数存在后向传导效应。若后续年份间的 β 收敛系数比之前年份的 β 收敛系数大，则会提高前面年份的 β 收敛系数，反之，则会拉低前面年份的 β 收敛系数。前者如 1998—2000 年、1999—2000 年的 β 收敛，因为 2000—2001 年为 β 发散，所以导致 1998—2001 年、1999—2001 年的 β 发散。后者如 2001—2002 年的 β 发散，因为 2002—2003 年为 β 收敛，所以导致 2001—2003 年的 β 收敛。

（3）大部分时间段的 β 收敛系数的 p 值大于 0.05。表现为 β 发散年份的 β 收敛系数的 p 值大多大于 0.05。40 个表现为 β 发散的时间段中有 14 个时间段的回归 p 值小于 0.05。大部分表现为 β 收敛的年际 β 收敛系数的 p 值小于 0.05。213 个表现为 β 收敛的时间段中有 109 个时间段的回归 p 值小于 0.05。而 p 值大于 0.05 的表现为 β 收敛的年际 β 收敛系数主要分布在表现为 β 发散的年际 β 收敛系数周围。

2. 市尺度上

（1）大部分时间段表现为 β 收敛。表现为 β 收敛的时间段数为 78 个，主要集中于以下四个时间段：以 1992—1995 年为起始年份，1995—2001 年为终止年份的时间段；以 1992—2002 年为起始年份，2003 年为终止年份的时间段；以 1999 年、2002 年为起始年份的时间段；以 2001—2003 年为起始年份，2008—2012 年为终止年份的时间段。

(2)β系数存在后向传导效应。若后续年份的β收敛系数比之前年份的β收敛系数大，则会提高前面年份的β收敛系数，反之，则会拉低前面年份的β收敛系数。前者如2008—2009年的β收敛，因为2009—2010年为β发散，所以导致2008—2010年的β发散。后者如2000—2002年、2001—2002年的β发散，因为2002—2003年为β收敛，所以导致2000—2003年、2001—2003年的β收敛。

(3)绝大部分时间段的β收敛系数的p值大于0.05。表现为β发散年份的β收敛系数的p值绝大多数大于0.05。175个表现为β发散的时间段中只有10个时间段的回归p值小于0.05，其他都大于0.05。除表现为β发散的年际β收敛系数的p值大多大于0.05外，绝大部分表现为β收敛的年际β收敛系数的p值大于0.05。78个表现为β收敛的时间段中有两个时间段的回归p值小于0.05。而p值大于0.05的表现为β收敛的年际β收敛系数主要分布在表现为β发散的年际β收敛系数周围。实际上，整个市尺度上253个时间段内有12个时间段的β收敛系数的p值小于0.05。

3. 对各尺度上β收敛情况的比较

比较发现：(1)各尺度上存在β收敛的时间段数不同，县尺度上β收敛的时间段数多(213个)，市尺度上少(78个)。

(2)市尺度上发散的年份并不完全包含县尺度上发散的年份。反过来，市尺度上收敛的年份也不完全包含县尺度上收敛的年份。

(3)就β系数的波动来看，县尺度上波动最剧烈(0.32)，市尺度上波动稍小(0.309)。

(4)县尺度上在相邻年际的β收敛的时间段数比市尺度上多，县、市尺度上的β收敛系数的变化大致同步。县尺度上在相邻年际的β收敛的时间段数为12个，而市尺度上在相邻年际的β收敛的时间段数为7个。县、市尺度上β收敛系数没有较为固定的排序。而且，县、市尺度上β收敛系数的变化大致同步。市尺度上收敛的年份并不完全包含县尺度上收敛的年份。

(5)β系数都存在明显的后向传导效应。

(6)就β收敛系数所对应的回归 p 值而言，县尺度上满足小于 0.05 条件的时间段数稍多(123 个)，市尺度上满足小于 0.05 条件的时间段数很少(12 个)。进而，县尺度上在相邻年份的 β 收敛系数所对应的回归 p 值满足小于 0.05 条件的时间段数较多(10 个)，市尺度上在相邻年份的 β 收敛系数所对应的回归 p 值满足小于 0.05 条件的时间段数较少(4 个)。

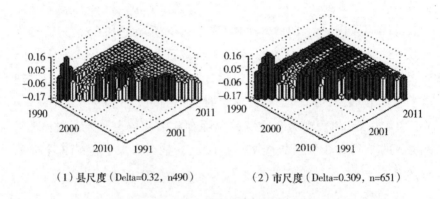

(1)县尺度(Delta=0.32, n490)　　　　(2)市尺度(Delta=0.309, n=651)

图 4 - 59　河北的 β 收敛(1990—2012)

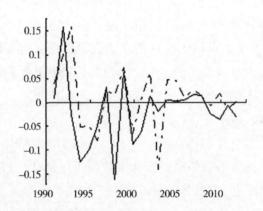

图 4 - 60　河北相邻年份的 β 收敛(1990—2012)

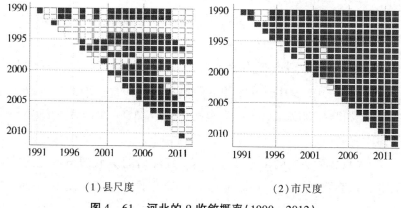

（1）县尺度　　　　　　　　　　（2）市尺度

图 4 - 61　河北的 β 收敛概率（1990—2012）

（八）河南的 β 收敛

从 1990—2012 年河南的各年 β 收敛及其概率、相邻年份 β 收敛情况（见图 4 - 62、图 4 - 63 和图 4 - 64）来看：

1. 县尺度上

（1）绝大部分时间段表现为 β 收敛。表现为 β 收敛的时间段数为 225 个，表现为 β 发散的时间段数为 28 个，主要集中于以 1999—2002 年为起始年份、2000—2006 年为终止年份的时间段和以 2009—2010 年为起始年份、2011—2012 年为终止年份的时间段内。

（2）β 系数存在后向传导效应。若后续年份的 β 收敛系数比之前年份的 β 收敛系数大，则会提高前面年份的 β 收敛系数，反之，则会拉低前面年份的 β 收敛系数。前者如 2000—2002 年、2001—2002 年的 β 收敛，因为 2002—2003 年为 β 发散，所以导致 2000—2003 年、2001—2003 年的 β 发散。后者如 2000—2001 年的 β 发散，因为 2001—2002 年为 β 收敛，所以导致 2000—2002 年的 β 收敛。

（3）小部分时间段 β 收敛系数的 p 值大于 0.05。表现为 β 发散年份的 β 收敛系数的 p 值大多大于 0.05。28 个表现为 β 发散的时间段中有 12 个时间段的回归 p 值小于 0.05。大部分表现为 β 收敛的年际 β 收敛系数的 p 值小于 0.05。225 个表现为 β 收敛的时间段中有 177

个时间段的回归 p 值小于 0.05。而 p 值大于 0.05 的表现为 β 收敛的年际 β 收敛系数主要分布在表现为 β 发散的年际 β 收敛系数周围。

2. 市尺度上

(1)小部分时间段表现为 β 收敛。表现为 β 收敛的时间段数为 93 个，主要集中于以 1991—1998 年为起始年份、1992—2002 年为终止年份的时间段和以 2003—2009 年为起始年份、2009—2010 年为终止年份的时间段内。

(2)β 系数存在后向传导效应。若后续年份的 β 收敛系数比之前年份的 β 收敛系数大，则会提高前面年份的 β 收敛系数，反之，则会拉低前面年份的 β 收敛系数。前者如 2009—2010 年的 β 收敛，因为 2010—2011 年为 β 发散，所以导致 2009—2011 年的 β 发散。后者如 2003—2008 年、2004—2008 年、2005—2008 年、2006—2008 年、2007—2008 年的 β 发散，因为 2008—2009 年为 β 收敛，所以导致 2003—2009 年、2004—2009 年、2005—2009 年、2006—2009 年、2007—2009 年的 β 收敛。

(3)绝大部分时间段的 β 收敛系数的 p 值大于 0.05。表现为 β 发散年份的 β 收敛系数的 p 值绝大多数大于 0.05。160 个表现为 β 发散的时间段中只有 55 个时间段的回归 p 值小于 0.05，其他都大于 0.05。除表现为 β 发散的年际 β 收敛系数的 p 值大多大于 0.05 外，绝大部分表现为 β 收敛的年际 β 收敛系数的 p 值大于 0.05。93 个表现为 β 收敛的时间段中有 18 个时间段的回归 p 值小于 0.05。而 p 值大于 0.05 的表现为 β 收敛的年际 β 收敛系数主要分布在表现为 β 发散的年际 β 收敛系数周围。实际上，整个市尺度上 253 个时间段内有 73 个时间段的 β 收敛系数的 p 值小于 0.05。

3. 对各尺度上 β 收敛情况的比较

比较发现：(1)各尺度上存在 β 收敛的时间段数不同，县尺度上 β 收敛的时间段数较多(225 个)，市尺度上少(93 个)。

(2)市尺度上发散的年份包含县尺度上发散的年份。反过来，市尺度上收敛的年份包含县尺度上收敛的年份。

（3）就 β 系数的波动来看，县尺度上更剧烈（0.285），市尺度上波动稍小（0.278）。

（4）县尺度上在相邻年际的 β 收敛的时间段数比市尺度上多，市尺度上 β 收敛系数的值大多比县尺度上大。县尺度上在相邻年际的 β 收敛的时间段数为 16 个，而市尺度上在相邻年际的 β 收敛的时间段数为 9 个。市尺度上 β 收敛系数的值除四个时间段外都比县尺度上大。而且，县、市尺度上 β 收敛系数的变化大致同步。市尺度上收敛的年份包含县尺度上收敛的年份。

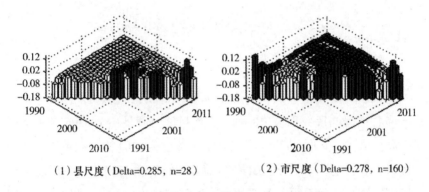

（1）县尺度（Delta=0.285, n=28）　　　　（2）市尺度（Delta=0.278, n=160）

图 4 - 62　河南的 β 收敛（1990—2012）

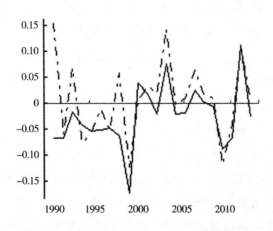

图 4 - 63　河南相邻年份的 β 收敛（1990—2012）

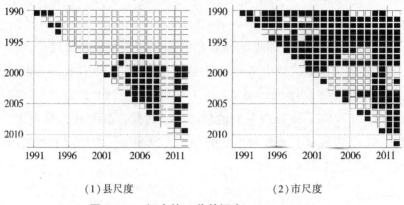

(1)县尺度　　　　　　　　　　(2)市尺度

图4-64　河南的 β 收敛概率(1990—2012)

(5)β 系数都存在明显的后向传导效应。

(6)就 β 收敛系数所对应的回归 p 值而言，县尺度上满足小于0.05 条件的时间段数稍多(189 个)，市尺度上满足小于 0.05 条件的时间段数较少(73 个)。进而，县尺度上在相邻年份的 β 收敛系数所对应的回归 p 值满足小于 0.05 条件的时间段数较多(13 个)，市尺度上在相邻年份的 β 收敛系数所对应的回归 p 值满足小于 0.05 条件的时间段数较少(7 个)。

(九)黑龙江的 β 收敛

从 1990—2012 年黑龙江省各年 β 收敛及其概率、相邻年份 β 收敛情况(见图4-65、图4-66 和图4-67)来看：

1. 县尺度上

(1)绝大部分时间段表现为 β 收敛。表现为 β 收敛的时间段数为 206 个，表现为 β 发散的时间段数为 47 个，主要集中于以 1994—1999 年为起始年份、2001—2007 年为终止年份的时间段内。

(2)β 系数存在后向传导效应。若后续年份的 β 收敛系数比之前年份的 β 收敛系数大，则会提高前面年份的 β 收敛系数，反之，则会拉低前面年份的 β 收敛系数。前者如 1991—1992 年的 β 收敛，因为 1992—1993 年为 β 发散，所以导致 1991—1993 年的 β 发散。后者如

1992—1993 年的 β 发散，因为 1993—1994 年为 β 收敛，所以导致 1992—1994 年的 β 收敛。

（3）小部分时间段的 β 收敛系数的 p 值大于 0.05。表现为 β 发散年份的 β 收敛系数的 p 值大多大于 0.05。47 个表现为 β 发散的时间段中有 7 个时间段的回归 p 值小于 0.05。大部分表现为 β 收敛的年际 β 收敛系数的 p 值小于 0.05。206 个表现为 β 收敛的时间段中有 133 个时间段的回归 p 值小于 0.05。而 p 值大于 0.05 的表现为 β 收敛的年际 β 收敛系数主要分布在表现为 β 发散的年际 β 收敛系数周围。

2. 市尺度上

（1）小部分时间段表现为 β 收敛。表现为 β 收敛的时间段数为 162 个，表现为 β 发散的时间段数为 91 个，主要集中于以 1992—1999 年为起始年份、2000—2007 年为终止年份的时间段和以 2002—2004 年为起始年份、2005—2007 年为终止年份的时间段及 2008—2012 年时间段内。

（2）β 系数存在后向传导效应。若后续年份的 β 收敛系数比之前年份的 β 收敛系数大，则会提高前面年份的 β 收敛系数，反之，则会拉低前面年份的 β 收敛系数。前者如 1994—1998 年、1995—1998 年、1996—1998 年、1997—1998 年的 β 收敛，因为 1998—1999 年为 β 发散，所以导致 1994—1999 年、1995—1999 年、1996—1999 年、1997—1999 年的 β 发散。后者如 2008—2009 年的 β 发散，因为 2009—2010 年为 β 收敛，所以导致 2008—2010 年的 β 收敛。

（3）大部分时间段的 β 收敛系数的 p 值大于 0.05。表现为 β 发散年份的 β 收敛系数的 p 值绝大多数大于 0.05。91 个表现为 β 发散的时间段中只有 8 个时间段的回归 p 值小于 0.05，其他都大于 0.05。除表现为 β 发散的年际 β 收敛系数的 p 值大多大于 0.05 外，绝大部分表现为 β 收敛的年际 β 收敛系数的 p 值小于 0.05。162 个表现为 β 收敛的时间段中有 26 个时间段的回归 p 值小于 0.05。而 p 值大于 0.05 的表现为 β 收敛的年际 β 收敛系数主要分布在表现为 β 发散的年际 β 收敛系数周围。实际上，整个市尺度上 253 个时间段内有 34

个时间段的 β 收敛系数的 p 值小于 0.05。

3. 对各尺度上 β 收敛情况的比较

比较发现：(1)各尺度上存在 β 收敛的时间段数不同，县尺度上 β 收敛的时间段数多(206 个)，市尺度上少(162 个)。

(2)市尺度上发散的年份并不完全包含县尺度上发散的年份。反过来，市尺度上收敛的年份也不完全包含县尺度上收敛的年份。

(3)就 β 系数的波动来看，市尺度上的波动稍微剧烈(0.42)，县尺度上的波动稍小(0.417)。

(4)县尺度上在相邻年际的 β 收敛的时间段数比市尺度上多，2001 年后，县、市尺度上 β 收敛系数的变化较为同步。县尺度上在相邻年际的 β 收敛的时间段数为 18 个，而市尺度上在相邻年际的 β 收敛的时间段数为 15 个。2000 年前，县、市尺度上的波动很多时候是相反的，2001 年后，县、市尺度上 β 收敛系数的变化大致同步。市尺度上收敛的年份并不完全包含县尺度上收敛的年份。

(5)β 系数都存在明显的后向传导效应。

(6)就 β 收敛系数所对应的回归 p 值而言，县尺度上满足小于 0.05 条件的时间段数稍多(140 个)，市尺度上满足小于 0.05 条件的时间段数较少(34 个)。进而，县尺度上在相邻年份间的 β 收敛系数所对应的回归 p 值满足小于 0.05 条件的时间段数较多(9 个)，市尺

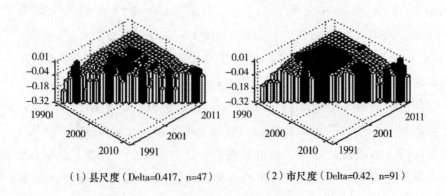

(1)县尺度（Delta=0.417, n=47）　　(2)市尺度（Delta=0.42, n=91）

图 4-65　黑龙江的 β 收敛(1990—2012)

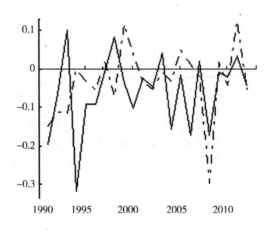

图4-66　黑龙江相邻年份的β收敛(1990—2012)

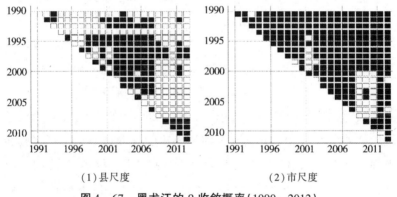

(1)县尺度　　　　　　　　(2)市尺度

图4-67　黑龙江的β收敛概率(1990—2012)

度上在相邻年份的β收敛系数所对应的回归p值满足小于0.05条件的时间段数较少(4个)。

(十)湖北的β收敛

从1990—2012年湖北各年β收敛及其概率、相邻年份β收敛情况(见图4-68、图4-69和图4-70)来看:

1. 县尺度上

(1)绝大部分时间段表现为β收敛。表现为β收敛的时间段数为180个,主要集中于以1992—1999年为起始年份的时间段和2000—2008年的时间段内。

(2) β 系数存在后向传导效应。若后续年份的 β 收敛系数比之前年份的 β 收敛系数大，则会提高前面年份的 β 收敛系数，反之，则会拉低前面年份的 β 收敛系数。前者如 1990—1991 年的 β 收敛，因为 1991—1992 年为 β 发散，所以导致 1990—1992 年的 β 发散。后者如 2000—2002 年、2001—2002 年的 β 发散，因为 2002—2003 年为 β 收敛，所以导致 2000—2003 年、2001—2003 年的 β 收敛。

(3) 大部分时间段 β 收敛系数的 p 值大于 0.05。表现为 β 发散年份的 β 收敛系数的 p 值大多大于 0.05。73 个表现为 β 发散的时间段中有 5 个时间段的回归 p 值小于 0.05。大部分表现为 β 收敛的年际 β 收敛系数的 p 值大于 0.05。180 个表现为 β 收敛的时间段中有 78 个时间段的回归 p 值小于 0.05。而 p 值大于 0.05 的表现为 β 收敛的年际 β 收敛系数主要分布在表现为 β 发散的年际 β 收敛系数周围。

2. 市尺度上

(1) 小部分时间段表现为 β 收敛。表现为 β 收敛的时间段数为 95 个，主要集中于以 1994—1998 年为起始年份的时间段内。

(2) β 系数存在后向传导效应。若后续年份的 β 收敛系数比之前年份的 β 收敛系数大，则会提高前面年份的 β 收敛系数，反之则会拉低前面年份的 β 收敛系数。前者如 1990—1991 年的 β 收敛，因为 1991—1992 年为 β 发散，所以导致 1990—1992 年的 β 发散。后者如 1995—1997 年的 β 发散，因为 1997—1998 年为 β 收敛，所以导致 1995—1998 年的 β 收敛。

(3) 大部分时间段的 β 收敛系数的 p 值大于 0.05。表现为 β 发散年份的 β 收敛系数的 p 值绝大多数大于 0.05。158 个表现为 β 发散的时间段中只有 39 个时间段的回归 p 值小于 0.05，其他都大于 0.05。除表现为 β 发散的年际 β 收敛系数的 p 值大多大于 0.05 外，大部分表现为 β 收敛的年际 β 收敛系数的 p 值大于 0.05。95 个表现为 β 收敛的时间段中有 31 个时间段的回归 p 值小于 0.05。而 p 值大于 0.05 的表现为 β 收敛的年际 β 收敛系数主要分布在表现为 β 发散的年际 β 收敛系数周围。而整个市尺度上只有 70 个时间段的 β 收敛系数的 p

值小于 0.05。

3. 对各尺度上 β 收敛情况的比较

比较发现：（1）各尺度上存在 β 收敛的时间段数不同，县尺度上 β 收敛的时间段数多（180 个），市尺度上少（95 个）。

（2）市尺度上发散的年份包含了县尺度上发散的年份。反过来，市尺度上收敛的年份包含县尺度上收敛的年份。

（3）就 β 系数的波动来看，市尺度上波动稍微剧烈（0.521），县尺度上波动稍小（0.259）。

（4）县尺度上在相邻年际的 β 收敛的时间段数比市尺度上多，县、市尺度上 β 收敛系数的变化较为同步。县尺度上在相邻年际的 β 收敛的时间段数为 11 个，而市尺度上在相邻年际的 β 收敛的时间段数为 7 个。县、市尺度上的 β 收敛系数的变化除 3 个时间段外大致同步。市尺度上收敛的年份包含县尺度上收敛的年份。

（5）β 系数都存在明显的后向传导效应。

（6）就 β 收敛系数所对应的回归 p 值而言，县尺度上满足小于 0.05 条件的时间段数稍多（83 个），市尺度上满足小于 0.05 条件的时间段数稍少（70 个）。县尺度上在相邻年份的 β 收敛系数所对应的回归 p 值满足小于 0.05 条件的时间段数较多（5 个），市尺度上在相邻年份间的 β 收敛系数所对应的回归 p 值满足小于 0.05 条件的时间段数较少（2 个）。

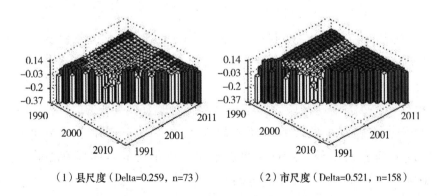

（1）县尺度（Delta=0.259，n=73）　　　（2）市尺度（Delta=0.521，n=158）

图 4 - 68　湖北的 β 收敛（1990—2012）

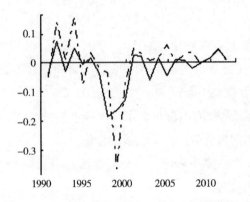

图4-69　湖北相邻年份的β收敛(1990—2012)

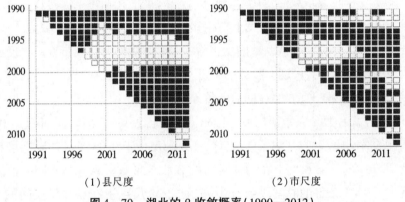

(1)县尺度　　　　　　　　　(2)市尺度

图4-70　湖北的β收敛概率(1990—2012)

(十一)湖南省的β收敛

从1990—2012年湖南省各年β收敛及其概率、相邻年份β收敛情况(见图4-71、图4-72和图4-73)来看:

1. 县尺度上

(1)绝大部分时间段表现为β收敛。表现为β收敛的时间段数为223个,表现为β发散的时间段数为30个,主要集中于以1990—1993年为起始年份、1992—1996年为终止年份的时间段和2001—2004年、2006—2009年的时间段内。

(2)β系数存在后向传导效应。若后续年份的β收敛系数比之前年份的β收敛系数大,则会提高前面年份的β收敛系数,反之,则会

拉低前面年份的 β 收敛系数。前者如 1990—1991 年的 β 收敛，因为 1991—1992 年为 β 发散，所以导致 1990—1992 年的 β 发散。后者如 2008—2009 年的 β 发散，因为 2009—2010 年为 β 收敛，所以导致 2008—2010 年的 β 收敛。

（3）大部分时间段的 β 收敛系数的 p 值大于 0.05。表现为 β 发散年份的 β 收敛系数的 p 值大多大于 0.05。30 个表现为 β 发散的时间段中有 7 个时间段的回归 p 值小于 0.05。大部分表现为 β 收敛的年际 β 收敛系数的 p 值大于 0.05。223 个表现为 β 收敛的时间段中有 63 个时间段的回归 p 值小于 0.05。而 p 值大于 0.05 的表现为 β 收敛的年际 β 收敛系数主要分布在表现为 β 发散的年际 β 收敛系数周围。

2. 市尺度上

（1）小部分时间段表现为 β 收敛。表现为 β 收敛的时间段数为 57 个，主要集中于以 1996—2002 年为起始年份、2005—2007 年为终止年份的时间段和以 2003—2004 年为起始年份、2005—2012 年为终止年份的时间段内。

（2）β 系数存在后向传导效应。若后续年份的 β 收敛系数比之前年份的 β 收敛系数大，则会提高前面年份的 β 收敛系数，反之，则会拉低前面年份的 β 收敛系数。前者如 1998—2002 年、1999—2002 年、2000—2002 年、2001—2002 年的 β 收敛，因为 2002—2003 年为 β 发散，所以导致 1998—2003 年、1999—2003 年、2000—2003 年、2001—2003 年的 β 发散。后者如 2000—2001 年的 β 发散，因为 2001—2002 年为 β 收敛，所以导致 2000—2002 年的 β 收敛。

（3）大部分时间段的 β 收敛系数的 p 值大于 0.05。表现为 β 发散年份的 β 收敛系数的 p 值绝大多数大于 0.05。196 个表现为 β 发散的时间段中只有 39 个时间段的回归 p 值小于 0.05，其他都大于 0.05。除表现为 β 发散的年际 β 收敛系数的 p 值大多大于 0.05 外，所有表现为 β 收敛的年际 β 收敛系数的 p 值大于 0.05。57 个表现为 β 收敛的时间段中没有任何一个时间段的回归 p 值小于 0.05。而

p 值大于 0.05 的表现为 β 收敛的年际 β 收敛系数主要分布在表现为 β 发散的年际 β 收敛系数周围。实际上，整个市尺度上 253 个时间段内有 39 个时间段的 β 收敛系数的 p 值小于 0.05。

3. 对各尺度上 β 收敛情况的比较

比较发现：(1) 各尺度上存在 β 收敛的时间段数不同，县尺度上 β 收敛的时间段数多 (223 个)，市尺度上少 (57 个)。

(2) 市尺度上发散的年份并不完全包含县尺度上发散的年份。反过来，市尺度上收敛的年份也不完全包含县尺度上收敛的年份。

(3) 就 β 系数的波动来看，县尺度上的波动稍微剧烈 (0.575)，市尺度上的波动稍小 (0.224)。

(4) 县尺度上在相邻年际的 β 收敛的时间段数比市尺度上多，县、市尺度上 β 收敛系数的变化较为同步。县尺度上在相邻年际的 β 收敛的时间段数为 15 个，而市尺度上在相邻年际的 β 收敛的时间段数为 7 个。县、市尺度上 β 收敛系数的变化除 4 个时间段外大致同步。市尺度上收敛的年份包含县尺度上收敛的年份。

(5) β 系数都存在明显的后向传导效应。

(6) 就 β 收敛系数所对应的回归 p 值而言，县尺度上满足小于 0.05 条件的时间段数稍多 (70 个)，市尺度上满足小于 0.05 条件的时

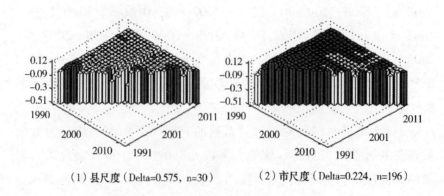

(1) 县尺度 (Delta=0.575, n=30)　　　　(2) 市尺度 (Delta=0.224, n=196)

图 4-71　湖南的 β 收敛 (1990—2012)

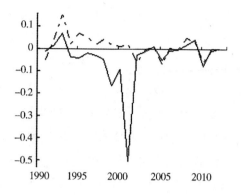

图 4 – 72 湖南相邻年份的 β 收敛(1990—2012)

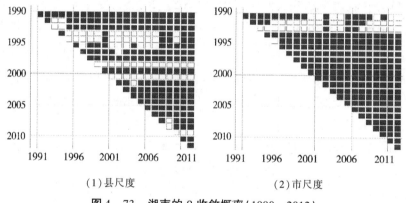

(1)县尺度   (2)市尺度

图 4 – 73 湖南的 β 收敛概率(1990—2012)

间段数稍少(39 个)。进而,县尺度上在相邻年份的 β 收敛系数所对应的回归 p 值满足小于 0.05 条件的时间段数较多(6 个),市尺度上在相邻年份间的 β 收敛系数所对应的回归 p 值满足小于 0.05 条件的时间段数较少(2 个)。

(十二)吉林的 β 收敛

从 1990—2012 年吉林各年 β 收敛及其概率、相邻年份 β 收敛情况(见图 4 – 74、图 4 – 75 和图 4 – 76)来看:

1. 县尺度上

(1)绝大部分时间段表现为 β 收敛。表现为 β 收敛的时间段数为 233 个,表现为 β 发散的时间段数为 20 个,主要集中于以 1990—

1993 年以及 1996—1997 年为起始年份、1997—1998 年和 2000—2002 年为终止年份的时间段内。

(2)β 系数存在后向传导效应。若后续年份的 β 收敛系数比之前年份的 β 收敛系数大，则会提高前面年份的 β 收敛系数，反之，则会拉低前面年份的 β 收敛系数。前者如 1996—1999 年、1997—1999 年的 β 收敛，因为 1999—2000 年为 β 发散，所以导致 1996—2000 年、1997—2000 年的 β 发散。后者如 2000—2001 年的 β 发散，因为 2001—2002 年为 β 收敛，所以导致 2000—2002 年的 β 收敛。

(3)小部分时间段的 β 收敛系数的 p 值大于 0.05。表现为 β 发散年份的 β 收敛系数的 p 值大多大于 0.05。20 个表现为 β 发散的时间段中有 1 个时间段的回归 p 值小于 0.05。大部分表现为 β 收敛的年际 β 收敛系数的 p 值小于 0.05。233 个表现为 β 收敛的时间段中有 150 个时间段的回归 p 值小于 0.05。而 p 值大于 0.05 的表现为 β 收敛的年际 β 收敛系数主要分布在表现为 β 发散的年际 β 收敛系数周围。

2. 市尺度上

(1)大部分时间段表现为 β 收敛。表现为 β 收敛的时间段数为 166 个，表现为 β 收敛的时间段数为 87 个，主要集中于 1990—2004 年的时间段内。

(2)β 系数存在后向传导效应。若后续年份的 β 收敛系数比之前年份的 β 收敛系数大，则会提高前面年份的 β 收敛系数，反之，则会拉低前面年份的 β 收敛系数。前者如 1998—1999 年的 β 收敛，因为 1999—2000 年为 β 发散，所以导致 1998—2000 年的 β 发散。后者如 2000—2002 年的 β 发散，因为 2002—2003 年为 β 收敛，所以导致 2000—2003 年的 β 收敛。

(3)大部分时间段的 β 收敛系数的 p 值大于 0.05。表现为 β 发散年份的 β 收敛系数的 p 值绝大多数大于 0.05。87 个表现为 β 发散的时间段中只有 4 个时间段的回归 p 值小于 0.05，其他都大于 0.05。除表现为 β 发散的年际 β 收敛系数的 p 值大多大于 0.05 外，所有表现为 β 收敛的年际 β 收敛系数的 p 值大于 0.05。166 个表现为 β 收敛

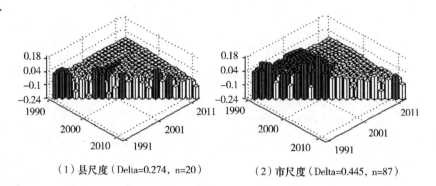

（1）县尺度（Delta=0.274, n=20）　　　　　（2）市尺度（Delta=0.445, n=87）

图4-74　吉林的β收敛（1990—2012）

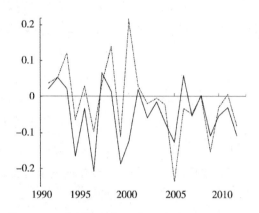

图4-75　吉林相邻年份的β收敛（1990—2012）

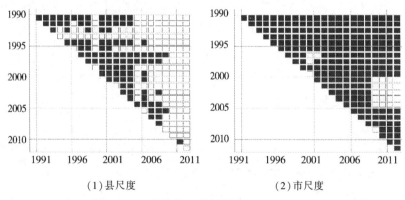

（1）县尺度　　　　　　　　　　　（2）市尺度

图4-76　吉林的β收敛概率（1990—2012）

的时间段中有 21 个时间段的回归 p 值小于 0.05。而 p 值大于 0.05 的表现为 β 收敛的年际 β 收敛系数主要分布在表现为 β 发散的年际 β 收敛系数周围。实际上，整个市尺度上 253 个时间段内有 25 个时间段的 β 收敛系数的 p 值小于 0.05。

3. 对各尺度上 β 收敛情况的比较

比较发现：(1)各尺度上存在 β 收敛的时间段数不同，县尺度上 β 收敛的时间段数多(233 个)，市尺度上少(166 个)。

(2)市尺度上发散的年份并不完全包含县尺度上发散的年份。反过来，市尺度上收敛的年份也不完全包含县尺度上收敛的年份。

(3)就 β 系数的波动来看，市尺度上波动稍微剧烈(0.445)，县尺度上波动稍小(0.274)。

(4)县尺度上在相邻年际的 β 收敛的时间段数比市尺度上多，县、市尺度上 β 收敛系数的变化较为同步。县尺度上在相邻年际的 β 收敛的时间段数为 14 个，而市尺度上在相邻年际的 β 收敛的时间段数为 13 个。县、市尺度上的 β 收敛系数的变化除 3 个时间段外大致同步。市尺度上收敛的年份并不完全包含县尺度上收敛的年份。

(5)β 系数都存在明显的后向传导效应。

(6)就 β 收敛系数所对应的回归 p 值而言，县尺度上满足小于 0.05 条件的时间段数稍多(151 个)，市尺度上满足小于 0.05 条件的时间段数稍少(25 个)。进而，县尺度上在相邻年份间的 β 收敛系数所对应的回归 p 值满足小于 0.05 条件的时间段数较多(8 个)，市尺度上在相邻年份的 β 收敛系数所对应的回归 p 值满足小于 0.05 条件的时间段数较少(2 个)。

(十三)江苏的 β 收敛

从 1990—2012 年江苏各年 β 收敛及其概率、相邻年份 β 收敛情况(见图 4 - 77、图 4 - 78 和图 4 - 79)来看：

1. 县尺度上

(1)小部分时间段表现为 β 收敛。表现为 β 收敛的时间段数为 92 个，主要集中于以 1993—2000 年以及 1993—2011 年为起始年份、

2009—2012 年为终止年份的时间段内。

（2）β 系数存在后向传导效应。若后续年份的 β 收敛系数比之前年份的 β 收敛系数大，则会提高前面年份的 β 收敛系数，反之，则会拉低前面年份的 β 收敛系数。前者如 1997—1999 年、1998—1999 年的 β 收敛，因为 1999—2000 年为 β 发散，所以导致 1997—2000 年、1998—2000 年的 β 发散。后者如 2006—2007 年的 β 发散，因为 2007—2008 年为 β 收敛，所以导致 2006—2008 年的 β 收敛。

（3）小部分时间段的 β 收敛系数的 p 值大于 0.05。表现为 β 发散年份的 β 收敛系数的 p 值大多小于 0.05。161 个表现为 β 发散的时间段中有 104 个时间段的回归 p 值小于 0.05。大部分表现为 β 收敛的年际 β 收敛系数的 p 值小于 0.05。92 个表现为 β 收敛的时间段中有 49 个时间段的回归 p 值小于 0.05。而 p 值大于 0.05 的表现为 β 收敛的年际 β 收敛系数主要分布在表现为 β 发散的年际 β 收敛系数周围。

2. 市尺度上

（1）小部分时间段表现为 β 收敛。表现为 β 收敛的时间段数为 78 个，主要集中于以 1993—2000 年和 2003—2010 年为起始年份、2008—2012 年为终止年份的时间段内。

（2）β 系数存在后向传导效应。若后续年份的 β 收敛系数比之前年份的 β 收敛系数大，则会提高前面年份的 β 收敛系数，反之，则会拉低前面年份的 β 收敛系数。前者如 1998—1999 年的 β 收敛，因为 1999—2000 年为 β 发散，所以导致 1998—2000 年的 β 发散。后者如 2005—2006 年的 β 发散，因为 2006—2007 年为 β 收敛，所以导致 2005—2007 年的 β 收敛。

（3）大部分时间段的 β 收敛系数的 p 值大于 0.05。表现为 β 发散年份的 β 收敛系数的 p 值大多小于 0.05。175 个表现为 β 发散的时间段中有 89 个时间段的回归 p 值小于 0.05，其他都大于 0.05。除表现为 β 发散的年际 β 收敛系数的 p 值大多大于 0.05 外，大部分表现为 β 收敛的年际 β 收敛系数的 p 值大于 0.05。78 个表现为 β 收敛的时间段中有 29 个时间段的回归 p 值小于 0.05。而 p 值大于 0.05 的表现

为 β 收敛的年际 β 收敛系数主要分布在表现为 β 发散的年际 β 收敛系数周围。实际上，整个市尺度上的 253 个时间段内有 118 个时间段的 β 收敛系数的 p 值小于 0.05。

3. 对各尺度上 β 收敛情况的比较

比较发现：(1)各尺度上存在 β 收敛的时间段数不同，县尺度上 β 收敛的时间段数多(92 个)，市尺度上少(78 个)。

(2)市尺度上发散的年份并不完全包含县尺度上发散的年份。反过来，市尺度上收敛的年份也不完全包含县尺度上收敛的年份。

(3)就 β 系数的波动来看，市尺度上波动稍微剧烈(0.213)，县尺度上波动稍小(0.202)。

(4)县、市尺度上在相邻年际的 β 收敛的时间段数相同，县、市尺度上的 β 收敛系数的绝对值较为接近且其变化较为同步。县尺度上在相邻年际的 β 收敛的时间段数为 11 个，而市尺度上在相邻年际的 β 收敛的时间段数为 13 个。县、市尺度上的 β 收敛系数的绝对值相比于其他省份而言非常接近，而且其变化除 3 个时间段外大致同步。市尺度上收敛的年份包含县尺度上收敛的年份。

(5) β 系数都存在明显的后向传导效应。

(6)就 β 收敛系数所对应的回归 p 值而言，县尺度上满足小于 0.05

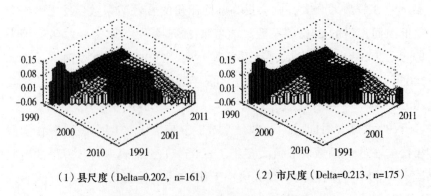

(1)县尺度(Delta=0.202, n=161)   (2)市尺度(Delta=0.213, n=175)

图 4-77　江苏的 β 收敛(1990—2012)

条件的时间段数稍多(153 个),市尺度上满足小于 0.05 条件的时间段数稍少(118 个)。进而,县尺度上在相邻年份的 β 收敛系数所对应的回归 p 值满足小于 0.05 条件的时间段数较多(11 个),市尺度上在相邻年份的 β 收敛系数所对应的回归 p 值满足小于 0.05 条件的时间段数较少(9 个)。

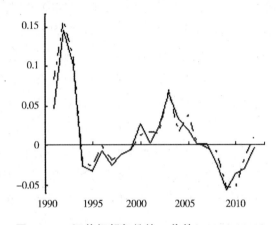

图 4 - 78 江苏相邻年份的 β 收敛(1990—2012)

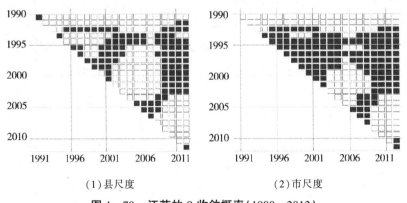

(1)县尺度 (2)市尺度

图 4 - 79 江苏的 β 收敛概率(1990—2012)

(十四)江西的 β 收敛

从 1990—2012 年江西各年 β 收敛及其概率、相邻年份的 β 收敛情况(见图 4 - 80、图 4 - 81 和图 4 - 82)来看:

1. 县尺度上

(1)大部分时间段表现为 β 收敛。表现为 β 收敛的时间段数为 185 个，表现为 β 发散的时间段数为 68 个，主要集中于以 1990—1991 年为起始年份、1991—1992 年和 1995—2008 年为终止年份，以 1996—1997 年为起始年份、2002—2008 年为终止年份，以 2002 年为起始年份、2003—2008 年为终止年份，2005—2008 年时间段里。

(2)β 系数存在后向传导效应。若后续年份的 β 收敛系数比之前年份的 β 收敛系数大，则会提高前面年份的 β 收敛系数，反之，则会拉低前面年份的 β 收敛系数。前者如 2000—2002 年、2001—2002 年的 β 收敛，因为 2002—2003 年为 β 发散，所以导致 2000—2003 年、2001—2003 年的 β 发散。后者如 1991—1992 年的 β 发散，因为 1992—1993 年为 β 收敛，所以导致 1991—1993 年的 β 收敛。

(3)大部分时间段的 β 收敛系数的 p 值大于 0.05。表现为 β 发散年份的 β 收敛系数的 p 值大多大于 0.05。68 个表现为 β 发散的时间段中有两个时间段的回归 p 值小于 0.05。大部分表现为 β 收敛的年际 β 收敛系数的 p 值小于 0.05。185 个表现为 β 收敛的时间段中有 24 个时间段的回归 p 值小于 0.05。而 p 值大于 0.05 的表现为 β 收敛的年际 β 收敛系数主要分布在表现为 β 发散的年际 β 收敛系数周围。实际上，整个县尺度上 253 个时间段内只有 29 个时间段的 β 收敛系数的 p 值小于 0.05。

2. 市尺度上

(1)小部分时间段表现为 β 收敛。表现为 β 收敛的时间段数为 32 个，主要集中于以 1992 年为起始年份、1993—2003 年为终止年份的时间段内。

(2)β 系数存在后向传导效应。若后续年份的 β 收敛系数比之前年份的 β 收敛系数大，则会提高前面年份的 β 收敛系数，反之，则会拉低前面年份的 β 收敛系数。前者如 1995—1998 年、1996—1998 年的 β 收敛，因为 1998—1999 年为 β 发散，所以导致 1995—1999 年、1996—1999 年的 β 发散。后者如 1995—1999 年、1996—1999 年、

1997—1999 年、1998—1999 年的 β 发散，因为 1999—2000 年为 β 收敛，所以导致 1995—2000 年、1996—2000 年、1997—2000 年、1998—2000 年的 β 收敛。

(3)绝大部分时间段的 β 收敛系数的 p 值大于 0.05。表现为 β 发散年份的 β 收敛系数的 p 值大多大于 0.05。221 个表现为 β 发散的时间段中只有 10 个时间段的回归 p 值小于 0.05，其他都大于 0.05。除表现为 β 发散的年际 β 收敛系数的 p 值大多大于 0.05 外，所有表现为 β 收敛的年际 β 收敛系数的 p 值都大于 0.05。78 个表现为 β 收敛的时间段中没有一个时间段的回归 p 值小于 0.05。而 p 值大于 0.05 的表现为 β 收敛的年际 β 收敛系数主要分布在表现为 β 发散的年际 β 收敛系数周围。实际上，整个市尺度上的 253 个时间段内有 10 个时间段的 β 收敛系数的 p 值小于 0.05。

3. 对各尺度上 β 收敛情况的比较

比较发现：(1)各尺度上存在 β 收敛的时间段数不同，县尺度上 β 收敛的时间段数多(185 个)，市尺度上少(32 个)。

(2)市尺度上发散的年份并不完全包含县尺度上发散的年份。反过来，市尺度上收敛的年份也不完全包含县尺度上收敛的年份。

(3)就 β 系数的波动来看，市尺度上的波动稍微剧烈(0.496)，县尺度上波动稍小(0.187)。

(4)县尺度上在相邻年际的 β 收敛的时间段数比市尺度上多，县、市尺度上 β 收敛系数的变化并不同步。县尺度上在相邻年际的 β 收敛的时间段数为 12 个，而市尺度上在相邻年际的 β 收敛的时间段数为 7 个。县、市尺度上 β 收敛系数没有较为固定的排序，但总体而言，市尺度上的值比县尺度上的值大。市尺度上收敛的年份并不完全包含县尺度上收敛的年份。

(5)β 系数都存在明显的后向传导效应。

(6)就 β 收敛系数所对应的回归 p 值而言，县尺度上满足小于 0.05 条件的时间段数很少(29 个)，市尺度上满足小于 0.05 条件的时间段数更少(10 个)。进而，县尺度上在相邻年份的 β 收敛系数所对应

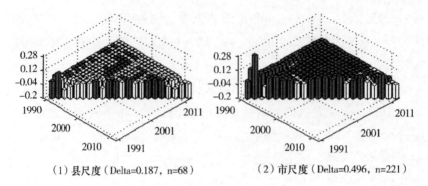

（1）县尺度（Delta=0.187，n=68）　　　（2）市尺度（Delta=0.496，n=221）

图 4 - 80　江西的 β 收敛（1990—2012）

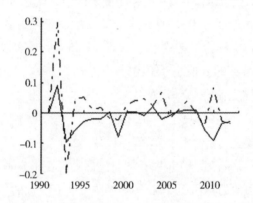

图 4 - 81　江西相邻年份的 β 收敛（1990—2012）

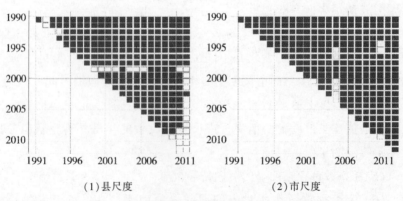

（1）县尺度　　　　　　　　　　（2）市尺度

图 4 - 82　江西的 β 收敛概率（1990—2012）

的回归 p 值满足小于 0.05 条件的时间段数较多(6 个),市尺度上在相邻年份的 β 收敛系数所对应的回归 p 值满足小于 0.05 条件的时间段数较少(3 个)。

(十五)辽宁的 β 收敛

从 1990—2012 年辽宁各年 β 收敛及其概率、相邻年份 β 收敛情况(见图 4 - 83、图 4 - 84 和图 4 - 85)来看:

1. 县尺度上

(1)大部分时间段表现为 β 收敛。表现为 β 收敛的时间段数为 219 个,表现为 β 发散的时间段数为 34 个,主要集中于以 1990 年和 1995—1999 年为起始年份、1997 年和 1999—2001 年为终止年份的时间段内。

(2)β 系数存在后向传导效应。若后续年份的 β 收敛系数比之前年份的 β 收敛系数大,则会提高前面年份的 β 收敛系数,反之,则会拉低前面年份的 β 收敛系数。前者如 1995—1996 年的 β 收敛,因为 1996—1997 年为 β 发散,所以导致 1995—1997 年的 β 发散。后者如 1995—1997 年的 β 发散,因为 1997—1998 年为 β 收敛,所以导致 1995—1998 年的 β 收敛。

(3)大部分时间段的 β 收敛系数的 p 值小于 0.05。表现为 β 发散年份的 β 收敛系数的 p 值大多小于 0.05。34 个表现为 β 发散的时间段中有 5 个时间段的回归 p 值小于 0.05。大部分表现为 β 收敛的年际 β 收敛系数的 p 值小于 0.05。219 个表现为 β 收敛的时间段中有 159 个时间段的回归 p 值小于 0.05。而 p 值大于 0.05 的表现为 β 收敛的年际 β 收敛系数主要分布在表现为 β 发散的年际 β 收敛系数周围。

2. 市尺度上

(1)大部分时间段表现为 β 收敛。表现为 β 收敛的时间段数为 160 个。表现为 β 发散的时间段数为 93 个,主要集中于以 1990 年和 1992—1999 年为起始年份、1995—2004 年为终止年份的时间段内。

(2)β 系数存在后向传导效应。若后续年份的 β 收敛系数比之前

年份的 β 收敛系数大，则会提高前面年份的 β 收敛系数，反之，则会拉低前面年份的 β 收敛系数。前者如 1997—1998 年的 β 收敛，因为 1998—1999 年为 β 发散，所以导致 1997—1999 年的 β 发散。后者如 1992—1993 年的 β 发散，因为 1993—1994 年为 β 收敛，所以导致 1992—1994 年的 β 收敛。

（3）大部分时间段的 β 收敛系数的 p 值大于 0.05。表现为 β 发散年份的 β 收敛系数的 p 值大多大于 0.05。93 个表现为 β 发散的时间段中只有 31 个时间段的回归 p 值小于 0.05，其他都大于 0.05。除表现为 β 发散的年际 β 收敛系数的 p 值大多大于 0.05 外，大部分表现为 β 收敛的年际 β 收敛系数的 p 值大于 0.05。160 个表现为 β 收敛的时间段中有 62 个时间段的回归 p 值小于 0.05。而 p 值大于 0.05 的表现为 β 收敛的年际 β 收敛系数主要分布在表现为 β 发散的年际 β 收敛系数周围。实际上，整个市尺度上 253 个时间段内有 93 个时间段的 β 收敛系数的 p 值小于 0.05。

3. 对各尺度上 β 收敛情况的比较

比较发现：（1）各尺度上存在 β 收敛的时间段数不同，县尺度上 β 收敛的时间段数多（219 个），市尺度上少（160 个）。

（2）市尺度上发散的年份包含县尺度上发散的年份。反过来，市尺度上收敛的年份包含县尺度上收敛的年份。

（3）就 β 系数的波动来看，市尺度上波动稍微剧烈（0.749），县尺度上波动稍小（0.586）。

（4）县尺度上在相邻年际的 β 收敛的时间段数比市尺度上多，县、市尺度上 β 收敛系数较为接近且其变化较为同步。县尺度上在相邻年际的 β 收敛的时间段数为 19 个，而市尺度上在相邻年际的 β 收敛的时间段数为 16 个。总体而言，市尺度上的值比县尺度上的值大，但县、市尺度上的值较为接近，而且系数的变化趋势较为接近。市尺度上收敛的年份包含县尺度上收敛的年份。

（5）β 系数都存在明显的后向传导效应。

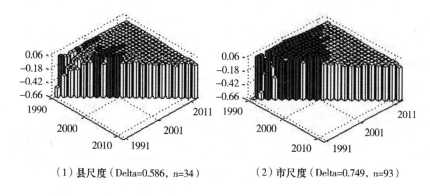

（1）县尺度（Delta=0.586，n=34）　　　（2）市尺度（Delta=0.749，n=93）

图4-83　辽宁的β收敛（1990—2012）

（6）就β收敛系数所对应的回归p值而言，县尺度上满足小于0.05条件的时间段数较多（164个），市尺度上满足小于0.05条件的时间段数较少（93个）。进而，县尺度上在相邻年份的β收敛系数所对应的回归p值满足小于0.05条件的时间段数较多（13个），市尺度上在相邻年份的β收敛系数所对应的回归p值满足小于0.05条件的时间段数较少（5个）。

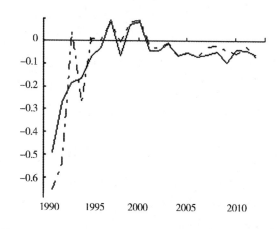

图4-84　辽宁相邻年份的β收敛（1990—2012）

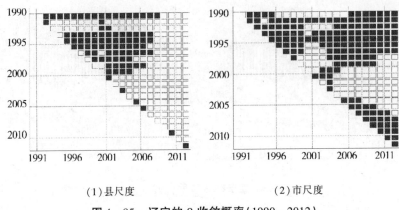

（1）县尺度　　　　　　　　（2）市尺度

图4－85　辽宁的 β 收敛概率（1990—2012）

（十六）内蒙古的 β 收敛

从1990—2012年内蒙古自治区各年 β 收敛及其概率、相邻年份的 β 收敛情况（见图4－86、图4－87和图4－88）来看：

1. 县尺度上

（1）大部分时间段表现为 β 收敛。表现为 β 收敛的时间段数为153个，主要集中于以1990—1997年为起始年份、1994—2012年为终止年份的时间段和以2007年为起始年份的时间段内。

（2）β 系数存在后向传导效应。若后续年份的 β 收敛系数比之前年份的 β 收敛系数大，则会提高前面年份的 β 收敛系数，反之则会拉低前面年份的 β 收敛系数。前者如1999—2002年、2000—2002年、2001—2002年的 β 收敛，因为2002—2003年为 β 发散，所以导致1999—2003年、2000—2003年、2001—2003年的 β 发散。后者如1999—2000年的 β 发散，因为2000—2001年为 β 收敛，所以导致1999—2001年的 β 收敛。

（3）小部分时间段的 β 收敛系数的 p 值小于0.05。表现为 β 发散年份的 β 收敛系数的 p 值大多小于0.05。100个表现为 β 发散的时间段中有56个时间段的回归 p 值小于0.05。大部分表现为 β 收敛的年际 β 收敛系数的 p 值大于0.05。153个表现为 β 收敛的时间

· 158 ·

段中有 63 个时间段的回归 p 值小于 0.05。而 p 值大于 0.05 的表现为 β 收敛的年际 β 收敛系数主要分布在表现为 β 发散的年际 β 收敛系数周围。

2. 市尺度上

(1)小部分时间段表现为 β 收敛。表现为 β 收敛的时间段数为 84 个，主要集中于以 1992—1995 年为起始年份、1996—2005 年为终止年份的时间段和以 1996—1999 年为起始年份、2000—2003 年为终止年份的时间段内。

(2)β 系数存在后向传导效应。若后续年份的 β 收敛系数比之前年份的 β 收敛系数大，则会提高前面年份的 β 收敛系数，反之则会拉低前面年份的 β 收敛系数。前者如 1990—1991 年的 β 收敛，因为 1991—1992 年为 β 发散，所以导致 1990—1992 年的 β 发散。后者如 1998—1999 年的 β 发散，因为 1999—2000 年为 β 收敛，所以导致 1998—2000 年的 β 收敛。

(3)大部分时间段的 β 收敛系数的 p 值大于 0.05。表现为 β 发散年份的 β 收敛系数的 p 值大多大于 0.05。169 个表现为 β 发散的时间段中只有 21 个时间段的回归 p 值小于 0.05，其他都大于 0.05。除表现为 β 发散的年际 β 收敛系数的 p 值大多大于 0.05 外，绝大部分表现为 β 收敛的年际 β 收敛系数的 p 值大于 0.05。84 个表现为 β 收敛的时间段中有两个时间段的回归 p 值小于 0.05。而 p 值大于 0.05 的表现为 β 收敛的年际 β 收敛系数主要分布在表现为 β 发散的年际 β 收敛系数周围。实际上，整个市尺度上 253 个时间段内有 23 个时间段的 β 收敛系数的 p 值小于 0.05。

3. 对各尺度上 β 收敛情况的比较

比较发现：(1)各尺度上 β 收敛的时间段数不同，县尺度上 β 收敛的时间段数多(153 个)，市尺度上少(84 个)。

(2)市尺度上发散的年份并不完全包含县尺度上发散的年份。反过来，市尺度上收敛的年份也不完全包含县尺度上收敛的年份。

(3)就 β 系数的波动来看，市尺度上波动稍微剧烈(0.281)，县尺度上波动稍小(0.149)。

(4)县尺度上在相邻年际的 β 收敛的时间段数比市尺度上多，县、市尺度上的 β 收敛系数的变化较为同步。县尺度上在相邻年际的 β 收敛的时间段数为 12 个，而市尺度上在相邻年际的 β 收敛的时间段数为 7 个。总体而言，市尺度上的值比县尺度上的值大，但县、市尺度上系数的变化趋势较为接近。市尺度上收敛的年份并不完全包含县尺度上收敛的年份。

(5)β 系数都存在明显的后向传导效应。

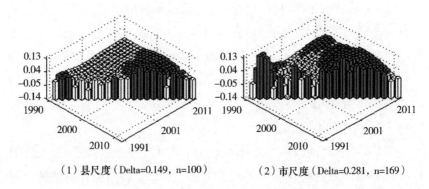

（1）县尺度（Delta=0.149, n=100）　　（2）市尺度（Delta=0.281, n=169）

图 4 - 86　内蒙古的 β 收敛(1990—2012)

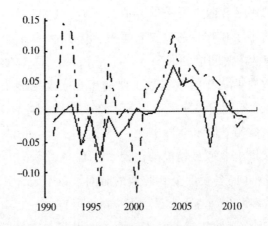

图 4 - 87　内蒙古相邻年份的 β 收敛(1990—2012)

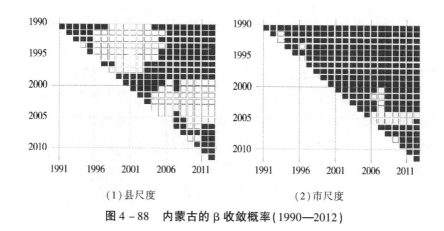

（1）县尺度 （2）市尺度

图4-88 内蒙古的β收敛概率（1990—2012）

（6）就β收敛系数所对应的回归p值而言，县尺度上满足小于0.05条件的时间段数较多（119个），市尺度上满足小于0.05条件的时间段数较少（23个）。进而，县尺度上在相邻年份的β收敛系数所对应的回归p值满足小于0.05条件的时间段数较多（7个），市尺度上在相邻年份的β收敛系数所对应的回归p值满足小于0.05条件的时间段数较少（4个）。

（十七）宁夏的β收敛

从1990—2012年宁夏回族自治区各年间β收敛及其概率、相邻年份β收敛情况（见图4-89、图4-90和图4-91）来看：

1. 县尺度上

（1）大部分时间段表现为β收敛。表现为β收敛的时间段数为226个，表现为β发散的时间段数为27个，主要集中于以下两个时间段：以1991年为起始年份、1992—2001年为终止年份的时间段；以1994年和1996年以及1998—1999年为起始年份、2000—2001年为终止年份的时间段。

（2）β系数存在后向传导效应。若后续年份的β收敛系数比之前年份的β收敛系数大，则会提高前面年份的β收敛系数，反之则会拉低前面年份的β收敛系数。前者如1998—1999年的β收敛，因为1999—2000年为β发散，所以导致1998—2000年的β发散。后者如

1991—1992 年的 β 发散，因为 1992—1993 年为 β 收敛，所以导致 1991—1993 年的 β 收敛。

（3）小部分时间段的 β 收敛系数的 p 值小于 0.05。表现为 β 发散年份的 β 收敛系数的 p 值大多大于 0.05。27 个表现为 β 发散的时间段中有 3 个时间段的回归 p 值小于 0.05。大部分表现为 β 收敛的年际 β 收敛系数的 p 值大于 0.05。226 个表现为 β 收敛的时间段中有 44 个时间段的回归 p 值小于 0.05。而 p 值大于 0.05 的表现为 β 收敛的年际 β 收敛系数主要分布在表现为 β 发散的年际 β 收敛系数周围。

2. 市尺度上

（1）大部分时间段表现为 β 收敛。表现为 β 收敛的时间段数为 222 个，表现为 β 发散的时间段数为 31 个，主要集中于 1991—2000 年时间段和 2002—2006 年时间段内。

（2）β 系数存在后向传导效应。若后续年份的 β 收敛系数比之前年份的 β 收敛系数大，则会提高前面年份的 β 收敛系数，反之，则会拉低前面年份的 β 收敛系数。前者如 1998—1999 年的 β 收敛，因为 1999—2000 年为 β 发散，所以导致 1998—2000 年的 β 发散。后者如 1999—2000 年的 β 发散，因为 2000—2001 年为 β 收敛，所以导致 1999—2001 年的 β 收敛。

（3）大部分时间段的 β 收敛系数的 p 值大于 0.05。表现为 β 发散年份的 β 收敛系数的 p 值大多大于 0.05。31 个表现为 β 发散的时间段中只有两个时间段的回归 p 值小于 0.05，其他都大于 0.05。除表现为 β 发散的年际 β 收敛系数的 p 值大多大于 0.05 外，绝大部分表现为 β 收敛的年际 β 收敛系数的 p 值大于 0.05。222 个表现为 β 收敛的时间段中只有两个时间段的回归 p 值小于 0.05。而这些 p 值大于 0.05 的表现为 β 收敛的年际 β 收敛系数主要分布在表现为 β 发散的年际 β 收敛系数周围。实际上，整个市尺度上 253 个时间段内有 14 个时间段的 β 收敛系数的 p 值小于 0.05。

3. 对各尺度上 β 收敛情况的比较

比较发现：（1）各尺度上存在 β 收敛的时间段数不同，县尺度上

β 收敛的时间段数多(226 个), 市尺度上少(222 个)。

(2)市尺度上发散的年份并不完全包含县尺度上发散的年份。反过来, 市尺度上收敛的年份也不完全包含县尺度上收敛的年份。

(3)就 β 系数的波动来看, 市尺度上的波动稍微剧烈(0.66), 县尺度上波动稍小(0.572)。

(4)县尺度上在相邻年际的 β 收敛的时间段数和市尺度上相同, 县、市尺度上 β 收敛系数的值很接近且其变化较为同步。县、市尺度上在相邻年际的 β 收敛的时间段数都是 15 个。总体而言, 县、市尺度上系数的值非常接近, 而且其变化趋势除 3 个时间段外都非常接近。市尺度上收敛的年份并不完全包含县尺度上收敛的年份。

(5)β 系数都存在明显的后向传导效应。

(6)就 β 收敛系数所对应的回归 p 值而言, 县尺度上满足小于 0.05 条件的时间段数稍多(47 个), 市尺度上满足小于 0.05 条件的时间段数较少(14 个)。进而, 县尺度上在相邻年份的 β 收敛系数所对应的回归 p 值满足小于 0.05 条件的时间段数较多(9 个), 市尺度上在相邻年份的 β 收敛系数所对应的回归 p 值满足小于 0.05 条件的时间段数较少(5 个)。

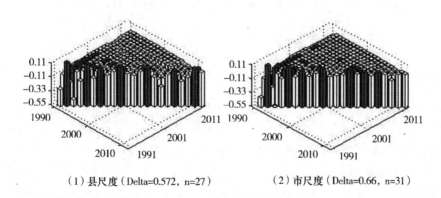

(1)县尺度(Delta=0.572, n=27)　　(2)市尺度(Delta=0.66, n=31)

图 4-89　宁夏的 β 收敛(1990—2012)

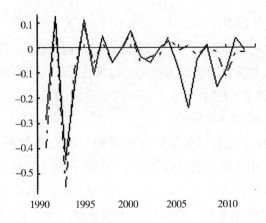

图4-90 宁夏相邻年份的β收敛(1990—2012)

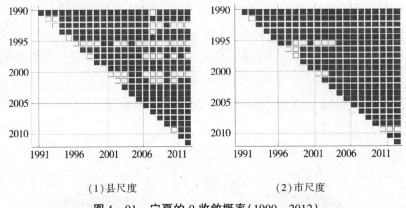

(1)县尺度　　　　　　　　　　　(2)市尺度

图4-91 宁夏的β收敛概率(1990—2012)

（十八）青海的β收敛

从1990—2012年青海各年β收敛及其概率、相邻年份β收敛情况（见图4-92、图4-93和图4-94）来看：

1. 县尺度上

（1）大部分时间段表现为β收敛。表现为β收敛的时间段数为192个，表现为β发散的时间段数为61个，主要集中于2001—2012年时间段里。

（2）β系数存在后向传导效应。若后续年份的β收敛系数比之前

年份的 β 收敛系数大，则会提高前面年份的 β 收敛系数，反之，则会拉低前面年份的 β 收敛系数。前者如 2002—2003 年的 β 收敛，因为 2003—2004 年为 β 发散，所以导致 2002—2004 年的 β 发散。后者如 1992—1993 年的 β 发散，因为 1993—1994 年为 β 收敛，所以导致 1992—1994 年的 β 收敛。

（3）小部分时间段 β 收敛系数的 p 值小于 0.05。表现为 β 发散年份的 β 收敛系数的 p 值大多大于 0.05。61 个表现为 β 发散的时间段中有 13 个时间段的回归 p 值小于 0.05。大部分表现为 β 收敛的年际 β 收敛系数的 p 值小于 0.05。192 个表现为 β 收敛的时间段中有 114 个时间段的回归 p 值小于 0.05。而 p 值大于 0.05 的表现为 β 收敛的年际 β 收敛系数主要分布在表现为 β 发散的年际 β 收敛系数周围。

2. 市尺度上

（1）小部分时间段表现为 β 收敛。表现为 β 收敛的时间段数为 119 个，主要集中于以 1991—1994 年为起始年份、1991—2006 年为终止年份的时间段和 1995—1996 年为起始年份的时间段以及以 1997—1999 年为起始年份、1999—2001 年为终止年份的时间段。

（2）β 系数存在后向传导效应。若后续年份的 β 收敛系数比之前年份的 β 收敛系数大，则会提高前面年份的 β 收敛系数，反之，则会拉低前面年份的 β 收敛系数。前者如 2005—2006 年的 β 收敛，因为 2006—2007 年为 β 发散，所以导致 2005—2007 年的 β 发散。后者如 1992—1993 年的 β 发散，因为 1993—1994 年为 β 收敛，所以导致 1992—1994 年的 β 收敛。

（3）绝大部分时间段的 β 收敛系数的 p 值大于 0.05。表现为 β 发散年份的 β 收敛系数的 p 值大多大于 0.05。134 个表现为 β 发散的时间段中只有 4 个时间段的回归 p 值小于 0.05，其他都大于 0.05。除表现为 β 发散的年际 β 收敛系数的 p 值大多大于 0.05 外，绝大部分表现为 β 收敛的年际 β 收敛系数的 p 值大于 0.05。119 个表现为 β 收敛的时间段中只有 10 个时间段的回归 p 值小于 0.05。而 p 值大于

0.05 的表现为 β 收敛的年际 β 收敛系数主要分布在表现为 β 发散的年际 β 收敛系数周围。实际上，整个市尺度上 253 个时间段内有 14个时间段的 β 收敛系数的 p 值小于 0.05。

3. 对各尺度上 β 收敛情况的比较

比较发现：(1)各尺度上存在 β 收敛的时间段数不同，县尺度上 β 收敛的时间段数多(192 个)，市尺度上少(119 个)。

(2)市尺度上发散的年份包含了县尺度上发散的年份。反过来，市尺度上收敛的年份包含县尺度上收敛的年份。

(3)就 β 系数的波动来看，县尺度上的波动稍微剧烈(0.79)，市尺度上的波动稍小(0.603)。

(4)县尺度上在相邻年际的 β 收敛的时间段数比市尺度上多，县尺度上 β 收敛系数的值较为接近且其变化较为同步。县尺度上在相邻年际的 β 收敛的时间段数为 14 个，市尺度上在相邻年际的 β 收敛的时间段数为 12 个。总体而言，县、市尺度上系数的值比较接近，而且其变化趋势除 6 个时间段外都较为接近。市尺度上收敛的年份并不完全包含县尺度上收敛的年份。

(5)β 系数都存在明显的后向传导效应。

(6)就 β 收敛系数所对应的回归 p 值而言，县尺度上满足小于 0.05 条件的时间段数稍多(127 个)，市尺度上满足小于 0.05 条件的

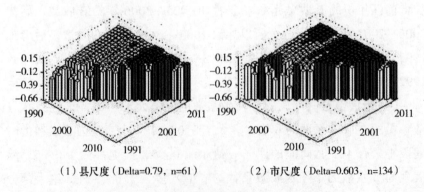

(1)县尺度(Delta=0.79, n=61)　　　(2)市尺度(Delta=0.603, n=134)

图 4 - 92　青海的 β 收敛(1990—2012)

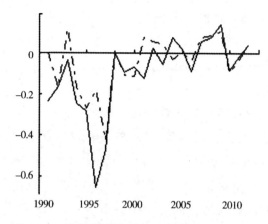

图 4 - 93　青海相邻年份的 β 收敛(1990—2012)

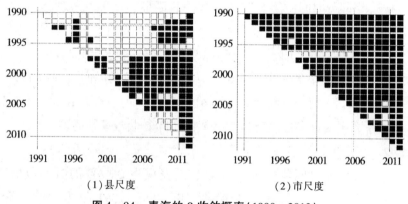

（1）县尺度　　　　　　　　　　　（2）市尺度

图 4 - 94　青海的 β 收敛概率(1990—2012)

时间段数较少(14 个)。进而，县尺度上在相邻年份的 β 收敛系数所对应的回归 p 值满足小于 0.05 条件的时间段数较多(10 个)，市尺度上在相邻年份的 β 收敛系数所对应的回归 p 值满足小于 0.05 条件的时间段数较少(1 个)。

（十九）山东的 β 收敛

从 1990—2012 年山东各年 β 收敛及其概率、相邻年份 β 收敛情况(见图 4 - 95、图 4 - 96 和图 4 - 97)来看：

1. 县尺度上

（1）绝大部分时间段表现为 β 收敛。表现为 β 收敛的时间段数为

226 个，表现为 β 发散的时间段数为 27 个，主要集中于以下两个时间段：以 1990—1991 年为起始年份、1991—1992 年为终止年份的时间段以及以 1990—1992 年和 2001 年为起始年份、2004—2009 年为终止年份的时间段。

（2）β 系数存在后向传导效应。若后续年份的 β 收敛系数比之前年份的 β 收敛系数大，则会提高前面年份的 β 收敛系数，反之，则会拉低前面年份的 β 收敛系数。前者如 1990—1991 年的 β 收敛，因为 1991—1992 年为 β 发散，所以导致 1990—1992 年的 β 发散。后者如 1998—1999 年的 β 发散，因为 1999—2000 年为 β 收敛，所以导致 1998—2000 年的 β 收敛。

（3）小部分时间段的 β 收敛系数的 p 值小于 0.05。表现为 β 发散年份的 β 收敛系数的 p 值大多大于 0.05。27 个表现为 β 发散的时间段中有两个时间段的回归 p 值小于 0.05。大部分表现为 β 收敛的年际 β 收敛系数的 p 值小于 0.05。226 个表现为 β 收敛的时间段中有 127 个时间段的回归 p 值小于 0.05。而 p 值大于 0.05 的表现为 β 收敛的年际 β 收敛系数主要分布在表现为 β 发散的年际 β 收敛系数周围。

2. 市尺度上

（1）大部分时间段表现为 β 收敛。表现为 β 收敛的时间段数为 196 个，主要集中于以下三个阶段：以 1990—1991 年为起始年份，1991 年、1993—1994 年、2001 年、2005—2012 年为终止年份的时间段；以 1996—1999 年为起始年份，1997—2001 年为终止年份的时间段；以 1995 年、1998 年、2001 年为起始年份，2005—2007 年为终止年份的时间段。

（2）β 系数存在后向传导效应。若后续年份的 β 收敛系数比之前年份的 β 收敛系数大，则会提高前面年份的 β 收敛系数，反之，则会拉低前面年份的 β 收敛系数。前者如 1990—1991 年的 β 收敛，因为 1991—1992 年为 β 发散，所以导致 1990—1992 年的 β 发散。后者如 1998—1999 年的 β 发散，因为 1999—2000 年为 β 收敛，所以导致 1998—2000 年的 β 收敛。

（3）绝大部分时间段的 β 收敛系数的 p 值大于 0.05。表现为 β 发散年份的 β 收敛系数的 p 值大多大于 0.05。57 个表现为 β 发散的时间段中只有 5 个时间段的回归 p 值小于 0.05，其他都大于 0.05。除表现为 β 发散的年际 β 收敛系数的 p 值大多大于 0.05 外，绝大部分表现为 β 收敛的年际 β 收敛系数的 p 值大于 0.05。196 个表现为 β 收敛的时间段中只有 20 个时间段的回归 p 值小于 0.05。而 p 值大于 0.05 的表现为 β 收敛的年际 β 收敛系数主要分布在表现为 β 发散的年际 β 收敛系数周围。实际上，整个市尺度上 253 个时间段内有 25 个时间段的 β 收敛系数的 p 值小于 0.05。

3. 对各尺度上 β 收敛情况的比较

比较发现：（1）各尺度上存在 β 收敛的时间段数不同，县尺度上 β 收敛的时间段数多（226 个），市尺度上少（196 个）。

（2）市尺度上发散的年份并不完全包含县尺度上发散的年份。反过来，市尺度上收敛的年份也不完全包含县尺度上收敛的年份。

（3）就 β 系数的波动来看，市尺度上的波动稍微剧烈（0.33），县尺度上的波动稍小（0.328）。

（4）县尺度上在相邻年际的 β 收敛的时间段数比市尺度上多，县尺度上 β 收敛系数的值较为接近且其变化较为同步。县尺度上在相邻年际的 β 收敛的时间段数为 17 个，市尺度上在相邻年际的 β 收敛的时间段数为 16 个。总体而言，县、市尺度上系数的值比较接近，而且其变化趋势除 3 个时间段外都较为接近。市尺度上收敛的年份并不完全包含县尺度上收敛的年份。

（5）β 系数都存在明显的后向传导效应。

（6）就 β 收敛系数所对应的回归 p 值而言，县尺度上满足小于 0.05 条件的时间段数稍多（129 个），市尺度上满足小于 0.05 条件的时间段数较少（25 个）。进而，县尺度上在相邻年份的 β 收敛系数所对应的回归 p 值满足小于 0.05 条件的时间段数较多（8 个），市尺度上在相邻年份的 β 收敛系数所对应的回归 p 值满足小于 0.05 条件的时间段数较少（2 个）。

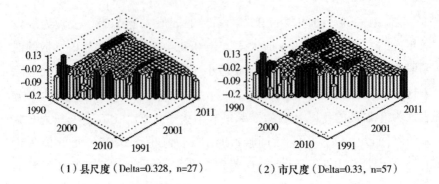

（1）县尺度（Delta=0.328，n=27） （2）市尺度（Delta=0.33，n=57）

图4-95 山东的β收敛(1990—2012)

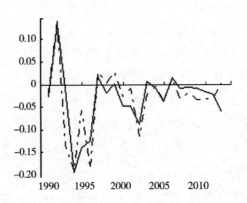

图4-96 山东相邻年份的β收敛(1990—2012)

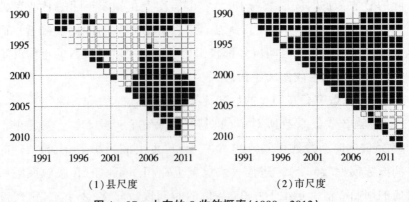

（1）县尺度 （2）市尺度

图4-97 山东的β收敛概率(1990—2012)

（二十）山西的 β 收敛

从 1990—2012 年山西各年 β 收敛及其概率、相邻年份 β 收敛情况（见图 4 - 98、图 4 - 99 和图 4 - 100）来看：

1. 县尺度上

（1）绝大部分时间段表现为 β 收敛。表现为 β 收敛的时间段数为 228 个，表现为 β 发散的时间段数为 25 个，主要集中于以 1990—1994 年为起始年份、1993—1996 年为终止年份的时间段。

（2）β 系数存在后向传导效应。若后续年份的 β 收敛系数比之前年份的 β 收敛系数大，则会提高前面年份的 β 收敛系数，反之，则会拉低前面年份的 β 收敛系数。前者如 1991—1992 年的 β 收敛，因为 1992—1993 年为 β 发散，所以导致 1991—1993 年的 β 发散。后者如 1997—1998 年的 β 发散，因为 1998—1999 年为 β 收敛，所以导致 1997—1999 年的 β 收敛。

（3）小部分时间段的 β 收敛系数的 p 值小于 0.05。表现为 β 发散年份的 β 收敛系数的 p 值大多大于 0.05。25 个表现为 β 发散的时间段中有两个时间段的回归 p 值小于 0.05。大部分表现为 β 收敛的年际 β 收敛系数的 p 值小于 0.05。228 个表现为 β 收敛的时间段中有 107 个时间段的回归 p 值小于 0.05。而 p 值大于 0.05 的表现为 β 收敛的年际 β 收敛系数主要分布在表现为 β 发散的年际 β 收敛系数周围。

2. 市尺度上

（1）大部分时间段表现为 β 收敛。表现为 β 收敛的时间段数为 229 个，表现为 β 发散的时间段数为 24 个，主要集中于以 1990—1995 年为起始年份，1992—1996 年为终止年份的时间段里，这其中要除去 1992—1994 年时间段。

（2）β 系数存在后向传导效应。若后续年份的 β 收敛系数比之前年份的 β 收敛系数大，则会提高前面年份的 β 收敛系数，反之，则会拉低前面年份的 β 收敛系数。前者如 1990—1991 年的 β 收敛，因为 1991—1992 年为 β 发散，所以导致 1990—1992 年的 β 发散。后者如

1995—1996 年的 β 发散，因为 1996—1997 年为 β 收敛，所以导致 1995—1997 年的 β 收敛。

（3）绝大部分时间段的 β 收敛系数的 p 值大于 0.05。所有表现为 β 发散年份的 β 收敛系数的 p 值都大于 0.05。24 个表现为 β 发散的时间段中没有一个时间段的回归 p 值小于 0.05，都大于 0.05。除表现为 β 发散的年际 β 收敛系数的 p 值大于 0.05 外，绝大部分表现为 β 收敛的年际 β 收敛系数的 p 值大于 0.05。229 个表现为 β 收敛的时间段中只有 9 个时间段的回归 p 值小于 0.05。而 p 值大于 0.05 的表现为 β 收敛的年际 β 收敛系数主要分布在表现为 β 发散的年际 β 收敛系数周围。实际上，整个市尺度上 253 个时间段内只有 9 个时间段的 β 收敛系数的 p 值小于 0.05。

3. 对各尺度上 β 收敛情况的比较

比较发现：（1）各尺度上存在 β 收敛的时间段数不同，市尺度上 β 收敛的阶段数稍多（229 个），县尺度上稍少（228 个）。

（2）市尺度上发散的年份并不完全包含县尺度上发散的年份。反过来，市尺度上收敛的年份也不完全包含县尺度上收敛的年份。

（3）就 β 系的波动来看，市尺度上的波动稍微剧烈（0.225），县尺度上的波动稍小（0.169）。

（4）县尺度上在相邻年际的 β 收敛的时间段数和市尺度上相同，县尺度上 β 收敛系数的值的变化大致相反。县、市尺度上在相邻年际的 β 收敛的时间段数都为 14 个。总体而言，县、市尺度上 β 收敛系数的变化趋势除 7 个时间段外大致相反。市尺度上收敛的年份并不完全包含县尺度上收敛的年份。

（5）β 系数都存在明显的后向传导效应。

（6）就 β 收敛系数所对应的回归 p 值而言，县尺度上满足小于 0.05 条件的时间段数多（109 个），市尺度上满足小于 0.05 条件的时间段数较少（9 个）。进而，县尺度上在相邻年份的 β 收敛系数所对应的回归 p 值满足小于 0.05 条件的时间段数较多（6 个），市尺度上在相邻年份的 β 收敛系数所对应的回归 p 值满足小于 0.05 条件的时间段数较少（2 个）。

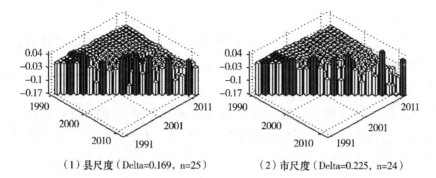

（1）县尺度（Delta=0.169，n=25）　　　（2）市尺度（Delta=0.225，n=24）

图 4-98　山西的 β 收敛（1990—2012）

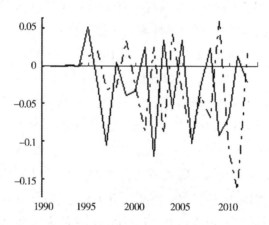

图 4-99　山西相邻年份的 β 收敛（1990—2012）

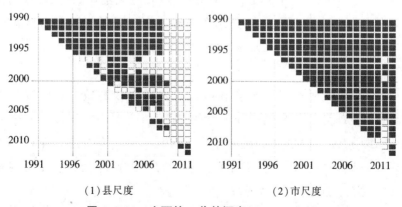

（1）县尺度　　　　　　　　　　（2）市尺度

图 4-100　山西的 β 收敛概率（1990—2012）

（二十一）陕西的 β 收敛

从 1990—2012 年陕西各年 β 收敛及其概率、相邻年份和 β 收敛情况（见图 4 - 101、图 4 - 102 和图 4 - 103）来看：

1. 县尺度上

（1）大部分时间段表现为 β 收敛。表现为 β 收敛的时间段数为 206 个，表现为 β 发散的时间段数为 47 个，主要集中于以下三个时间段：以 1990 年为起始年份、1991—2000 年为终止年份的时间段；以 1997 年为终止年份的时间段；2001—2007 年时间段。

（2）β 系数存在后向传导效应。若后续年份的 β 收敛系数比之前年份的 β 收敛系数大，则会提高前面年份的 β 收敛系数，反之，则会拉低前面年份的 β 收敛系数。前者如 1995—1996 年的 β 收敛，因为 1996—1997 年为 β 发散，所以导致 1995—1997 年的 β 发散。后者如 1993—1995 年、1994—1995 年的 β 发散，因为 1995—1996 年为 β 收敛，所以导致 1993—1996 年、1994—1996 年的 β 收敛。

（3）小部分时间段的 β 收敛系数的 p 值小于 0.05。表现为 β 发散年份的 β 收敛系数的 p 值大多大于 0.05。47 个表现为 β 发散的时间段中有 3 个时间段的回归 p 值小于 0.05。大部分表现为 β 收敛的年际 β 收敛系数的 p 值大于 0.05。206 个表现为 β 收敛的时间段中有 87 个时间段的回归 p 值小于 0.05。而 p 值大于 0.05 的表现为 β 收敛的年际 β 收敛系数主要分布在表现为 β 发散的年际 β 收敛系数周围。

2. 市尺度上

（1）大部分时间段表现为 β 收敛。表现为 β 收敛的时间段数为 174 个，表现为 β 发散的时间段数为 79 个，主要集中于以下三个时间段：以 1990—1994 年为起始年份，1991—2004 年为终止年份的时间段；以 1995—1996 年为起始年份、1997—2000 年为终止年份的时间段；2005—2008 年的时间段。

（2）β 系数存在后向传导效应。若后续年份的 β 收敛系数比之前年份的 β 收敛系数大，则会提高前面年份的 β 收敛系数，反之，则会

拉低前面年份的 β 收敛系数。前者如 1995—1996 年的 β 收敛，因为 1996—1997 年为 β 发散，所以导致 1995—1997 年的 β 发散。后者如 2001—2004 年、2002—2004 年、2003—2004 年的 β 发散，因为 2004—2005 年为 β 收敛，所以导致 2001—2005 年、2002—2005 年、2003—2005 年的 β 收敛。

（3）绝大部分时间段的 β 收敛系数的 p 值大于 0.05。大部分表现为 β 发散年份的 β 收敛系数的 p 值大于 0.05。79 个表现为 β 发散的时间段中只有 6 个时间段的回归 p 值小于 0.05，其他都大于 0.05。除表现为 β 发散的年际 β 收敛系数的 p 值大于 0.05 外，绝大部分表现为 β 收敛的年际 β 收敛系数的 p 值大于 0.05。174 个表现为 β 收敛的时间段中只有 1 个时间段的回归 p 值小于 0.05。而 p 值大于 0.05 的表现为 β 收敛的年际 β 收敛系数主要分布在表现为 β 发散的年际 β 收敛系数周围。实际上，整个市尺度上 253 个时间段内只有 7 个时间段的 β 收敛系数的 p 值小于 0.05。

3. 对各尺度 β 收敛情况的比较

比较发现：（1）各尺度上存在 β 收敛的时间段数不同，市尺度上 β 收敛的阶段数稍多（206 个），县尺度上稍少（174 个）。

（2）市尺度上发散的年份并不完全包含县尺度上发散的年份。反过来，市尺度上收敛的年份也不完全包含县尺度上收敛的年份。

（3）就 β 系数的波动来看，县尺度上的波动稍微剧烈（0.255），市尺度上的波动稍小（0.222）。

（4）县尺度上在相邻年际的 β 收敛的时间段数比市尺度上多，县尺度上 β 收敛系数的值的变化并不同步。县尺度上在相邻年际的 β 收敛的时间段数为 12 个，市尺度上在相邻年际的 β 收敛的时间段数为 11 个。县、市尺度上 β 收敛系数的变化趋势多数不同步，县尺度上 1996 年、1999 年两个时间段的 β 收敛系数是最低的，而市尺度上最低的时间段为 2001 年和 2009 年。市尺度上收敛的年份并不完全包含县尺度上收敛的年份。

（5）β 系数都存在明显的后向传导效应。

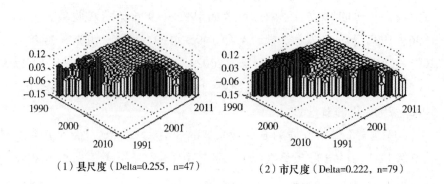

（1）县尺度（Delta=0.255，n=47） （2）市尺度（Delta=0.222，n=79）

图 4 - 101 陕西的 β 收敛(1990—2012)

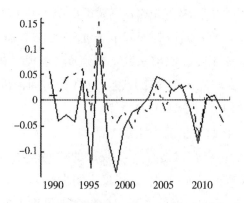

图 4 - 102 陕西相邻年份的 β 收敛(1990—2012)

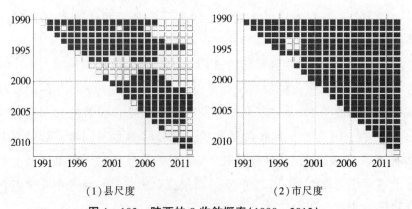

（1）县尺度 （2）市尺度

图 4 - 103 陕西的 β 收敛概率(1990—2012)

(6)就 β 收敛系数所对应的回归 p 值而言,县尺度上满足小于 0.05 条件的时间段数多(90 个),市尺度上满足小于 0.05 条件的时间段数较少(7 个)。进而,县尺度上在相邻年份的 β 收敛系数所对应的回归 p 值满足小于 0.05 条件的时间段数较多(8 个),市尺度上在相邻年份的 β 收敛系数所对应的回归 p 值满足小于 0.05 条件的时间段数较少(2 个)。

(二十二)四川的 β 收敛

从 1990—2012 年四川各年 β 收敛及其概率、相邻年份 β 收敛情况(见图 4 - 104、图 4 - 105 和图 4 - 106)来看:

1. 县尺度上

(1)大部分时间段表现为 β 收敛。表现为 β 收敛的时间段数为 221 个,表现为 β 发散的时间段数为 32 个,主要集中于以下三个时间段:以 1990—1992 年为起始年份,1993—1996 年为终止年份的时间段;以 1991 年为起始年份,1997—2006 年为终止年份的时间段;2009—2012 年时间段。

(2)β 系数存在后向传导效应。若后续年份的 β 收敛系数比之前年份的 β 收敛系数大,则会提高前面年份的 β 收敛系数,反之,则会拉低前面年份的 β 收敛系数。前者如 2008—2009 年的 β 收敛,因为 2009—2010 年为 β 发散,所以导致 2008—2010 年的 β 发散。后者如 2000—2001 年的 β 发散,因为 2001—2002 年为 β 收敛,所以导致 2000—2002 年的 β 收敛。

(3)大部分时间段的 β 收敛系数的 p 值小于 0.05。表现为 β 发散年份的 β 收敛系数的 p 值大多大于 0.05。32 个表现为 β 发散的时间段中有 7 个时间段的回归 p 值小于 0.05。大部分表现为 β 收敛的年际 β 收敛系数的 p 值小于 0.05。221 个表现为 β 收敛的时间段中有 175 个时间段的回归 p 值小于 0.05。而 p 值大于 0.05 的表现为 β 收敛的年际 β 收敛系数主要分布在表现为 β 发散的年际 β 收敛系数周围。

2. 市尺度上

(1)大部分时间段表现为 β 收敛。表现为 β 收敛的时间段数为

189 个，表现为 β 发散的时间段数为 64 个，主要集中于以下三个时间段：以 1990—1993 年为起始年份，1992—1999 年为终止年份的时间段；以 1991—1992 年为起始年份，以 2000—2012 年为终止年份的时间段；以 2005—2011 年为起始年份，2012 年为终止年份的时间段。

（2）β 系数存在后向传导效应。若后续年份的 β 收敛系数比之前年份的 β 收敛系数大，则会提高前面年份的 β 收敛系数，反之，则会拉低前面年份的 β 收敛系数。前者如 1993—1994 年的 β 收敛，因为 1994—1995 年为 β 发散，所以导致 1993—1995 年的 β 发散。后者如 1998—1999 年的 β 发散，因为 1999—2000 年为 β 收敛，所以导致 1998—2000 年的 β 收敛。

（3）大部分时间段的 β 收敛系数的 p 值大于 0.05。大部分表现为 β 发散年份的 β 收敛系数的 p 值大于 0.05。64 个表现为 β 发散的时间段中只有 7 个时间段的回归 p 值小于 0.05，其他都大于 0.05。除表现为 β 发散的年际 β 收敛系数的 p 值大于 0.05 外，绝大部分表现为 β 收敛的年际 β 收敛系数的 p 值大于 0.05。189 个表现为 β 收敛的时间段中有 88 个时间段的回归 p 值小于 0.05。而 p 值大于 0.05 的表现为 β 收敛的年际 β 收敛系数主要分布在表现为 β 发散的年际 β 收敛系数周围。

3. 对各尺度上 β 收敛情况的比较

比较发现：（1）各尺度上存在 β 收敛的时间段数不同，市尺度上 β 收敛的时间段数稍多（221 个），县尺度上稍少（189 个）。

（2）市尺度上发散的年份并不完全包含县尺度上发散的年份。反过来，市尺度上收敛的年份也不完全包含县尺度上收敛的年份。

（3）就 β 系数的波动来看，市尺度上的波动稍微剧烈（0.436），县尺度上的波动稍小（0.384）。

（4）县尺度上在相邻年际的 β 收敛的时间段数比市尺度上多，县尺度上的 β 收敛系数的值的变化较为同步。县尺度上在相邻年际的 β 收敛的时间段数为 15 个，市尺度上在相邻年际的 β 收敛的时间段

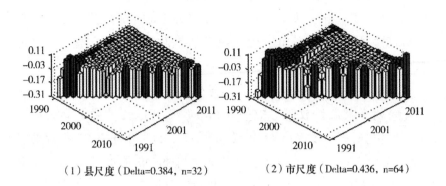

（1）县尺度（Delta=0.384，n=32）　　（2）市尺度（Delta=0.436，n=64）

图 4 - 104　四川的 β 收敛（1990—2012）

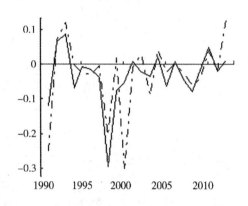

图 4 - 105　四川相邻年份的 β 收敛（1990—2012）

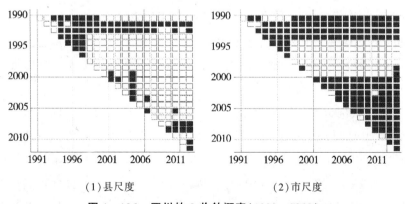

（1）县尺度　　　　　　　　　　　（2）市尺度

图 4 - 106　四川的 β 收敛概率（1990—2012）

数为 14 个。县、市尺度上 β 收敛系数较为接近，而且其变化趋势除 4 个时间段外大多同步。市尺度上收敛的年份并不完全包含县尺度上收敛的年份。

(5)β 系数都存在明显的后向传导效应。

(6)就 β 收敛系数所对应的回归 p 值而言，县尺度上满足小于 0.05 条件的时间段数多(182 个)，市尺度上满足小于 0.05 条件的时间段数较少(95 个)。进而，县尺度上在相邻年份的 β 收敛系数所对应的回归 p 值满足小于 0.05 条件的时间段数较多(13 个)，市尺度上在相邻年份的 β 收敛系数所对应的回归 p 值满足小于 0.05 条件的时间段数较少(7 个)。

(二十三)西藏的 β 收敛

从 1990—2012 年西藏自治区各年 β 收敛及其概率、相邻年份的 β 收敛情况(见图 4 – 107、图 4 – 108 和图 4 – 109)来看：

1. 县尺度上

(1)绝大部分时间段表现为 β 收敛。表现为 β 收敛的时间段数为 244 个，表现为 β 发散的时间段数为 9 个，主要集中于 2007—2012 年的时间段。

(2)β 系数存在后向传导效应。若后续年份的 β 收敛系数比之前年份的 β 收敛系数大，则会提高前面年份的 β 收敛系数，反之，则会拉低前面年份的 β 收敛系数。前者如 2008—2009 年的 β 收敛，因为 2009—2010 年为 β 发散，所以导致 2008—2010 年的 β 发散。后者如 2010—2011 年的 β 发散，因为 2011—2012 年为 β 收敛，所以导致 2010—2012 年的 β 收敛。

(3)大部分时间段的 β 收敛系数的 p 值小于 0.05。表现为 β 发散年份的 β 收敛系数的 p 值大多大于 0.05。9 个表现为 β 发散的时间段中没有一个时间段的回归 p 值小于 0.05。大部分表现为 β 收敛的年际 β 收敛系数的 p 值小于 0.05。244 个表现为 β 收敛的时间段中有 205 个时间段的回归 p 值小于 0.05。而 p 值大于 0.05 的表现为 β 收敛的年际 β 收敛系数主要分布在表现为 β 发散的年际 β 收敛系数周围。

2. 市尺度上

(1)大部分时间段表现为 β 收敛。表现为 β 收敛的时间段数为 193 个，表现为 β 发散的时间段数为 60 个，主要集中于以下三个时间段：以 1992—1994 年为起始年份，1995—1997 年为终止年份的时间段；2002—2004 年时间段；2007—2012 年时间段。

(2)β 系数存在后向传导效应。若后续年份的 β 收敛系数比之前年份的 β 收敛系数大，则会提高前面年份的 β 收敛系数，反之，则会拉低前面年份的 β 收敛系数。前者如 1993—1995 年、1994—1995 年的 β 收敛，因为 1995—1996 年为 β 发散，所以导致 1993—1996 年、1994—1996 年的 β 发散。后者如 2003—2004 年的 β 发散，因为 2004—2005 年为 β 收敛，所以导致 2003—2005 年的 β 收敛。

(3)绝大部分时间段的 β 收敛系数的 p 值大于 0.05。所有表现为 β 发散年份的 β 收敛系数的 p 值都大于 0.05。60 个表现为 β 发散的时间段中没有一个时间段的回归 p 值小于 0.05，都大于 0.05。除表现为 β 发散的年际 β 收敛系数的 p 值大于 0.05 外，绝大部分表现为 β 收敛的年际 β 收敛系数的 p 值大于 0.05。193 个表现为 β 收敛的时间段中只有 4 个时间段的回归 p 值小于 0.05。而 p 值大于 0.05 的表现为 β 收敛的年际 β 收敛系数主要分布在表现为 β 发散的年际 β 收敛系数周围。实际上，整个市尺度上 253 个时间段里只有 4 个时间段的回归 p 值小于 0.05。

3. 对各尺度上 β 收敛情况的比较

比较发现：(1)各尺度上存在 β 收敛的时间段数不同，市尺度上 β 收敛的时间段数稍多(244 个)，县尺度上稍少(193 个)。

(2)市尺度上发散的年份并不完全包含县尺度上发散的年份。反过来，市尺度上收敛的年份并不完全包含县尺度上收敛的年份。

(3)就 β 系数的波动来看，市尺度上的波动稍微剧烈(1.829)，县尺度上的波动稍小(0.656)。

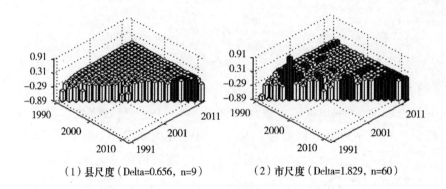

（1）县尺度（Delta=0.656，n=9）   （2）市尺度（Delta=1.829，n=60）

图4-107　西藏的β收敛（1990—2012）

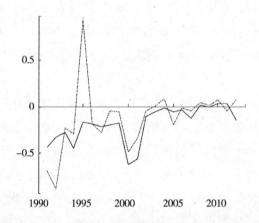

图4-108　西藏相邻年份的β收敛（1990—2012）

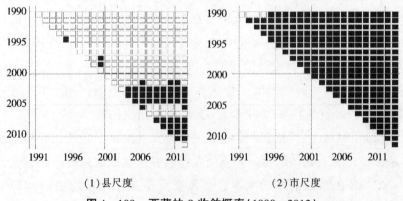

（1）县尺度　　　　　　　　　　　（2）市尺度

图4-109　西藏的β收敛概率（1990—2012）

（4）县尺度上在相邻年际的 β 收敛的时间段数比市尺度上多，县尺度上的 β 收敛系数的值的变化较为同步。县尺度上在相邻年际的 β 收敛的时间段数都为 19 个，市尺度上在相邻年际的 β 收敛的时间段数为 15 个。县、市尺度上的 β 收敛系数较为接近，而且其变化趋势除 3 个时间段外大多同步。市尺度上收敛的年份并不完全包含县尺度上收敛的年份。

（5）β 系数都存在明显的后向传导效应。

（6）就 β 收敛系数所对应的回归 p 值而言，县尺度上满足小于 0.05 条件的时间段数多（205 个），市尺度上满足小于 0.05 条件的时间段数非常少（4 个）。进而，县尺度上在相邻年份的 β 收敛系数所对应的回归 p 值满足小于 0.05 条件的时间段数较多（14 个），市尺度上在相邻年份的 β 收敛系数所对应的回归 p 值满足小于 0.05 条件的时间段数较少（1 个）。

（二十四）新疆的 β 收敛

从 1990—2012 年新疆维吾尔族自治区各年的 β 收敛及其概率、相邻年份 β 收敛情况（见图 4 - 110、图 4 - 111 和图 4 - 112）来看：

1. 县尺度上

（1）小部分时间段表现为 β 收敛。表现为 β 收敛的时间段数为 65 个，主要集中于以下四个时间段：以 1992—1993 年为起始年份，1994—1997 年为终止年份的时间段；以 2000 年为起始年份的时间段；以 1996—2008 年为起始年份，2009 年为终止年份的时间段；以 2006—2008 年为起始年份，2010—2012 年为终止年份的时间段。

（2）β 系数存在后向传导效应。若后续年份的 β 收敛系数比之前年份的 β 收敛系数大，则会提高前面年份的 β 收敛系数，反之，则会拉低前面年份的 β 收敛系数。前者如 2000—2002 年、2001—2002 年的 β 收敛，因为 2002—2003 年为 β 发散，所以导致 2000—2003 年、2001—2003 年的 β 发散。后者如 1996—1997 年的 β 发散，因为 1997—1998 年为 β 收敛，所以导致 1996—1998 年的 β 收敛。

（3）小部分时间段的 β 收敛系数的 p 值小于 0.05。表现为 β 发散

年份的 β 收敛系数的 p 值大多大于 0.05。188 个表现为 β 发散的时间段中有 43 个时间段的回归 p 值小于 0.05。大部分表现为 β 收敛的年际 β 收敛系数的 p 值小于 0.05。65 个表现为 β 收敛的时间段中有 6 个时间段的回归 p 值小于 0.05。而 p 值大于 0.05 的表现为 β 收敛的年际 β 收敛系数主要分布在表现为 β 发散的年际 β 收敛系数周围。

2. 市尺度上

(1)小部分时间段表现为 β 收敛。表现为 β 收敛的时间段数为 64 个，主要集中于以下三个时间段：以 1993 年为起始年份，1994—1999 年为终止年份的时间段；以 1994—1997 年为起始年份，1997 年为终止年份的时间段；以 1996—1997 年为起始年份，2000—2003 年为终止年份的时间段；以 1996—1997 年和 2004—2009 年为起始年份，2009—2012 年为终止年份的时间段。

(2)β 系数存在后向传导效应。若后续年份的 β 收敛系数比之前年份的 β 收敛系数大，则会提高前面年份的 β 收敛系数，反之，则会拉低前面年份的 β 收敛系数。前者如 2000—2002 年、2001—2002 年的 β 收敛，因为 2002—2003 年为 β 发散，所以导致 2000—2003 年、2001—2003 年的 β 发散。后者如 1996—1997 年的 β 发散，因为 1997—1998 年为 β 收敛，所以导致 1996—1998 年的 β 收敛。

(3)大部分时间段的 β 收敛系数的 p 值大于 0.05。大部分表现为 β 发散年份的 β 收敛系数的 p 值大于 0.05。189 个表现为 β 发散的时间段中有 60 个时间段的回归 p 值小于 0.05，其他都大于 0.05。除表现为 β 发散的年际 β 收敛系数的 p 值大于 0.05 外，绝大部分表现为 β 收敛的年际 β 收敛系数的 p 值大于 0.05。64 个表现为 β 收敛的时间段中只有 12 个时间段的回归 p 值小于 0.05。而 p 值大于 0.05 的表现为 β 收敛的年际 β 收敛系数主要分布在表现为 β 发散的年际 β 收敛系数周围。实际上，整个市尺度上 253 个时间段里只有 72 个时间段的回归 p 值小于 0.05。

3. 对各尺度上 β 收敛情况的比较

比较发现：(1)各尺度上存在 β 收敛的时间段数不同，市尺度上 β

收敛的时间段数稍多(65 个)，县尺度上稍少(64 个)。

(2)市尺度上发散的年份并不完全包含县尺度上发散的年份。反过来，市尺度上收敛的年份也不完全包含县尺度上收敛的年份。

(3)就 β 系数的波动来看，市尺度上的波动稍微剧烈(0.284)，县尺度上的波动稍小(0.161)。

(4)县尺度上在相邻年际的 β 收敛的时间段数比市尺度上少，市尺度上 β 收敛系数的值的变化较为同步。县尺度上在相邻年际的 β 收敛的时间段数为 8 个，市尺度上在相邻年际的 β 收敛的时间段数为 7 个。县、市尺度上的 β 收敛系数较为接近，而且其变化趋势除两个时间段外大多同步。市尺度上收敛的年份并不完全包含县尺度上收敛的年份。

(5)β 系数都存在明显的后向传导效应。

(6)就 β 收敛系数所对应的回归 p 值而言，县尺度上满足小于 0.05 条件的时间段数少(49 个)，市尺度上满足小于 0.05 条件的时间段数稍多(72 个)。进而，县尺度上在相邻年份的 β 收敛系数所对应的回归 p 值满足小于 0.05 条件的时间段数稍少(6 个)，市尺度上在相邻年份的 β 收敛系数所对应的回归 p 值满足小于 0.05 条件的时间段数稍多(8 个)。

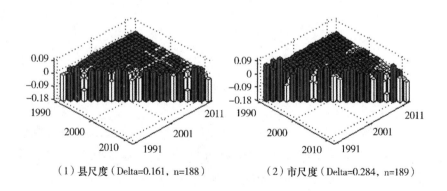

(1)县尺度(Delta=0.161, n=188)　　(2)市尺度(Delta=0.284, n=189)

图 4-110　新疆的 β 收敛(1990—2012)

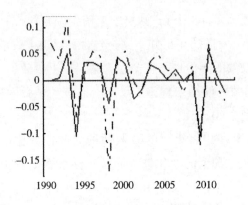

图 4 – 111　新疆相邻年份的 β 收敛（1990—2012）

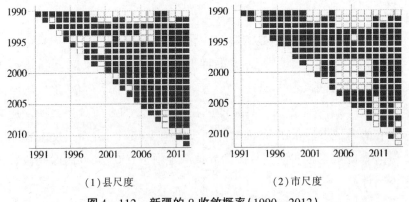

（1）县尺度　　　　　　　　　　　（2）市尺度

图 4 – 112　新疆的 β 收敛概率（1990—2012）

（二十五）云南省的 β 收敛

从 1990—2012 年云南各年的 β 收敛及其概率、相邻年份 β 收敛情况（见图 4 – 113、图 4 – 114 和图 4 – 115）来看：

1. 县尺度上

（1）大部分时间段表现为 β 收敛。表现为 β 收敛的时间段数为 231 个。表现为 β 发散的时间段数为 22 个，主要集中于以 1990—1993 年为起始年份，1993—1997 年为终止年份的时间段内。

（2）β 系数存在后向传导效应。若后续年份的 β 收敛系数比之前年份的 β 收敛系数大，则会提高前面年份的 β 收敛系数，反之，则会

拉低前面年份的 β 收敛系数。前者如 1990—1992 年、1991—1992 年的 β 收敛，因为 1992—1993 年为 β 发散，所以导致 1990—1993 年、1991—1993 年的 β 发散。后者如 1990—1991 年的 β 发散，因为 1991—1992 年为 β 收敛，所以导致 1990—1992 年的 β 收敛。

（3）大部分时间段的 β 收敛系数的 p 值小于 0.05。表现为 β 发散年份的 β 收敛系数的 p 值大多大于 0.05。22 个表现为 β 发散的时间段中有 4 个时间段的回归 p 值小于 0.05。大部分表现为 β 收敛的年际 β 收敛系数的 p 值小于 0.05。231 个表现为 β 收敛的时间段中有 185 个时间段的回归 p 值小于 0.05。而 p 值大于 0.05 的表现为 β 收敛的年际 β 收敛系数主要分布在表现为 β 发散的年际 β 收敛系数周围。

2. 市尺度上

（1）大部分时间段表现为 β 收敛。表现为 β 收敛的时间段数为 207 个。表现为 β 发散的时间段数为 46 个，主要集中于以 1990—1992 年为起始年份，1993—2004 年为终止年份的时间段；1993—1998 年的时间段内。

（2）β 系数存在后向传导效应。若后续年份的 β 收敛系数比之前年份的 β 收敛系数大，则会提高前面年份的 β 收敛系数，反之，则会拉低前面年份的 β 收敛系数。前者如 1994—1995 年的 β 收敛，因为 1995—1996 年为 β 发散，所以导致 1994—1996 年的 β 发散。后者如 1994—1996 年、1995—1996 年的 β 发散，因为 1996—1997 年为 β 收敛，所以导致 1994—1997 年、1995—1997 年的 β 收敛。

（3）大部分时间段的 β 收敛系数的 p 值大于 0.05。大部分表现为 β 发散年份的 β 收敛系数的 p 值大于 0.05。46 个表现为 β 发散的时间段中有 11 个时间段的回归 p 值小于 0.05，其他都大于 0.05。除表现为 β 发散的年际 β 收敛系数的 p 值大于 0.05 外，大部分表现为 β 收敛的年际 β 收敛系数的 p 值大于 0.05。207 个表现为 β 收敛的时间段中有 98 个时间段的回归 p 值小于 0.05。而这些 p 值大于 0.05 的表现为 β 收敛的年际 β 收敛系数主要分布在表现为 β 发散的年际 β 收敛系数周围。

3. 对各尺度上 β 收敛情况的比较

比较发现：(1)各尺度上存在 β 收敛的时间段数不同，市尺度上 β 收敛的时间段数稍多(231 个)，县尺度上稍少(207 个)。

(2)市尺度上发散的年份并不完全包含县尺度上发散的年份。反过来，市尺度上收敛的年份并不完全包含县尺度上收敛的年份。

(3)就 β 系数的波动来看，市尺度上的波动稍微剧烈(0.525)，县尺度上的波动稍小(0.2)。

(4)县尺度上在相邻年际的 β 收敛的时间段数比市尺度上多，市尺度上 β 收敛系数的值的变化较为同步。县尺度上在相邻年际的 β 收敛的时间段数都为 19 个，市尺度上在相邻年际的 β 收敛的时间段数都为 15 个。县、市尺度上 β 收敛系数并不是非常接近，但其变化趋势除两个时间段外大多同步。市尺度上收敛的年份并不完全包含县尺度上收敛的年份。

(5) β 系数都存在明显的后向传导效应。

(6)就 β 收敛系数所对应的回归 p 值而言，县尺度上满足小于 0.05 条件的时间段数较多(189 个)，市尺度上满足小于 0.05 条件的时间段数稍少(109 个)。进而，县尺度上在相邻年份的 β 收敛系数所对应的回归 p 值满足小于 0.05 条件的时间段数稍少(10 个)，市尺度上在相邻年份的 β 收敛系数所对应的回归 p 值满足小于 0.05 条件的时间段数稍多(7 个)。

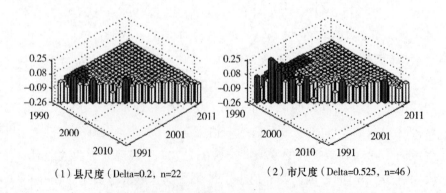

(1)县尺度(Delta=0.2，n=22

(2)市尺度(Delta=0.525，n=46)

图 4 - 113 云南的 β 收敛(1990—2012)

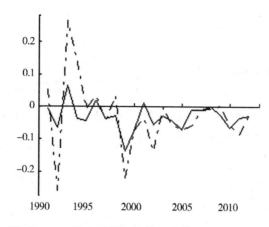

图4-114　云南相邻年份的β收敛(1990—2012)

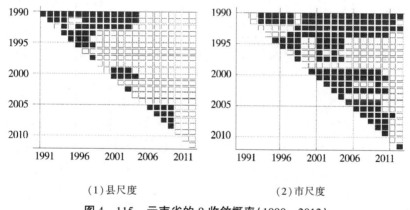

（1）县尺度　　　　　　　　　（2）市尺度

图4-115　云南省的β收敛概率(1990—2012)

（二十六）浙江的β收敛

从1990—2012年浙江各年β收敛及其概率、相邻年份β收敛情况（见图4-116、图4-117和图4-118）来看：

1. 县尺度上

（1）小部分时间段表现为β收敛。表现为β收敛的时间段数为115个。表现为β发散时间段数为138个，主要集中于以1991—1996年为起始年份，1993—2012年为终止年份的时间段和2001—2007年时间段内。

（2）β系数存在后向传导效应。若后续年份的β收敛系数比之前年份的β收敛系数大，则会提高前面年份的β收敛系数，反之，则会拉低前面年份的β收敛系数。前者如1991—1992年的β收敛，因为1992—1993年为β发散，所以导致1991—1993年的β发散。后者如2009—2010年的β发散，因为2010—2011年为β收敛，所以导致2009—2011年的β收敛。

（3）很小部分时间段的β收敛系数的p值小于0.05。表现为β发散年份的β收敛系数的p值大多大于0.05。138个表现为β发散的时间段中有14个时间段的回归p值小于0.05。大部分表现为β收敛的年际β收敛系数的p值小于0.05。115个表现为β收敛的时间段中有28个时间段的回归p值小于0.05。而p值大于0.05的表现为β收敛的年际β收敛系数主要分布在表现为β发散的年际β收敛系数周围。实际上，整个县尺度上253个时间段里只有43个时间段的回归p值小于0.05。

2. 市尺度上

（1）大部分时间段表现为β收敛。表现为β收敛的时间段数为137个，主要集中于以下四个时间段：以1990—1991年为起始年份，1991—2004年为终止年份的时间段；以1992年为起始年份，1993—1997年为终止年份的时间段；以1998—2004年为起始年份，2002—2006年为终止年份的时间段；以1996—2008年为起始年份，2007—2012年为终止年份的时间段。

（2）β系数存在后向传导效应。若后续年份的β收敛系数比之前年份的β收敛系数大，则会提高前面年份的β收敛系数，反之，则会拉低前面年份的β收敛系数。前者如1994—1995年的β收敛，因为1995—1996年为β发散，所以导致1994—1996年的β发散。后者如2000—2001年的β发散，因为2001—2002年为β收敛，所以导致2000—2002年的β收敛。

（3）绝大部分时间段的β收敛系数的p值大于0.05。所有表现为β发散年份的β收敛系数的p值都大于0.05。116个表现为β发散的时间段中没有一个时间段的回归 p 值小于 0.05，都大于 0.05。除表现为 β 发散的年际 β 收敛系数的 p 值大于 0.05 外，大部分表现为 β 收敛的年际 β 收敛系数的 p 值大于 0.05。137 个表现为 β 收敛的时间段中只有 1 个时间段的回归 p 值小于 0.05。而 p 值大于 0.05 的表现为 β 收敛的年际 β 收敛系数主要分布在表现为 β 发散的年际 β 收敛系数周围。实际上，整个市尺度上 253 个时间段里只有 1 个时间段的回归 p 值小于 0.05。

3. 对各尺度上 β 收敛情况的比较

比较发现：(1)各尺度上存在 β 收敛的时间段数不同，市尺度上 β 收敛的时间段数稍多(137 个)，县尺度上稍少(115 个)。

(2)市尺度上发散的年份并不完全包含县尺度上发散的年份。反过来，市尺度上收敛的年份也不完全包含县尺度上收敛的年份。

(3)就 β 系数的波动来看，县尺度上的波动稍微剧烈(0.243)，市尺度上的波动稍小(0.11)。

(4)县尺度上在相邻年际的 β 收敛的时间段数比市尺度上多，市尺度上 β 收敛系数的值的变化并不十分同步。县尺度上在相邻年际的 β 收敛的时间段数为 14 个，市尺度上在相邻年际的 β 收敛的时间段数为 10 个。县、市尺度上的 β 收敛系数并不十分接近，且其变化趋势并不同步。市尺度上的最大值出现在 1996 年，最小值出现在 1992 年，而县尺度上的最大值出现在 1993 年，最小值出现在 1998 年。市尺度上收敛的年份并不完全包含县尺度上收敛的年份。

(5) β 系数都存在明显的后向传导效应。

(6)就 β 收敛系数所对应的回归 p 值而言，县尺度上满足小于 0.05 条件的时间段数稍少(42 个)，市尺度上满足小于 0.05 条件的时间段数更少(1 个)。进而，县尺度上在相邻年份的 β 收敛系数所对应的回归 p 值满足小于 0.05 条件的时间段数稍少(5 个)，市尺度上在相邻年份的 β 收敛系数所对应的回归 p 值满足小于 0.05 条件的时间段数很少(1 个)。

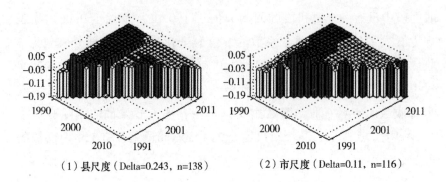

（1）县尺度（Delta=0.243，n=138）　　　（2）市尺度（Delta=0.11，n=116）

图4-116　浙江的 β 收敛（1990—2012）

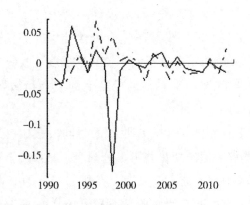

图4-117　浙江相邻年份的 β 收敛（1990—2012）

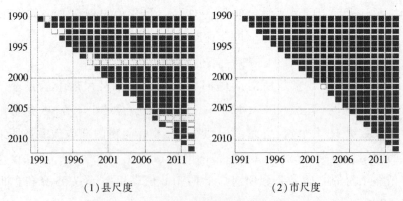

（1）县尺度　　　　　　　　（2）市尺度

图4-118　浙江的 β 收敛概率（1990—2012）

(二十七)海南的 β 收敛

从 1990—2012 年海南省年际 β 收敛及其概率情况(见图 4 - 119)来看:(1)绝大部分时间段表现为 β 收敛。表现为 β 收敛的时间段数为 224 个。表现为 β 发散的时间段数为 29 个,主要集中于 1990—1991 年为起始年份,1991—1995 年为终止年份和 1996—1998 年、2003—2006 年以及以 2008—2011 年为起始年份,2012 年为终止年份的时间段内。

(2)β 系数存在后向传导效应。若后续年份的 β 收敛系数比之前年份的 β 收敛系数大,则会提高前面年份的 β 收敛系数,反之,则会拉低前面年份的 β 收敛系数。前者如 1991—1992 年的 β 收敛,因为 1992—1993 年为 β 发散,所以导致 1991—1993 年的 β 发散。后者如 1992—1993 年的 β 发散,因为 1993—1994 年为 β 收敛,所以导致 1992—1994 年的 β 收敛。

(3)一部分时间段的 β 收敛系数的 p 值大于 0.05。表现为 β 发散年份的 β 收敛系数的 p 值大多大于 0.05。29 个表现为 β 发散的时间段中有 1 个时间段的回归 p 值小于 0.05。大部分表现为 β 收敛的年际 β 收敛系数的 p 值大于 0.05。224 个表现为 β 收敛的时间段中有 110 个时间段的回归 p 值小于 0.05。而 p 值大于 0.05 的表现为 β 收敛的年际 β 收敛系数主要分布在表现为 β 发散的年际 β 收敛系数周围。

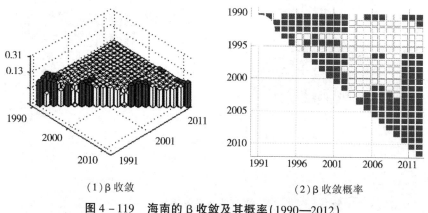

(1)β 收敛   (2)β 收敛概率

图 4 - 119　海南的 β 收敛及其概率(1990—2012)

(二十八)重庆市的β收敛

从1990—2012年重庆市年际β收敛及其概率情况(见图4-120)来看:(1)很少部分时间段表现为β收敛。表现为β收敛的时间段数为50个,主要集中于以下三个时间段:以1990年为起始年份,1991—1999年为终止年份;以1993年为起始年份,1994—2001年为终止年份的时间段;以2002—2006年和2008年为起始年份,2009—2012年为终止年份的时间段内。

(2)β系数存在后向传导效应。若后续年份的β收敛系数比之前年份的β收敛系数大,则会提高前面年份的β收敛系数,反之,则会拉低前面年份的β收敛系数。前者如1997—1998年的β收敛,因为1998—1999年为β发散,所以导致1997—1999年的β发散。后者如2007—2008年的β发散,因为2008—2009年为β收敛,所以导致2007—2009年的β收敛。

(3)一部分时间段的β收敛系数的p值大于0.05。表现为β发散年份的β收敛系数的p值大多大于0.05。203个表现为β发散的时间段中有5个时间段的回归p值小于0.05。大部分表现为β收敛的年际β收敛系数的p值大于0.05。50个表现为β收敛的时间段中只有1个时间段的p值小于0.05。而p值大于0.05的表现为β收敛的年际β收敛系数主要分布在表现为β发散的年际β收敛系数周围。

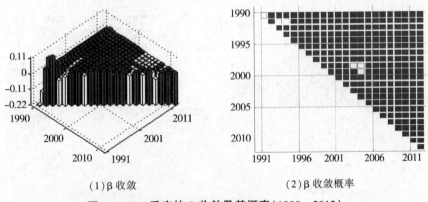

(1)β收敛　　　　　　　　(2)β收敛概率

图4-120　重庆的β收敛及其概率(1990—2012)

第四节　小结

一　各尺度 α 收敛的主要结论

1. 在 α 收敛系数绝对值上，县、市、省尺度上的走势大致呈"倒 U"形，但县、市尺度上的值更为接近，且都比省尺度上大。

2. 在 α 收敛情况上，县尺度上存在 α 收敛的时间段数最少，市尺度次之，省尺度最多，且省尺度上的 α 收敛的时间段数并未完全包含市尺度上 α 收敛的时间段数，市尺度上 α 收敛的时间段数也并未完全包含县尺度上 α 收敛的时间段数。

二　各尺度上绝对 β 收敛的主要结论

1. 各尺度上存在 β 收敛的时间段数不同，县尺度上 β 收敛的时间段数最多，市尺度上次之，省尺度上最少。

2. 省尺度上收敛的年份并不完全包含市尺度上收敛的年份，市尺度上收敛的年份包含县尺度上发散的年份。

3. β 系数都存在明显的后向传导效应。

4. 就 β 收敛系数所对应的回归 p 值而言，县尺度上满足小于 0.05 条件的时间段数最多，市尺度上次之，省尺度上最少。

5. 对相邻年际的 β 收敛进行各十分位数的回归，再对 β 收敛系数各十分位数的回归系数进行回归分析(表 4 - 1)发现，在县尺度上，影响大的四个分位数分别是 7 分位数、4 分位数(负值)、8 分位数(负值)和 3 分位数；在市尺度上，影响大的四个分位数分别是 7 分位数、3 分位数(负值)、4 分位数和 6 分位数(负值)；在省尺度上，影响大的四个分位数分别是 5 分位数、8 分位数、1 分位数和 9 分位数。

6. 与未加入空间效应不同的是，加入空间效应后，市、省尺度上 β 收敛的时间段数增多了，而县尺度上的时间段数未变；市尺度上收敛的年份并不完全包含县尺度上发散的年份；β 收敛系数所对应的回归 p 值小于 0.05 的时间段数在各尺度上的变化不相同。

三 各尺度俱乐部收敛的主要结论

四种区划方法的俱乐部收敛总体结论(见表4-2)显示:(1)县尺度上检验显著的 β 收敛(见表4-2中的 $b<0$ 且 $p<0.05$)的时间段数最多,市尺度上次之,省尺度上最少。但检验显著的 β 发散(见表4-2中的 $b>0$ 且 $p<0.05$)的时间段数,市尺度上最多,县、省尺度上无明显统一的排序。(2)随着区划数量的增加,各区划方法平均的检验显著的 β 收敛的时间段数在各尺度上总体减少了。

表4-2 基于四种区划方法的俱乐部收敛的各尺度上的时间段数

		县尺度		市尺度		省尺度	
		$b>0$ 且 $p<0.05$	$b<0$ 且 $p<0.05$	$b>0$ 且 $p<0.05$	$b<0$ 且 $p<0.05$	$b>0$ 且 $p<0.05$	$b<0$ 且 $p<0.05$
二分法	沿海	9	158	61	43	39	6
	内陆	1	232	3	109	1	48
三分法	东部	9	158	61	43	39	6
	中部	1	212	5	46	2	5
	西部	1	234	2	116	0	41
四分法	东北	3	176	11	58	3	4
	东部	14	132	32	43	14	2
	中部	0	235	5	55	1	39
	西部	8	191	9	67	2	31
六分法	东北	3	176	11	58	3	4
	华北	4	168	3	2	6	1
	华东	38	89	59	30	16	17
	中南	2	226	34	41	3	0
	西南	0	228	3	144	1	1
	西北	3	156	2	30	1	29

省的俱乐部收敛总体结论(见表4-3)显示:(1)除甘肃和新疆外,县尺度上检验显著的 β 收敛(见表4-3中的 $b<0$ 且 $p<0.05$)的时间段数多,市尺度上少。除贵州、河北、江苏、内蒙古、宁夏、青海和浙江外,市尺度上检验显著的 β 发散(见表4-3中的 $b>0$ 且 $p<$

0.05）的时间段数多，县尺度上少。（2）基于省进行俱乐部分析时，省均检验显著的 β 收敛的时间段数在各尺度上总体比四种区划方法少。

表 4 - 3　　　　基于省的俱乐部收敛的各尺度的时间段数

	县尺度		市尺度	
	$b > 0$ 且 $p < 0.05$	$b < 0$ 且 $p < 0.05$	$b > 0$ 且 $p < 0.05$	$b < 0$ 且 $p < 0.05$
安徽	16	80	108	4
福建	2	84	4	27
甘肃	11	4	6	7
广东	20	61	52	31
广西	5	144	4	2
贵州	3	132	7	46
海南	1	110		
河北	14	109	10	2
河南	12	177	55	18
黑龙江	7	133	8	26
湖北	5	78	39	31
湖南	7	63	39	0
吉林	1	150	4	21
江苏	104	49	89	29
江西	2	27	10	0
辽宁	5	159	31	62
内蒙古	56	63	21	2
宁夏	3	44	2	12
青海	13	114	4	10
山东	2	127	5	20
山西	2	107	0	9
陕西	3	87	6	1
四川	7	175	7	88
西藏	0	205	0	4
新疆	43	6	60	12
云南	4	185	11	98
浙江	14	28	0	1
重庆	5	1		

　　从全国、四种区划方法和省的俱乐部收敛在 1990—2012 年的数据来看，随着区划的不断细分，或者说，随着区划数量的增多（如从全国到二分法，再从二分法至六分法，进而上升至以省为单位的俱乐部分析），各区划方法平均的检验显著的 β 收敛的时间段数在各尺度上总体减少了。

　　各区划方法所对应的各次一级区域在县、市（或县、市、省）尺度上检验显著的 β 收敛的时间段数一般会依省、市、县尺度而逐渐增多，即对于同一区域，用更细的空间尺度来测度其 β 收敛会得到更好的收敛结果。

　　总结来说，用来作为俱乐部的区域越大，区域内的次一级区域越小，所得到的 β 收敛结果就越好。

第五章

区域经济分布形态的多尺度分析

收敛只能度量两个时点间的变化。σ 收敛表现的主要是分布态势的总体情况。β 收敛从一个侧面反映了分布内的迁移，即增速的排序与基期人均 GDP 绝对值的排序相反的问题。但要解决分布是单峰还是双峰甚或是多峰，峰移动的方向，峰的宽度和高度如何变化诸如此类的问题，显示一段时间内分布的变化，则需考察其间的分布曲线形态变化。

按照奎阿（Quah，D.，1996）对俱乐部收敛的研究，可以从各国收入分布的变化来看出是否存在俱乐部收敛。在经济发展初期的收入分布图上，有一些富裕的地区分布在收入较高的上部区域，一些贫穷地区分布在收入较低的下部，大多数地区集中在中间收入部分。随着经济的发展，这种收入分布图的形状和各地区的位置都在发生变化。但由于地区间经济增长的俱乐部效应，经过一定时期后，一些贫国可能发生巨大的结构转型而使经济增长实现赶超，进入富裕地区行列；也有一些富裕地区会没落，因而进入贫穷地区的队伍里，中间收入地区也会因产生贫富分化而消失。收入分布图上会形成富裕地区和贫穷地区分布聚集在图的上下部的"双峰"形态。分布的形态揭示了区域收入差异现在状态的重要信息。从动态的背景上看，这些分布的形态特征的变化能显示区域增长的过程。

进一步而言，度量分布内的迁移特征显得尤为重要。这主要包括测量级变（即等级的迁移，简称为级变）和秩变（即秩序的改变，简称为秩变）。前者指分布内的各部分经过一段时间后从一个等级变迁到另一个等级，后者指分布内的各部分在整个分布中排序的变化，也就是整个分布的秩序发生了改变。

简言之，从分布形态的角度分析区域经济差异主要是分析区域经济分布的形态变化（Modality）和分布内的迁移性（mobility）。前者主要包括用核密度估计的分布曲线及其峰度和偏度，后者主要包括级变和秩变。

第一节　区域经济分布形态变化的多尺度分析

核密度估计能较好地反映人均 GDP 的概率分布。而分别在县尺度、市尺度和省尺度上进行核密度估计会因为一些极值的影响而使得整个分布明显左偏，并在分布的右边出现较长的拖尾。为此，对各地区人均 GDP 取对数后再进行核密度估计。首先，对各地区人均 GDP 的对数值进行核密度估计。其次，考虑人口的影响而基于人口加权对各地区的人均 GDP 的对数值进行核密度估计。

一　各尺度基于数量的核密度分布

基于数量的人均 GDP 的对数值的核密度曲线（见图 5 - 1，虚线为均值的连线，下同）显示：

1. 都呈单峰偏左的分布态势。三个尺度的各年分布显示，都呈单峰分布，而且，单峰都比较靠左。即没有出现明显的俱乐部收敛，而且大都集中于偏左部分。

2. 分布的总体形态不一。省尺度上的分布形态最为尖削，分布的宽度最窄，极值的年际变化小。县尺度上的分布形态更为圆钝，分布的宽度最宽，极值的年际变化大。而市尺度上的分布形态较为圆钝，分布的幅度较宽，极值的年际变化较小。

需要注意的是，县尺度上 1995 年、1997 年、1999 年和 2000 年的分布看似是整体右移了，而实际上是左移了。三个尺度的峰的尖削

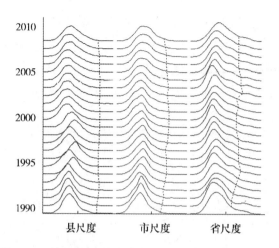

图 5-1 基于数量的人均 GDP 的对数值的核密度曲线

（归一化，1990—2012）

程度虽有差别，但相差不是很多，但实际是省尺度上的峰最为尖削，而县尺度上的峰最为圆缓。这些在没有进行归一化处理的图（见图 5-2）中可以非常明显地显示出来。

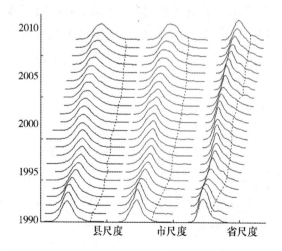

图 5-2 基于数量的人均 GDP 的对数值的核密度曲线

（未归一化，1990—2012）

　　基于各单位的人均 GDP 所得到的核密度曲线表明三个尺度上并没有出现双峰甚或三峰的分布形态。但这是没有进行人口加权的结果。如果曲线中分布在峰周围各单位的人口相对较少，而其他部分各单位的人口相对较多，则可能会出现不一样的分布形态。

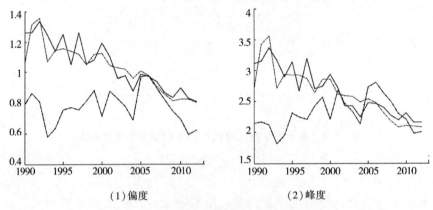

（1）偏度　　　　　　　　　（2）峰度

图 5 - 3　基于数量的核密度分布的偏度和峰度

（1990—2012）

　　而分布形态的统计量偏度和峰度（见图 5 - 3）进一步说明了分布的一些相关信息。在偏度上：（1）省尺度上的偏度值除一年外都比县尺度上和市尺度上小。（2）县、市尺度上的偏度值较为接近，且一直在快速下降，而省尺度上在波动中略有下降，但波动幅度较大。在峰度上的情况与在偏度上的情况相似，只是 2000 年后三个尺度上的值在部分年份出现了相互交替的情况。

　　非常明显的是，偏度和峰度数据提供了一些共同的特征：县尺度上和市尺度上的偏度值和峰度值更为接近，且处于非常明显的下降中，而省尺度上不但在绝对值上与县尺度上和市尺度上相差较大，而且在变化趋势上也不相同。

二　各尺度基于人口加权的核密度分布

　　三个尺度上基于数量得到的核密度分布情况相差不是特别大。但就全国而言，如果某些地区的人口份额超过就数量而言的份额，则该地区的密度值应该给予一个较高的权重。相反，那些人口份额小于就数量而言的份额，则该地区的密度值应该给予一个较低的权重。

从 1990—2012 年县、市、省三个尺度上测算的人均 GDP 的对数值的归一化的核密度曲线情况（见图 5 - 4）来看：

1. 起止年份的分布各异。1990 年，县尺度上为较明显的双峰分布，市尺度上的分布虽为单峰，但右边有一个不是很明显的较低的峰，省尺度上则为非常明显的单峰态势。2012 年，县尺度上为左边较为平缓而右边较为陡峭的单峰分布，市尺度上为左峰比右峰稍高的双峰分布，省尺度上则为顶部较宽的单峰态势。

2. 核密度分布的演进趋势各不相同。在县尺度上，分布形态经历了双峰—三峰—双峰—单峰的演化过程，并且重心不断向右偏移。1990 年的核密度曲线呈现出明显的双峰分布。随后，左峰开始不断弱化，变得越来越平坦，至 2000 年完全消失变为边坡。右峰则越来越钝化，2005 年变为左峰，然后继续不断弱化，变得越来越平坦，至 2009 年完全消失变为边坡。右峰右侧自 1990 年开始出现一个小峰。1992 年开始逐渐出现峰的形态，到 1999 年发育成新的峰，至 2005 年呈现出相对明显的右峰态势，此后，此峰越来越明显，2009 年后开始成为整个分布的单峰，并保持至 2012 年。这样，分布曲线从 1990 年的双峰形态，演化为 1993 年开始的三峰形态，然后又演化为 2005 年开始的双峰形态，最后演化为 2009 年开始的单峰形态，并一直保持到 2012 年。照此发展下去，在将来比较长的时间里会呈现出左边平缓、右边陡峭、峰的横坐标在 0.7 附近的单峰态势。

在市尺度上，分布形态经历了单峰—双峰的演化过程，并且重心不断向右偏移。1990—1992 年核密度曲线呈现出左边陡右边较平缓的单峰分布。随后，左边坡度开始变缓，峰逐渐向右移动。右坡在 1990—1993 年逐渐形成一个较低的峰，然后又逐渐变小，1995 年后又消失了，然后，又不断隆起，并从 1999 年开始发育形成新的峰，一直到 2012 年成为较为明显的右峰，从而使得整个分布最后呈现出左峰高右峰低的双峰形态。这样，分布曲线从 1990 年的单峰形态，演化为 1999 年开始的不甚明显的双峰形态，并不断向较为明显的双峰形态演化，一直到 2012年形成较为明显的双峰形态。照此发展下去，右峰在将来一段时间里可能会不断升高，而左峰则会降低，从而出现较为规则的双峰态势，再发展下去，可能会出现右峰越来越高而左峰越来越低的双峰态势。

在省尺度上，经历了单峰、双峰不规则交替的演化过程，并且重心出现了向右偏移。1990—1992 年，核密度呈现出左偏尖峰分布，表明收入低的人占多数。1993 年和 1994 年，核密度仍然呈现出单峰分布，但是相比 1990—1992 年的尖峰分布，此时的封顶较为平缓宽阔，并且呈现出轻微的右偏分布，表明这一时期人均收入水平有所提高，并且收入差距有所缓解。1995 年出现双峰分布，但是 1996 年和1997 年，双峰消失，形成一个大的单峰分布，1998 年开始又出现了双峰分布，但是 2000 年左峰不明显。2004 年出现了右偏单峰分布，但是 2005 年开始又出现了显著的双峰分布，从这一时期开始，左峰明显弱化，右峰越来越显著，2012 年出现右偏单峰分布。照此发展下去，在将来比较长的时间里仍然会出现单峰和双峰不规则交替的情况，但峰顶比较宽阔或是两个峰顶不是很突出的情况会持续下去。

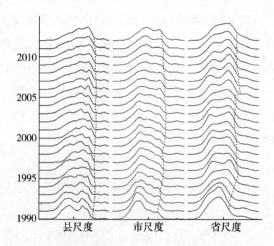

图 5-4　人口加权的人均 GDP 对数值的核密度曲线

（归一化，1990—2012）

另外，在整个时期，分布曲线右侧的小峰各有不同。这还可以从县、市、省三个尺度上部分年份的核密度曲线（见图 5-5、图 5-6 和图 5-7）情况中得到印证。县尺度上的核密度曲线右侧尾部出现了一个小峰，这个峰的顶点在 0.93 附近，这个小峰在不断向左移动并上升。市尺度上右侧尾部也有一个较小的峰，但峰度要小于县尺度，更为平缓，这个小峰不断向左移动并上升。而省尺度上的核密度曲线右侧尾部出现一个小峰，这个峰点出现在 0.8 左右，但这个小峰 2005 年后逐渐消失了。这样，县尺度和市尺度上一直存在位于高位的高水平的俱乐部，只是这个俱乐部在整个过程中略向稍低位置移动了一点，而省尺度上在整个过程的开始阶段存在着过高水平的俱乐部，但后来消失了。

而这些峰在没有进行人口加权时是没有的，这表示小峰所对应地区的人口份额远大于就数量而言的平均人口份额。而经过人口加权的各曲线的双峰甚或三峰在没有进行人口加权的曲线中也是没有的，这表示这些新出现的峰所对应地区的人口份额远大于就数量而言的平均人口份额。

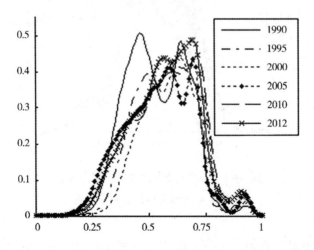

图 5-5 县尺度上部分年份人口加权的人均 GDP
对数值的核密度曲线

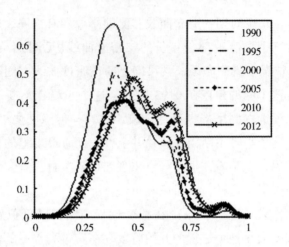

图 5 - 6　市尺度上部分年份人口加权的

人均 GDP 对数值的核密度曲线

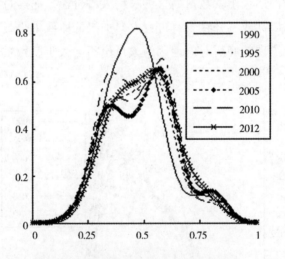

图 5 - 7　省尺度上部分年份人口加权的

人均 GDP 的对数值的核密度曲线

　　总的来说，第一，三个尺度上的分布重心都出现了右移趋势，这
表明三个尺度上各组成部分都有向中高分布发展的趋势。第二，在县
尺度上，核密度分布表现为双峰—三峰—双峰—单峰形态，市尺度上

的核密度分布表现为尖峰—双峰形态，省尺度上核密度分布表现为单峰、双峰形态不规则交替出现。

需要注意的是，县尺度上1995年、1997年、1999年和2000年的分布似乎是整体右移了，而实际上是左移了，这在没有进行归一化的图（见图5-8）中可以非常明显地显示出来。这表明，这四年整体的经济下滑在县尺度上有非常明显的表现，而在市、省尺度上并没有明显地表现出来。而在县尺度上主要表现为中低水平区域的经济水平下降，而高水平区域的经济水平下降不明显。

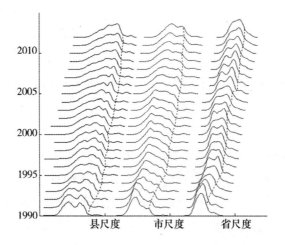

图5-8　人口加权的人均GDP对数值的核密度曲线

（未归一化，1990—2012）

从基于人口加权的核密度分布偏度和峰度（见图5-9）情况来看，（1）省尺度和市尺度上偏度的绝对值在1995年前及2003年后的大部分时间里都较为接近，1995—2003年，县尺度和市尺度上较为接近。（2）在偏度值的变化上，省尺度和市尺度上更接近，大致以1997年为界形成两个下降—上升的走势，但1997年的偏度值远低于前一个走势的起点，但远高于后一个走势的终点。而县尺度上虽然也经历了以1997年为界（但1997年和2000年的值相差不大）的两个下降—上升的走势，但1997年的偏度值是整个走势的最高点，而且2012年的值要高于1990年的值。

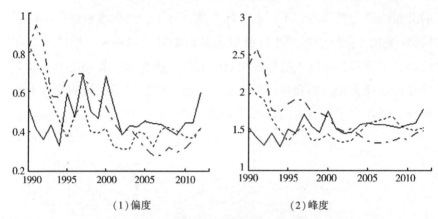

（1）偏度 （2）峰度

图5-9 基于人口加权的核密度分布偏度和峰度情况（1990—2012）

在峰度上，（1）省尺度和市尺度上偏度的绝对值在1995年前及2010年后都较为接近，1995—2009年，县尺度和市尺度上较为接近。（2）在偏度值的变化上，省尺度和市尺度上更接近，大致以1997年为界形成两个下降—上升的走势，但1997年的偏度值远低于前一个走势的起点，但远高于后一个走势的终点。而县尺度上则经历了以2000年为界（但1997年和2000年的值相差不大）的两个下降—上升的走势，但2000年的偏度值是整个走势的最高点，而且2012年的值高于1990年的值。

偏度和峰度上的共同特征是：在这段时间的中间年份里，县尺度和市尺度上的偏度值和峰度值更为接近，在开始和后面的部分年份中，省尺度和市尺度上则较为接近。在变化趋势上，非常明显的是，省尺度和市尺度上更为接近，而县尺度上则较为独特。

第二节　区域经济分布形态内迁移的
多尺度分析

各地区在分布内的位置会随年份而发生改变。一是该地区会改变其在分布中的等级，这可能表现为由原来的低等级向高等级的迁移，或是由原来的高等级向低等级迁移，也有可能保持不变。二是该地区会改变其在分布中的排序，这可能表现为排序比原来更加靠前，或是比原来更加靠后，也有可能保持不变。一个区域位于分布的底部，它可以通过跳过在其上的区域而接近全国均值，而不改变总体的分布形状。这意味着在没有总体收敛的情况下，出现了较高水平的级变和秩变。

另外，还可以基于分布内的迁移得出关于收敛（或缺乏收敛）过程的不同结论。如果观察收入的高级变和高秩变，我们可能不太会注意收入分布收敛证据的缺乏。特别是如果观察到低收入省份排名上移，我们可能不会担心高收入省份缺乏变动。进而，在一段时期内，这种观察到的分布的移动性好像不太稳定，因而这方面的研究就很有意义了。

一　各尺度分布形态内的级变

研究区域经济动态变化的学者主要利用马尔科夫链方法来研究区域经济分布年际演变（Quah，1993，1996a；Fingleton，1999）。这个方法的核心是实证转移概率矩阵，迁移矩阵是总结总体分布演化的令人信服的途径（Collins，1975；Bartholomew，1981；Bhat，1984）。

$$M_{t,t+s} = \begin{pmatrix} m_{11}, \cdots, m_{1k} \\ m_{21} \cdots m_{2k} \\ \vdots \ \vdots \ \vdots \\ m_{k1}, \cdots, m_{kk} \end{pmatrix} \qquad (5-1)$$

式中，M 为迁移矩阵，t 为起始年份，s 为起止年份的时长，k 为等级数（k 越大，会使迁移性变大，一般取 5），m 为在时间 s 内等级迁移的概率（$\sum_{j=1}^{k} m_{ij} = 1$）。

Shorrock（1978）基于此转移概率矩阵提出了 Shorrock 系数（SI）来综括收入分布的形态变异中的级间迁移：

$$SI = \frac{k - Tr(M_{t,t+s})}{k - 1} \qquad (5-2)$$

其中，t 的选择会影响研究的结果。一种方法是为 t 值取一个固定的值，特别是研究时段的开始年份；另一种方法是将 t 设为研究时段内的任一值。则可将前者称为固定 Shorrock 系数，将后者称为滚动 Shorrock 系数。

s 的选择也会影响研究结果，与 t 的选择相似，可以将 s 取一个固定的值，特别时可取为 1，这就得到了年际 Shorrock 系数；也可将 s 设为研究时长内的任一值。

SI 的取值范围为 $[0，k/(k-1)]$。当 $k=5$ 时，SI 的取值范围为 $[0，1.25]$；当 $k=10$ 时，SI 的取值范围为 $[0，1.11]$。越高的值意味着越大的级间迁移。

若整个研究的年数为 Y，则固定 Shorrock 系数有 $Y-1$ 个。而滚动 Shorrock 系数则有 $Y \times (Y-1)/1$ 个，其中有 $Y-1$ 个 Shorrock 系数为固定 Shorrock 系数，因为其起始年份为研究的开始年份，而终止年份为其他各年（$Y-1$）。

（一）各尺度基于固定 Shorrock 系数的级变

将各尺度上的全部地区划分为 5 个等级（即 $k=5$），以 1990 年为基年计算固定 Shorrock 系数（见图 5-10），结果显示：

1. 就绝对值而言，三个尺度各有不同。虽然三个尺度上都呈上升趋势，但省尺度上的 SI 值除 1993—1997 年外都高于市尺度和县尺度。而市尺度上的值在绝大部分年份里是最低的。即相对于 1990 年，省尺度上分布内的各等级地区的等级变化最大，而市尺度上最小。

2. 就 *SI* 系数变化趋势而言,县尺度和市尺度上更相近。县、市尺度上 *SI* 系数在经历 1991—1994 年的急速上升后出现了较为平缓的上升过程,且在 2010 年后表现出小幅下降的趋势。省尺度上走势的波动性更大,且未在后期表现出下降的趋势。

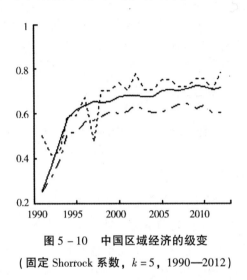

图 5 - 10 中国区域经济的级变

(固定 Shorrock 系数, *k* = 5, 1990—2012)

如果将等级数 *k* 增至 10,则会使 *SI* 值变大(见图 5 - 11)。但由于省尺度上的区域数相比于县、市尺度上而言较少,当 *k* = 5 时,就已较为充分地体现出省尺度上各区域在分布内的变化,所以,当 *k* 取 10 时,各区域在分布内的变化幅度不会增加很多,而县、市尺度上则会增加较多。可以想见,*k* 取更大的值,会使得省尺度上的 *SI* 值稍微增大,而市尺度上会比省尺度上增大更多,县尺度上的值则会比市尺度上增大更多,从而使得三个尺度上 *SI* 值的相对位置向着县尺度上最大、市尺度上较小、省尺度上最小的格局发展。

虽然等级为 10 时各尺度上的 Shorrock 系数的绝对值稍有不同,省尺度的 Shorrock 系数值相对降低,但很多特征还是和等级为 5 时相同的:省尺度上的值波动较大;县尺度上的值比市尺度上大;县尺度和市尺度上的值在变化趋势上更为接近,且在 2010 年后趋于减少。

基于 1990 年计算出的固定 Shorrock 系数显示出 1991—2012 年各

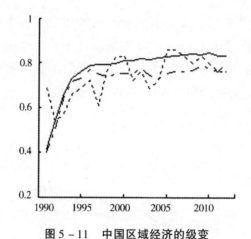

图 5 – 11　中国区域经济的级变

（固定 Shorrock 系数，$k = 10$，1990—2012）

年与 1990 年之间的等级迁移情况，但随着时间的往后延伸，这种迁移情况越来越难以较为清楚地度量，因为越往后 Shorrock 系数的值的变化越小。而且，由这个基于 1990 年计算出的固定 Shorrock 系数也会自然而然地联想到以其他年份作为基年来计算的 Shorrock 系数。滚动 Shorrock 系数能较好地满足这些要求。

（二）各尺度上基于滚动 Shorrock 系数的级变

在等级迁移滚动 Shorrock 系数（见图 5 – 12）中，各尺度上 Y 轴上 1990 年的各柱体就是固定 Shorrock 系数。除固定 Shorrock 系数信息外，等级迁移滚动 Shorrock 系数显示了其他更为详尽的信息。

1. 从整个柱体的上表面所形成的分布面来看，（1）县、市尺度上较平整，而省尺度上的波动较为剧烈。这表示县、市尺度上相邻年份级变的变化程度相对而言没有省尺度上剧烈。（2）县尺度上的分布表面越靠近年际分布线（即直角三角形的斜边），就越陡峭，而省尺度上最平缓。这表明，年份间隔越久，在县尺度上级变的程度越大，市尺度上的秩变程度越大，省尺度上的秩变程度相对县、市尺度而言稍小。这实际上表明，县尺度上的秩变可逆性最差，即原来的秩序被打破后，再回到原来秩序的可能性最小，市尺度上秩变的可逆性稍差，而省尺度上秩变的可逆性相对而言较高，因为省尺度上相隔很久年份的 Shorrock 系数值可能会降低。

2. 就特征年份而言，县、市尺度上非常相近，而省尺度上则相对较为独特。在县尺度上的三维柱状图上，X 轴上的 1994 年、2005 年与 Y 轴上对应的 1993 年、2004 年是整个图中较为特殊的年份。这与之前分析中所得出的 1993 年、2005 年为重要转折点的结论相吻合。它们形成了 X 轴上大于等于 1994 年、Y 轴上小于等于1993 年，X 轴上大于等于 2005 年、Y 轴上小于等于 2004 年的形如"7"字的区域。县尺度上的整个柱状图被这个"7"字形的区域分割为四部分。这"7"字形的区域为一个组成部分，其他三部分分别是 X 轴上小于等于 1993 年、Y 轴上小于等于 1992 年，X 轴上大于等于 1995 年、Y 轴上小于等于 2004 年，X 轴上大于等于 2006 年、Y 轴上小于等于 2005 年的区域。这"7"字形区域的柱体上表面所组成的平面都较为平缓，而其他三个部分各部分的柱体上表面所组成的平面各自也较为平缓。市尺度上与县尺度上相似。省尺度上未出现和县、市尺度上一样的较为明显的分区。亦即县、市尺度上在 X 轴上大于等于 1994 年而 Y 轴上小于等于 1993 年和 X 轴上大于等于 2005 年而 Y 轴上小于等于 2004 年，X 轴上小于等于 1993 年而 Y 轴上小于等于 1992 年，X 轴上大于等于 1995 年而 Y 轴上小于等于 2004 年，X 轴上大于等于 2006 年而 Y 轴上小于等于 2005 年的四个年份区域内的等级迁移不剧烈，而这四个年份区域间的迁移非常剧烈，即 1994 年与大于和小于它的年份间的等级迁移非常剧烈，2005 年与大于和小于它的年份间的等级迁移也非常剧烈。而省尺度上因起伏剧烈而没有出现非常明显的与县、市尺度上较为类似的特征年份。

3. 年际变化上（即 $s=1$），县尺度和市尺度上无论在绝对值还是变化态势上都更为接近。县、市尺度在绝对值上一直非常接近，且与省尺度差别较大。县、市尺度上的变动更具同步性，而与省尺度相异。县、市尺度在 1991—2012 年的变化态势都是先上升至 1994 年的高点然后下降至 2002 年的低点，然后又上升至 2005 年的高点，在下降至 2006 年的低点之后的走势是在波动中略有上升。而省尺度上的整个走势是在剧烈的波动中先下降至 2004 年的低点之后经过 2004—2010 年的波动后开始上升，即整个走势总体上呈现出先下降后略有上升的形态。

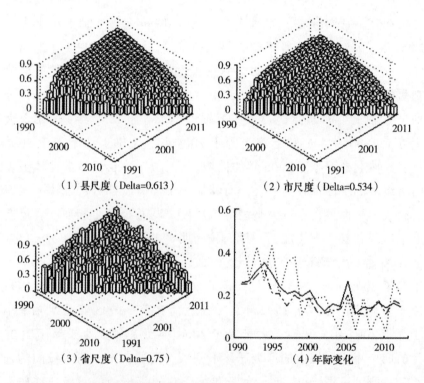

（1）县尺度（Delta=0.613） 　　（2）市尺度（Delta=0.534）

（3）省尺度（Delta=0.75） 　　（4）年际变化

图 5 – 12　中国区域经济的级变（滚动 Shorrock 系数，$k = 5$，1990—2012）

等级取为 10（即 $k = 10$，见图 5 – 13）与等级为 5 的情况非常相似，只是各尺度上 SI 的数值都有增加，其中，县、市尺度上增加得更多，而省尺度上增加得稍微少一些。县尺度上的 SI 值一直比市尺度上大。而省尺度上波动的幅度有所降低。

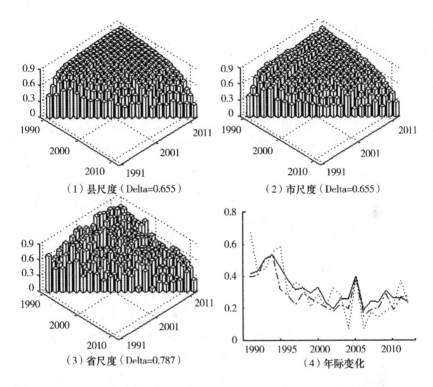

（1）县尺度（Delta=0.655）　　　（2）市尺度（Delta=0.655）

（3）省尺度（Delta=0.787）　　　（4）年际变化

图 5 – 13　中国区域经济的级变（滚动 Shorrock 系数，$k = 10$，1990—2012）

二　各尺度分布形态内的秩变

度量区域经济分布的等级迁移的 Shorrock 系数并不能给出分布的内部迁移的所有信息。收入的级变度量并不是秩变的可靠指标。级变的出现并不意味着秩变的发生。同样地，低级变也有可能出现大的秩变，即位置排序上的变化。但对于政策制定者，特别是较低收入地区的政策制定者而言，秩变程度是收入分布的主要特征。更何况 Shorrock 系数并不区分分布内的大和小的迁移，或者向下和向上的级跃。

对级变和秩变进行比较的兴趣来自于这样的事实：收入分布中可能出现了较高的级变，但却没有出现较高的秩变。例如，分布集中于中间级别，但没有地区的秩变。分布也可能出现很小的级变，却有很大的秩变。例如，一段时间内分布很平均，但贫穷的省份替代了富裕的省份。我们利用工具来表征分布内的省份发生很大变化的频度，例如，从最低收入级别迁移至中间收入级别或更高，或是从最高收入级别迁移至中间收入级别或更低。这些工具不但显示了分布内变动的频度和幅度，而且显示了分布内这些变动是不是对称的。

为解决这个问题，运用秩相关系数来分析一段时间内的秩变，以完成关于形态差异和形态变化的分析。在此采用 Kendall 相关系数来度量秩的相关性。

从县、市、省三个尺度上测算的 Kendall 系数（见图 5 - 14）来看：

1. 从整个柱体的上表面所形成的分布面来看：（1）县、市尺度上更平整，而省尺度上则高低起伏较为剧烈。这表示县、市尺度上相邻年份秩变的变化程度相对而言没有省尺度上剧烈。（2）在一般情况下，省尺度上的值最大，而市尺度上次之，县尺度上最小。这表示相同年份省尺度上的秩变最小，市尺度上的秩变稍大，而县尺度上的秩变最大。（3）县尺度上的分布表面最陡峭，而省尺度上最平缓，市尺度上居中。这表明年份间隔越久，在县尺度上的秩变程度越大，市尺度上的秩变程度稍大，省尺度上的秩变程度相对县、市尺度而言稍小。这实际上表明，县尺度上的秩变可逆性最差，即原来的秩序被打破后，再回到原来秩序的可能性最小，市尺度上秩变的可逆性稍差，而省尺度上秩变的可逆性相对较高，因为省尺度上相隔很久年份的秩相关系数值较高。

2. 在特征年份上，县、市尺度上非常相近，而省尺度上则相对较为独特，且具体的年份也与 Shorrock 系数的情况相同。在县尺度的三维柱状图上，X 轴上的 1994 年、2005 年与 Y 轴上对应的 1993 年、2004 年是整个图中较为特殊的年份。它们形成了与 Shorrock 系数相同的形如 "L" 的区域。县尺度上的整个柱状图被这个 "L" 形区域分割为与 Shorrock 系数相同的四部分。这 "L" 形区域的柱体上表面所组成的平面都较为平缓，而其他三个部分各柱体的上表面所组成的平面也较为平缓。市尺度与县尺度上相似。省尺度上未出现和县、市尺度上一样的较为明显的分区。亦即县、市尺度在这四个年份区域内的等级迁移不剧烈，而这四个年份区域间的迁移非常剧烈，即 1994 与大于和小于它的年份间的等级迁移非常剧烈，2005 年与大于和小于它的年份间的等级迁移也非常剧烈。而省尺度上因起伏剧烈而没有出现非常明显的与县、市尺度上较为类似的特征年份。

3. 年际变化上（即 $s = 1$），县尺度和市尺度上无论在绝对值还是变化态势上都更为接近。县、市尺度在绝对值上一直非常接近，且与省尺度差别较大。县尺度在年际变化上与市尺度的相关系数为 0.9216，县尺度与省尺度上的相关系数为 0.8744，市尺度与省尺度上的相关系数为 0.9026。县、市尺度上的变动更具同步性，而与省尺度上相异。县、市尺度上 1992—2012 年的变化态势都是先下降至 1994 年的低点然后上升至 2002 年的最高点，然后又下降至 2005 年的低点，再上升至 2006 年的次高点，之后的走势是在波动中略有下降。而省尺度上整个走势是先下降至 1994 年的低点，然后在波动中上升至 2004 年的高点，再下降至 2005 年的低点，后又上升至 2006 年的最高点，之后的走势是在波动中快速下降。另外，三个尺度上变化的剧烈程度不一样。县、市尺度上的变化程度没有省尺度上剧烈。县尺度上的年际变化值的方差为 0.001721，市尺度上年际变化值的方差为 0.001561，省尺度上年际变化值的方差为 0.002840。

4. 就 2006—2012 年年际变化的发展趋势来说，各尺度似乎都处于下降趋势中。这表示三个尺度在分布内将出现较为剧烈的秩变。

其他值得关注的年份是 1997 年、1998 年、2000 年、2008 年、2009 年。1997 年发生了亚洲金融危机，导致省尺度上的值下降很大，而县、市尺度上却仍处于上升态势中。1998 年，三个尺度上的值有较大的下降，表明亚洲金融危机的影响全面铺开。此后，省尺度上的值一直处于上升通道中，而县、市尺度经过 1999 年的短暂上升后，2000 年又有较大幅度的下降，县尺度上表现得尤为明显。2008 年的奥运会、金融危机等对省尺度上的值所带来的影响要小于县、市尺度，因为省尺度上的值在 2008 年上升了。2009 年，县、市尺度和 1998 年一样再一次比省尺度上慢一年，显示出 2008 年重大事件的全

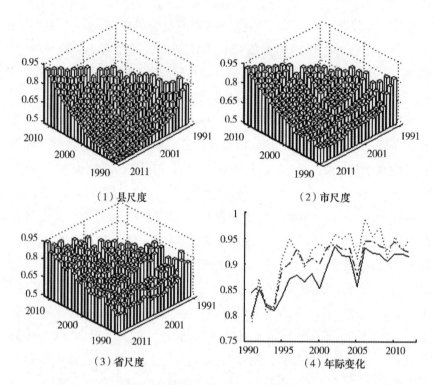

（1）县尺度 　　　　　（2）市尺度

（3）省尺度 　　　　　（4）年际变化

图 5 - 14　中国区域经济的秩变（Kendall 相关系数，1990—2012）

面影响。

　　通过上面的分析可以看出，1994 年和 2005 年的级变和秩变的变化都非常显著。

　　三大地带梯度转移（1986 — 1992）的非均衡发展战略实施不久，1992 年，中央政府首次提出了"区域协调发展"战略。这导致 1994 年三个尺度上的剧烈秩变。但在三个尺度上的表现有很大差异（见图 5 - 15、图 5 - 16 和图 5 - 17）。而在 1994 年，省尺度上排序上升的省份主要集中在南方沿海的桂、粤、闽三省区及赣和宁、陕、豫、冀、吉等省，而西北地区和东北地区及贵、湘、苏、晋、津、琼等省市的排序都下降了。但这些排序下降的省份中有很多排序上升的市，尤其是新疆地区较为明显。而排序上升的省份中有很多排序下降的市，尤其是粤、闽、冀等地区较为明显。而排序未变的省份中，也有排序上升和下降的市。在市尺度上，很显然，下降的市主要分布在东南、东北、西北地区，这与省尺度上的分布有较大的区别。而在县尺度上，包括内蒙古、青、藏、新等省区在内的很多地区的很多县的排序都有所上升，而这些县所在的市却下降了。这表明，"区域协调发展"在省尺度上并未显现出显著的效果，但在县、市尺度上似乎初步显现出了效果。

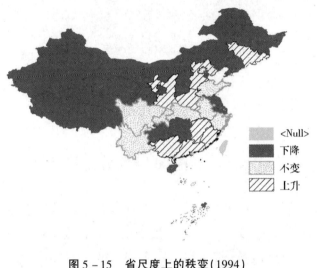

图5－15　省尺度上的秩变(1994)

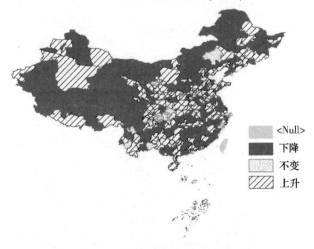

图5－16　市尺度上的秩变(1994)

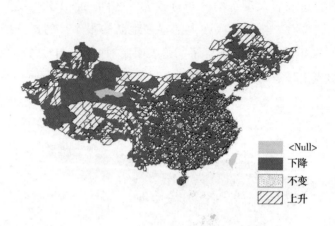

图 5 – 17　县尺度上的秩变(1994)

　　2005 年的油价上升、人民币升值和房价下跌等众多重大的国内外经济事件导致了 2005 年三个尺度上的剧烈秩变。但在三个尺度上的表现有很大差异(见图 5 – 18、图 5 – 19 和图 5 – 20)。

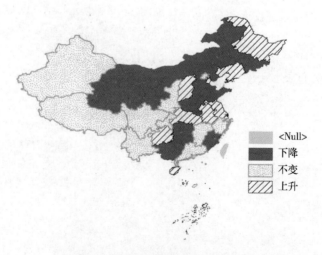

图 5 – 18　省尺度上的秩变(2005)

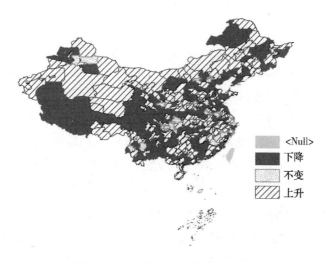

图 5 - 19 市尺度上的秩变(2005)

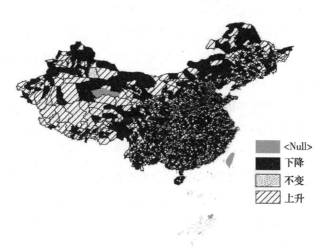

图 5 - 20 县尺度上的秩变(2005)

　　省尺度和市尺度上的变化区别很大。市尺度上内蒙古的很多市的排名上升了，但省尺度上内蒙古的排名是下降的。与之相反的是西藏。县尺度上的情况与市、省尺度上相异。与市尺度上不同的是，新、藏有很多上升的县，华中、中南、华东、东南等地区有很多下降的县。与省尺度上不同的是，辽、晋、鄂、皖等省有很多下降的县。

第三节　小结

一　区域经济分布形态变化的主要结论

1. 以数量为基础对人均 GDP 对数值进行核密度估计得到的曲线显示，县、市、省尺度上都呈单峰分布，且为右偏态。但是，县尺度上的1995 年、1997 年、1999 年和 2000 年的分布都出现了更为明显的左移，而且县尺度上最为圆钝，而省尺度上最为尖削。

2. 以人口加权对人均 GDP 对数值进行核密度估计得到的曲线显示，县、市、省尺度上的曲线都为右偏态。但是，县尺度上的曲线经历双峰——头肩形态的三峰——左肩弱化、右肩提升形成双峰——头部弱化、右肩继续加宽形成右峰高于左峰的双峰的分布形态。市尺度上的分布曲线经历相对靠右的单峰——不断降低峰高而在其右边形成稍低的峰——双峰分布形态。省尺度上的分布曲线经历单峰——双峰——圆钝单峰——双峰——圆钝单峰的分布形态。值得一提的是，县尺度上的分布曲线不断强化其靠右部分的小峰，而市尺度上的变化不大，但省尺度上却不断弱化其靠右部分的小峰。

二　区域经济分布形态内迁移的主要结论

1. 基于固定 Shorrock 系数测度级变时，县、市尺度上的值及其变化更为接近且波动的幅度相对较小，省尺度上的值总体最大，县尺度上次之，市尺度上最小。当等级由 5 提高至 10 时，县、市尺度上的值升高得更多，而省尺度上基本保持不变，从而县尺度上总体最大，市、省尺度上的排序很不固定。

2. 基于滚动 Shorrock 系数测度级变时，县、市尺度上的值及其变化总体上更为接近。但是，县尺度上相邻年际级变的变化较小，市尺度上较大，而省尺度上最大，即在增加或减少时间距离所引起的变化方面县尺度上最小、省尺度上最大。县尺度上越远年份的级变越大且都是正增长，市尺度上的值稍小且大多是正增长，省尺度上最小而有部分出现负增长，即县尺度上的等级排序的可逆性最小，省尺度上最大，市尺度上居中。县、市尺度上1994年和2005年与其他年份的级变程度很大，而省尺度上不是很明显。这与之前很多的分析结论一致。当等级由5提高至10时，县、市尺度上的值升高得更多，而省尺度上则略有提高。

3. 基于 Kendall 相关系数测度秩变，县、市尺度上的值及其变化总体上更为接近。但是相邻年份的秩变，省尺度上最大，县尺度上最小；越远年份的秩变，省尺度上最小，县尺度上最大；县尺度上相邻年际秩变的变化较小，市尺度上较大，而省尺度上最大；县尺度上秩变的可逆性最小，省尺度上最大，市尺度上居中；县、市尺度上1994年和2005年与其他年份秩变的程度很大，而省尺度上秩变的程度也较大。

4. 对1994年和2005年做出进一步分析后发现，县、市、省尺度上排序上升和下降的地区并不太一致。总体而言，县尺度上的值较好地反映了现实，市尺度上次之，省尺度上所反映的情况较为模糊。

第六章

区域经济空间集聚的多尺度分析

一般的经济学分析都假定各样本间是独立的。但现实中各行政单元会在各个方面进行交流,各区域单元与距离更近的区域单元间的交流更广、更深。这些交流在一定程度上会影响各自经济的发展,从而使得某些区域范围内发生具有较高水平的区域单元或较低水平的区域单元在空间上集聚的现象。用以测度这种集聚程度的方法有很多种,较为常用的是莫兰系数(Moran's I,简写为 MI)。

莫兰系数的计算涉及采用的属性值和空间权重矩阵。这里采用的属性值包括人均 GDP 和人均 GDP 的增长率。在省尺度和市尺度上计算莫兰系数时使用相邻标准建立基年的空间权重矩阵,而在县尺度上则用基于交通相连标准建立基年的空间权重矩阵。

空间权重矩阵有很多种确定权重的方法。省、市之间如果相邻会影响彼此经济的发展从而直接影响独立分布的假设,这已是确定的研究结果。因为省和市的地域范围一般比较大,而且市之间、省之间一般都有比较高等级的交通相连接。但是,县之间如果只是边界相邻,而没有交通相连的话,则相互直接的影响很小。而且,如果只有县级公路的话,则县际交通也不足以影响彼此经济的发展。省级公路、国道、高速公路则会在一定程度上对彼此经济的发展产生相对明显的影响。因此,以省级公路、国道、高速公路为标准建立县际空间权重矩阵。随着国民经济的发展,为促进经济的更好发展,每年都有高速公路、国道和省道的改建或(和)新建。因而,每年的空间权重矩阵都不一样。但很难认为，当年修建的道路会对基年与当年之间的增长率的集聚产生影响，如对 2000—2012 年增长率的集聚产生影响的不应该是 2012 年新修建的道路，而应该是 2000 年的道路。故而在计算时使用基年的空间权重矩阵。因此，从省尺度和市尺度上计算莫兰系数时使用基于相邻标准建立的基年空间权重矩阵，而在县尺度上则用基于交通相连标准建立的基年空间权重矩阵。

第一节　全国区域经济空间集聚的多尺度分析

一　各尺度上基于人均 GDP 的空间集聚

用不同尺度的人均 GDP 计算全国 1990—2012 年的莫兰系数及其 Z 值（见图 6–1），各尺度上的莫兰系数及其 Z 值的绝对值和走势各具特色。

1. 就莫兰系数而言，除 1994—1996 年省尺度上的莫兰系数居第一外，县尺度上的莫兰系数在其他年份都居第一的位置，省尺度上在 2006 年前比市尺度上高，之后则比市尺度上低，未来这三个尺度上的值都有下降的趋势。县尺度上的莫兰系数在 1990—1991 年稍有下降，1991—2009 年不断上升，2009—2012 年则有加速下降的趋势。省尺度上的莫兰系数从 1990 年开始不断上升，并在 1994—1996 年反超县尺度而居于第一的位置，1996 年后大致处于不断下降的过程中。市尺度上的莫兰系数在 1990—1992 年稍有下降，1992—2009 年一直不断上升，并在 2007 年反超省尺度而居于第二的位置，2009—2012 年则快速下降。按照 1990—2012 年的总体态势，三个尺度上的值可能会上升。但县、市尺度上的莫兰系数按照 2009—2012 年的态势发展将会下降，省尺度上的莫兰系数按照 1996—2012 年的态势发展也将会下降。很有可能的是，县、市、省三个尺度上的莫兰系数值会按照后一种方式发展，都会继续下降。

2. 就莫兰系数的 Z 值而言，县尺度上的值最大，市尺度上次之，省尺度上最小，但除省尺度上 1990 年的值外，县、市、省尺度上的其他各值都大于 1.96，未来三个尺度上的值都会下降。尤其是省尺度上的下降可能会导致其空间集聚不显著。

3. 莫兰系数的值与其对应的 Z 值在变化态势上有很大的相似性。县、市、省尺度上的莫兰系数及其 Z 值在特征年份（如县尺度上的 1991 年、2009 年，市尺度上的 1992 年、2009 年，省尺度上的 1996 年等）及其他各年的变化乃至整个变化形态都非常相似。

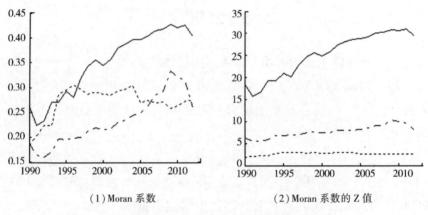

（1）Moran 系数　　　　　　　　（2）Moran 系数的 Z 值

图 6 - 1　全国基于人均 GDP 的 Moran 系数（1990—2012）

二　各尺度基于人均 GDP 增长率的空间集聚

（一）县尺度上的区域经济集聚

用县尺度上的人均 GDP 增长率计算全国 1990—2012 年的莫兰系数及其 Z 值（见图 6 - 2，三维柱状图的灰色柱体表示其值大于期望值，白色柱体表示小于期望值；方框图的灰色方框表示其值大于门槛值（1.96），白色方框表示小于门槛值。本章以下此类图的含义与此相同，不再说明），结果显示：

1. 所有时间段的莫兰系数都大于期望值。

2. 莫兰系数及其 Z 值存在后向传导效应。若后续年份的莫兰系数比之前年份的莫兰系数大，则会提高前面年份的莫兰系数，反之，则会拉低前面年份的莫兰系数。前者如 1991—1992 年的莫兰系数，因为 1992—1993 年的莫兰系数较高，所以导致 1991—1993 年的莫兰系数被拉高。后者如 1992—1993 年的莫兰系数，因为 1993—1994 年的莫兰系数较低，所以导致 1992—1994 年的莫兰系数比 1992—1993 年的莫兰系数低。

3. 绝大部分时间段的莫兰系数的 Z 值大于门槛值。整个 253 个时间段中只有 4 个时间段的 Z 值没有达到显著水平，而这 4 个没有达到显著水平的 Z 值所对应的莫兰系数也非常低。

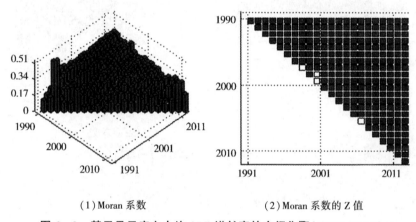

(1) Moran 系数 　　　　(2) Moran 系数的 Z 值

图 6-2　基于县尺度上人均 GDP 增长率的空间集聚(1990—2012)

(二) 市尺度上的区域经济集聚

用市尺度上人均 GDP 的增长率计算全国 1990—2012 年的莫兰系数及其 Z 值(见图 6-3)，结果显示：

1. 除一个时间段外其他时间段的莫兰系数都大于期望值。

2. 莫兰系数及其 Z 值存在后向传导效应。若后续年份的莫兰系数比之前年份的莫兰系数大，则会提高前面年份的莫兰系数，反之，则会拉低前面年份的莫兰系数。前者如 1991—1992 年的 β 收敛，因为 1992—1993 年的莫兰系数较高，所以导致 1991—1993 年的莫兰系数被拉高。后者如 1992—1993 年的莫兰系数，因为 1993—1994 年的莫兰系数较低，所以导致 1992—1994 年的莫兰系数比 1992—1993 年的莫兰系数低。

3. 绝大部分时间段莫兰系数的 Z 值大于门槛值。在整个 253 个时间段中只有 13 个时间段的 Z 值没有达到显著水平，而这 13 个没有达到显著水平的 Z 值所对应的莫兰系数也非常低。

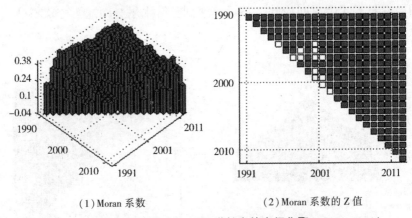

(1) Moran 系数　　　　　　(2) Moran 系数的 Z 值

图 6-3　基于市尺度上人均 GDP 增长率的空间集聚(1990—2012)

(三) 省尺度上的区域经济集聚

用省尺度上人均 GDP 的增长率计算全国 1990—2012 年的莫兰系数及其 Z 值(见图 6-4)，结果显示：

1. 大部分时间段的莫兰系数都大于期望值。

2. 莫兰系数及其 Z 值存在后向传导效应。若后续年份的莫兰系数比之前年份的莫兰系数大，则会提高前面年份的莫兰系数，反之，则会拉低前面年份的莫兰系数。前者如 1990—1991 年的 β 收敛，因为 1991—1992 年的莫兰系数较高，所以导致 1990—1992 年的莫兰系数被拉高。后者如 1991—1992 年的莫兰系数，因为 1992—1992 年的莫兰系数较低，所以导致 1991—1993 年的莫兰系数比 1991—1992 年的莫兰系数低。

3. 绝大部分时间段的莫兰系数的 Z 值小于门槛值。整个 253 个时

间段中只有 14 个时间段的 Z 值达到显著水平，而这 14 个达到显著水平的 Z 值所对应的莫兰系数也相对较高。

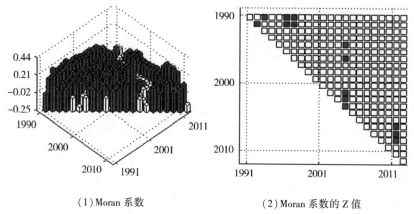

（1）Moran 系数 　　　　　（2）Moran 系数的 Z 值

图 6 - 4　基于省尺度上人均 GDP 增长率的空间集聚（1990—2012）

相比较而言，县、市、省三个尺度上的莫兰系数及其 Z 值各有异同。相同点是：莫兰系数及其 Z 值存在后向传导效应，莫兰系数与其 Z 值存在很强的相关性。不同的是：（1）县、市尺度上莫兰系数的绝对值一般比省尺度上高。（2）县尺度上莫兰系数的 Z 值达到门槛值的时间段数最多，市尺度上次之，省尺度上最少。即基于县、市尺度上的人均 GDP 增长率计算莫兰系数来分析区域经济的集聚会得到绝大部分时间段存在比较强烈的空间集聚的结果，而在省尺度上则会得到绝大部分时间段不存在空间集聚的结果。

第二节　各省区域经济空间集聚的多尺度分析

各省区域经济空间集聚的分析主要使用县、市尺度上人均 GDP 及其增长率来计算莫兰系数及其 Z 值。与全国的情况类似，基于人均 GDP 计算的县、市尺度上的莫兰系数及其 Z 值有 23 个值（1990—2012

年），而使用人均 GDP 增长率计算的莫兰系数及其 Z 值有 253 个值，用以反映 1990—2012 年任何年份增长率的空间集聚情况。

一 安徽的区域经济空间集聚

（一）基于人均 GDP 的空间集聚

用县、市尺度上人均 GDP 计算安徽 1990—2012 年的莫兰系数及其 Z 值（见图 6 - 5），县、市尺度上的莫兰系数及其 Z 值的绝对值和走势各异。

1. 就莫兰系数而言，县尺度上的莫兰系数除 1996—2004 年外都居于第一的位置，未来县尺度上的值会上升而市尺度上的值则可能会下降。县尺度上的莫兰系数在 1990—1997 年不断上升，之后到 2000 年则快速下降，2000—2003 年再度不断上升，2003—2005 年再度快速下降，2005 年后又不断上升。市尺度上的莫兰系数在 1990—1991 年稍有下降，1991—1998 年一直快速上升，并在 1996 年反超县尺度而居于第一的位置，1998—2005 年则不断下降，2005 年其值比县尺度上低，2005—2010 年又不断上升，2010—2011 年快速下降，2011—2012 年再度快速上升。县尺度上不论按照 1990—2012 年的态势还是按照 2005—2012 年的态势发展，未来很有可能会继续上升。而如果按照 1990—2012 年的总体态势或是 2005—2012 年的态势发展，市尺度上的值在未来可能会上升。但如果按照 1998—2012 年的态势发展，市尺度上的值可能会继续下降。市尺度上后一种可能性更大，即市尺度上的值会继续下降。

2. 就莫兰系数的 Z 值而言，县尺度上的值除 1997—2005 年外都比市尺度上大，但小于 1.96，未来，县尺度上的值会上升而市尺度上的值则可能会下降。即县尺度上的上升可能会导致县尺度上空间集聚变得显著，而市尺度上仍将维持不显著状态。

3. 莫兰系数的值与其对应的 Z 值在变化态势上有很大的相似性。县、市、省尺度上的莫兰系数及其 Z 值在特征年份（如县尺度上的 1995 年、1997 年、2000 年、2003 年、2005 年，市尺度上的 1991

年、1998 年、2005 年、2009 年、2010 年等）及其他各年的变化乃至整个变化形态都非常相似。

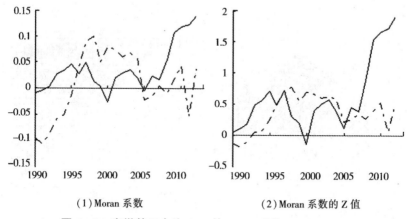

（1）Moran 系数 　　　　（2）Moran 系数的 Z 值

图 6-5　安徽基于人均 GDP 的 Moran 系数（1990—2012）

（二）基于县尺度上人均 GDP 增长率的空间集聚

用县尺度上人均 GDP 的增长率计算安徽 1990—2012 年的莫兰系数及其 Z 值（见图 6-6），结果显示：

1. 绝大部分时间段的莫兰系数都大于期望值。只有 32 个时间段的莫兰系数小于期望值。

2. 莫兰系数及其 Z 值存在后向传导效应。若后续年份的莫兰系数（或其 Z 值）比之前年份的莫兰系数（或其 Z 值）大，则会提高前面年份的莫兰系数（或其 Z 值），反之，则会拉低前面年份的莫兰系数（或其 Z 值）。在莫兰系数上，前者如 2008—2009 年的莫兰系数，因为 2009—2010 年的莫兰系数较高，所以导致 2008—2010 年的莫兰系数被拉高。后者如 2009—2010 年的莫兰系数，因为 2010—2011 年的莫兰系数稍低，所以导致 2009—2011 年的莫兰系数被拉低。在莫兰系数的 Z 值上，前者如 2008—2009 年不显著，因为 2009—2010 年显著，所以导致 2008—2010 年的显著。后者如 2009—2010 年的显著，因为 2010—2011 年不显著，所以导致 2009—2011 年的不显著。

3. 绝大部分时间段莫兰系数的 Z 值小于门槛值。整个 253 个时间段中只有 30 个时间段的 Z 值达到了显著水平，而这 30 个时间段的莫兰系数也相对较高。

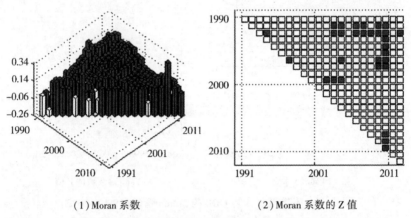

(1) Moran 系数   (2) Moran 系数的 Z 值

图 6 - 6　安徽基于县尺度上人均 GDP 增长率的空间集聚 (1990—2012)

(三) 基于市尺度上人均 GDP 增长率的空间集聚

用市尺度上人均 GDP 的增长率计算安徽 1990—2012 年的莫兰系数及其 Z 值 (见图 6 - 7)，结果显示：

1. 大部分时间段的莫兰系数大于期望值。只有 75 个时间段的莫兰系数小于期望值。

2. 莫兰系数及其 Z 值存在后向传导效应。若后续年份的莫兰系数 (或其 Z 值) 比之前年份的莫兰系数 (或其 Z 值) 大，则会提高前面年份的莫兰系数 (或其 Z 值)，反之，则会拉低前面年份的莫兰系数 (或其 Z 值)。在莫兰系数上，前者如 1991—1992 年的莫兰系数，因为 1992—1993 年的莫兰系数较高，所以导致 1991—1993 年的莫兰系数被拉高。后者如 2006—2007 年的莫兰系数，因为 2007—2008 年的莫兰系数较低，所以导致 2006—2008 年的莫兰系数被拉低。在莫兰系数的 Z 值上，后者如 2009—2010 年较为显著，因为 2010—2011 年不显著，所以导致 2009—2011 年的不显著。

3. 绝大部分时间段莫兰系数的 Z 值小于门槛值。整个 253 个时间段中只有两个时间段的 Z 值达到了显著水平，且其所对应的莫兰系数也相对较高。

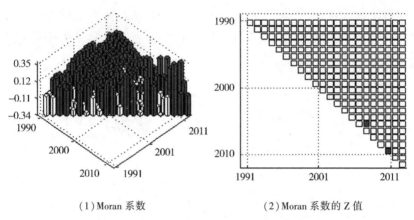

（1）Moran 系数　　　　　　　　　（2）Moran 系数的 Z 值

图 6 - 7　安徽省基于市尺度上人均 GDP 增长率的空间集聚（1990—2012）

二　福建的区域经济空间集聚

（一）基于人均 GDP 的空间集聚

用县、市尺度上人均 GDP 计算福建 1990—2012 年的莫兰系数及其 Z 值（见图 6 - 8），县、市尺度上的莫兰系数及其 Z 值的绝对值和走势各异。

1. 就莫兰系数而言，县尺度上的莫兰系数一直居于第一的位置，未来县尺度上的值会略有下降而市尺度上的值则可能大致保持稳定。县尺度上的莫兰系数在 1990—1991 年略有下降，1991—2004 年不断上升，之后到 2000 年呈越来越平缓的下降趋势。市尺度上的莫兰系数在 1990—1999 年不断上升，之后大致保持平稳。如果按照 2004—2012 年的态势发展，县尺度上未来很有可能会略有下降。而如果按照 1990—2012 年的总体态势或 1999—2012 年的态势发展，市尺度上的值在未来可能会大致保持稳定。

2. 就莫兰系数的 Z 值而言，县尺度上的值也一直比市尺度上大，而且县尺度上除1991年外都大于1.96，而市尺度上一直未达到显著的标准，未来县尺度上的值会略有下降而市尺度上的值则可能大致保持稳定，即县尺度上仍将维持显著，而市尺度上仍将维持不显著。

3. 莫兰系数与其对应的Z值在变化态势上有很大的相似性。县、市尺度上的莫兰系数及其Z值在特征年份(如县尺度上的1991年、2009年，市尺度上的1999年等)及其他各年的变化乃至整个变化形态都非常相似。

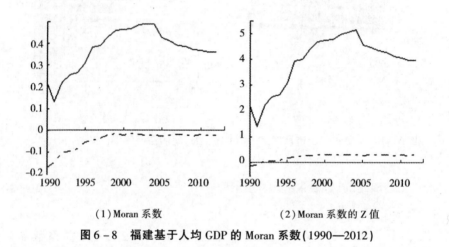

(1)Moran 系数   (2)Moran 系数的 Z 值

图 6-8　福建基于人均 GDP 的 Moran 系数(1990—2012)

(二) 基于县尺度上人均 GDP 增长率的空间集聚

用县尺度上人均 GDP 的增长率计算福建1990—2012 年的莫兰系数及其 Z 值(见图6-9)，结果显示：

1. 绝大部分时间段的莫兰系数都大于期望值。只有两个时间段的莫兰系数小于期望值。

2. 莫兰系数及其 Z 值存在后向传导效应。若后续年份的莫兰系数(或其 Z 值)比之前年份的莫兰系数(或其 Z 值)大，则会提高前面年份的莫兰系数(或其 Z 值)，反之，则会拉低前面年份的莫兰系数(或其 Z 值)。在莫兰系数上，前者如 1995—1996 年的莫兰系数值，后者如 1998—1999 年的莫兰系数值。在莫兰系数的 Z 值上，前者如

1990—1991 年莫兰系数的 Z 值，后者如 1998—1999 年莫兰系数的 Z 值。

3. 绝大部分时间段莫兰系数的 Z 值大于门槛值。整个 253 个时间段中只有 52 个时间段的 Z 值未达到显著水平，而这 52 个时间段的莫兰系数也相对较低。

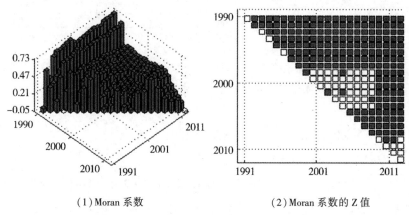

（1）Moran 系数　　　　　　　　　（2）Moran 系数的 Z 值

图 6 - 9　福建基于县尺度上人均 GDP 增长率的空间集聚（1990—2012）

（三）　基于市尺度上人均 GDP 增长率的空间集聚

用市尺度上人均 GDP 的增长率计算福建 1990—2012 年的莫兰系数及其 Z 值（见图 6 - 10），结果显示：

1. 大部分时间段的莫兰系数大于期望值，只有 89 个时间段的莫兰系数小于期望值。

2. 莫兰系数及其 Z 值存在后向传导效应。若后续年份的莫兰系数（或其 Z 值）比之前年份的莫兰系数（或其 Z 值）大，则会提高前面年份的莫兰系数（或其 Z 值），反之，则会拉低前面年份的莫兰系数（或其 Z 值）。在莫兰系数上，前者如 1990—1991 年的莫兰系数值，后者如 1993—1994 年的莫兰系数值。

3. 所有时间段莫兰系数的 Z 值都小于门槛值。整个 253 个时间段中无任何时间段的 Z 值达到显著水平。

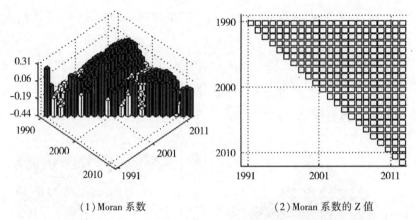

（1）Moran 系数　　　　　　　　（2）Moran 系数的 Z 值

图 6 - 10　福建基于市尺度上人均 GDP 增长率的空间集聚（1990—2012）

三　甘肃的区域经济空间集聚

（一）基于人均 GDP 的空间集聚

用县、市尺度上人均 GDP 计算甘肃 1990—2012 年的莫兰系数及其 Z 值（见图 6 - 11），县、市尺度上的莫兰系数及其 Z 值的绝对值和走势各异。

1. 就莫兰系数而言，县尺度上的莫兰系数一直都居于第一的位置，未来县尺度上的值会下降而市尺度上的值则可能会略有上升。县尺度上的莫兰系数在 1990—2000 年不断上升，2000—2007 年不断下降，2007—2011 年不断上升，2011—2012 年急速下降。市尺度上的莫兰系数在 1990—2002 年不断上升，2002—2007 年不断下降，2007—2010 年不断上升，2010—2012 年下降。不论按照 2000—2012 年的态势还是按照 2011—2012 年的态势发展，县尺度上未来很有可能会下降。如果按照 1990—2012 年的总体态势或 2007—2012 年的态势发展，市尺度上的值在未来可能会上升。而如果按照 2010—2012 年的态势发展，市尺度上的值在未来可能会下降。市尺度上前一种可能性较大。

2. 就莫兰系数的 Z 值而言，县尺度上的值一直都比市尺度上大，而且县尺度上的值大于 1.96，而市尺度上的值一直未达到显著的标准，未来县尺度上的值会略有下降而市尺度上的值则可能略有上升，即县尺度上的显著度会降低甚至变得不显著，而市尺度上可能会更加接近显著。

3. 莫兰系数的值与其对应的 Z 值在变化态势上有很大的相似性。县、市尺度上的莫兰系数及其 Z 值在特征年份(如县尺度上的 2000 年、2007 年、2011 年，市尺度上的 2002 年、2007 年、2010 年等)及其他各年的变化乃至整个的变化形态都非常相似。

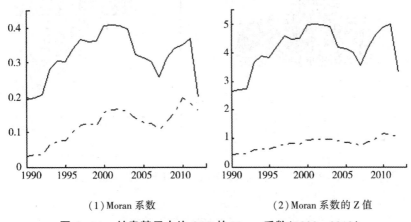

(1)Moran 系数 　　　　　(2)Moran 系数的 Z 值

图 6 - 11　甘肃基于人均 GDP 的 Moran 系数(1990—2012)

(二) 基于县尺度上人均 GDP 增长率的空间集聚

用县尺度上人均 GDP 的增长率计算甘肃 1990—2012 年的莫兰系数及其 Z 值(见图 6 - 12)，结果显示:

1. 绝大部分时间段的莫兰系数都大于期望值。只有 34 个时间段的莫兰系数小于期望值。

2. 莫兰系数及其 Z 值存在后向传导效应。若后续年份的莫兰系数(或其 Z 值)比之前年份的莫兰系数(或其 Z 值)大，则会提高前面年份的莫兰系数(或其 Z 值)，反之，则会拉低前面年份的莫兰系数(或其 Z 值)。在莫兰系数上，前者如 2009—2010 年的莫兰系数值，后者如 1998—1999 年的莫兰系数值。在莫兰系数的 Z 值上，前者如

1991—1992 年莫兰系数的 Z 值，后者如 1996—1997 年莫兰系数的 Z 值。

3. 绝大部分时间段莫兰系数的 Z 值小于门槛值。整个 253 个时间段中只有 78 个时间段的 Z 值达到显著水平，而这 78 个时间段的莫兰系数相对较高。

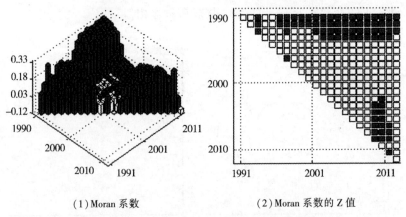

（1）Moran 系数　　　　　　　　　（2）Moran 系数的 Z 值

图 6 – 12　甘肃基于县尺度上人均 GDP 增长率的空间集聚（1990—2012）

（二）基于市尺度上人均 GDP 增长率的空间集聚

用市尺度上人均 GDP 的增长率计算甘肃 1990—2012 年的莫兰系数及其 Z 值（见图 6 – 13），结果显示：

1. 大部分时间段的莫兰系数大于期望值，只有 63 个时间段的莫兰系数小于期望值。

2. 莫兰系数存在后向传导效应。若后续年份的莫兰系数比之前年份的莫兰系数大，则会提高前面年份的莫兰系数，反之，则会拉低前面年份的莫兰系数（或其 Z 值）。在莫兰系数上，前者如 1990—1991 年的莫兰系数值，后者如 1993—1994 年的莫兰系数值。

3. 所有时间段莫兰系数的 Z 值都小于门槛值。整个 253 个时间段中无任何一个时间段的 Z 值达到显著水平。

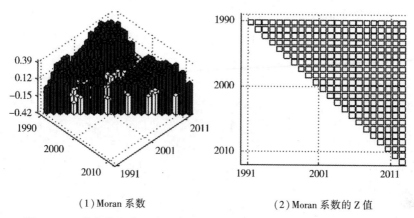

（1）Moran 系数　　　　　　　　　　（2）Moran 系数的 Z 值

图 6-13　甘肃基于市尺度上人均 GDP 增长率的空间集聚（1990—2012）

四　广东的区域经济空间集聚

（一）基于人均 GDP 的空间集聚

用县、市尺度上人均 GDP 计算广东 1990—2012 年的莫兰系数及其 Z 值（见图 6-14），县、市尺度上莫兰系数及其 Z 值的绝对值和走势各异。

1. 就莫兰系数而言，县尺度上莫兰系数除 2004—2008 年外都居于第一的位置，未来县、市尺度上的值会下降。县尺度上的莫兰系数在 1990—1995 年总体上略有下降，1995—2010 年不断上升，2010—2011 年略有下降，2011—2012 年急速下降。市尺度上的莫兰系数在 1990—1992 年略有下降，1992—2010 年先加速上升后匀速上升，2010—2011 年略有下降，2011—2012 年急速下降。按照 1990—2012 年的总体态势发展，县、市尺度上的值在未来很有可能会下降。

2. 就莫兰系数的 Z 值而言，县尺度上的值一直比市尺度上大，而且县尺度上的值也大于 1.96，而市尺度上的值除 2005—2011 年外都未达到显著的标准，未来县、市尺度上的值都会下降，从而使得县、市尺度上的值都不显著。

3. 莫兰系数的值与其对应的 Z 值在变化态势上有很大的相似性。县、市尺度上的莫兰系数及其 Z 值在特征年份（如县尺度上的 1995

年、2010 年，市尺度上的 1992 年、2010 年等）及其他各年的变化乃
至整个的变化形态都非常相似。

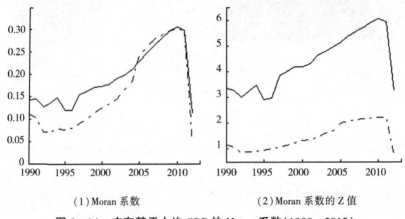

（1）Moran 系数 　　　　　　（2）Moran 系数的 Z 值

图 6 - 14　广东基于人均 GDP 的 Moran 系数（1990—2012）

（二）基于县尺度上人均 GDP 增长率的空间集聚

用县尺度上人均 GDP 的增长率计算广东 1990—2012 年的莫兰系
数及其 Z 值（见图 6 - 15），结果显示：

1. 绝大部分时间段的莫兰系数大于期望值，只有 35 个时间段的
莫兰系数除外。

2. 莫兰系数及其 Z 值存在后向传导效应。若后续年份的莫兰系
数（或其 Z 值）比之前年份的莫兰系数（或其 Z 值）大，则会提高前面
年份的莫兰系数（或其 Z 值），反之，则会拉低前面年份的莫兰系数
（或其 Z 值）。在莫兰系数上，前者如 2001—2002 年的莫兰系数值，
后者如 1993—1994 年的莫兰系数值。在莫兰系数的 Z 值上，前者如
2004—2005 年莫兰系数的 Z 值，后者如 1997—1998 年莫兰系数的
Z 值。

3. 大部分时间段莫兰系数的 Z 值大于门槛值，只有 83 个时间段
的 Z 值未达到显著的水平，而这 83 个未达到显著水平的 Z 值所对应
的莫兰系数也相对较低。

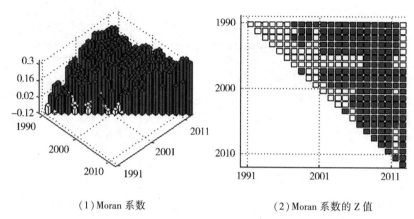

（1）Moran 系数　　　　　　　（2）Moran 系数的 Z 值

图 6 - 15　广东基于县尺度上人均 GDP 增长率的空间集聚（1990—2012）

（三）基于市尺度上人均 GDP 增长率的空间集聚

用市尺度上人均 GDP 的增长率计算广东 1990—2012 年的莫兰系数及其 Z 值（见图 6 - 16），结果显示：

1. 绝大部分时间段的莫兰系数大于期望值，只有 15 个时间段的莫兰系数小于期望值。

2. 莫兰系数及其 Z 值存在后向传导效应。若后续年份的莫兰系数（或其 Z 值）比之前年份的莫兰系数（或其 Z 值）大，则会提高前面年份的莫兰系数（或其 Z 值），反之，则会拉低前面年份的莫兰系数（或其 Z 值）。在莫兰系数上，前者如 1995—1996 年的莫兰系数值，后者如 2009—2010 年的莫兰系数值。在莫兰系数的 Z 值上，前者如 1998—1999 年莫兰系数的 Z 值，后者如 2001—2002 年莫兰系数的 Z 值。

3. 绝大部分时间段莫兰系数的 Z 值小于门槛值。整个 253 个时间段中只有 24 个时间段的 Z 值达到显著水平，而这 24 个达到显著水平的 Z 值所对应的莫兰系数也相对较高。

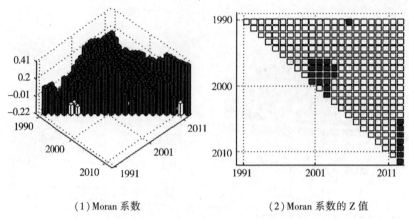

（1）Moran 系数　　　　　　　　（2）Moran 系数的 Z 值

图 6-16　广东基于市尺度上人均 GDP 增长率的空间集聚（1990—2012）

五　广西的区域经济空间集聚

（一）基于人均 GDP 的空间集聚

用县、市尺度上人均 GDP 计算广西 1990—2012 年的莫兰系数及其 Z 值（见图 6-17），县、市尺度上的莫兰系数及其 Z 值的绝对值和走势各异。

1. 就莫兰系数而言，县尺度上的莫兰系数一直居于第一的位置，未来县尺度上的值可能会上升而市尺度上的值可能会下降。县尺度上的莫兰系数在 1990—1992 年略有上升，1992—1993 年快速下降，1993—1997 年较快上升，1997—1999 年快速下降，1999—2000 年快速上升，2000—2005 年不断下降，2005—2012 年不断上升。市尺度上的莫兰系数在 1990—1997 年快速上升，1997—2012 年不断下降。按照 2005—2012 年的态势发展，县尺度上的值未来很有可能会上升。按照 1997—2012 年的态势发展，市尺度上的值未来很有可能会下降。

2. 就莫兰系数的 Z 值而言，县尺度上的值也一直比市尺度上大，但县尺度上的值除 1990—1992 年、1997 年外都小于 1.96，而市尺度上的值未达到显著的标准，未来县尺度上的值可能会上升而市尺度上的值可能会下降，即县尺度上可能会变得显著，而市尺度仍将变得不显著。

3. 莫兰系数的值与其对应的 Z 值在变化态势上有很大的相似性。县、市尺度上的莫兰系数及其 Z 值在特征年份(如县尺度上的 1993 年、1997 年、1999 年、2005 年,市尺度上的 1997 年等)及其他各年的变化乃至整个的变化形态都非常相似。

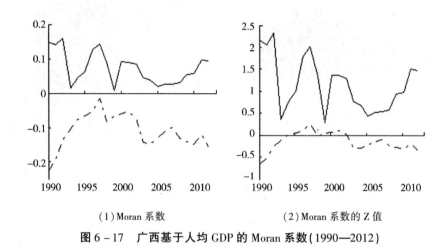

(1)Moran 系数　　　　　　　(2)Moran 系数的 Z 值

图 6 - 17　广西基于人均 GDP 的 Moran 系数(1990—2012)

(二) 基于县尺度上人均 GDP 增长率的空间集聚

用县尺度上人均 GDP 的增长率计算广西 1990—2012 年的莫兰系数及其 Z 值(见图 6 - 18),结果显示:

1. 绝大部分时间段的莫兰系数大于期望值,只有 41 个时间段的莫兰系数除外。

2. 莫兰系数及其 Z 值存在后向传导效应。若后续年份的莫兰系数(或其 Z 值)比之前年份的莫兰系数(或其 Z 值)大,则会提高前面年份的莫兰系数(或其 Z 值),反之,则会拉低前面年份的莫兰系数(或其 Z 值)。在莫兰系数上,前者如 1990—1991 年的莫兰系数值,后者如 2003—2004 年的莫兰系数值。在莫兰系数的 Z 值上,前者如 1990—1991 年莫兰系数的 Z 值,后者如 1997—1998 年莫兰系数的 Z 值。

3. 绝大部分时间段莫兰系数的 Z 值小于门槛值。整个 253 个时间段中只有97个时间段的Z值达到显著水平，而这97个时间段的莫兰系数也相对较高。

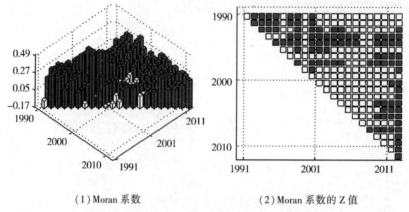

（1）Moran系数　　　　　　　（2）Moran系数的Z值

图6－18　广西基于县尺度上人均GDP增长率的空间集聚（1990—2012）

（三）基于市尺度上人均GDP增长率的空间集聚

用市尺度上人均GDP的增长率计算广西1990—2012年的莫兰系数及其Z值（见图6－19），结果显示：

1. 绝大部分时间段的莫兰系数大于期望值，只有73个时间段的莫兰系数小于期望值。

2. 莫兰系数及其Z值存在后向传导效应。若后续年份的莫兰系数（或其Z值）比之前年份的莫兰系数（或其Z值）大，则会提高前面年份的莫兰系数（或其Z值），反之，则会拉低前面年份的莫兰系数（或其Z值）。在莫兰系数上，前者如1990—1991年的莫兰系数值，后者如1992—1993年的莫兰系数值。在莫兰系数的Z值上，前者如1991—1992年莫兰系数的Z值，后者如1997—1999年莫兰系数的Z值。

3. 绝大部分时间段的莫兰系数的Z值小于门槛值。整个253个时间段中只有23个时间段的Z值达到显著水平，而这23个时间段的莫兰系数也相对较高。

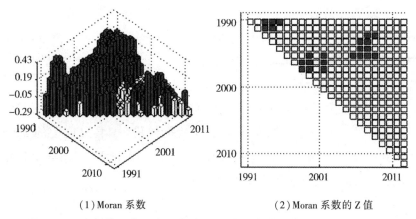

（1）Moran 系数　　　　　　　　（2）Moran 系数的 Z 值

图 6 - 19　广西基于市尺度上人均 GDP 增长率的空间集聚（1990—2012）

六　贵州的区域经济空间集聚

（一）基于人均 GDP 的空间集聚

用县、市尺度上人均 GDP 计算贵州 1990—2012 年的莫兰系数及其 Z 值（见图 6 - 20），县、市尺度上的莫兰系数及其 Z 值的绝对值和走势各异。

1. 就莫兰系数而言，县尺度上的莫兰系数一直居于第一的位置，未来县尺度上的值可能会下降而市尺度上的值可能会上升。县尺度上的莫兰系数在 1990—2005 年不断上升，2005—2006 年快速下降，2006—2007 年快速上升，2007—2010 年匀速上升，2010—2012 年不断下降。市尺度上的莫兰系数在 1990—1993 年略有上升，1997—2010 年不断下降，2010—2012 年略有上升。不论按照 1990—2012 年的总体态势还是按照 2006—2012 年的态势发展，县尺度上的值在未来很有可能会上升。但若按照 2010—2012 年的态势发展，县尺度上的值在未来则有可能会下降。县尺度上前一种的可能性更大。不论按照 1990—2012 年的总体态势还是按照 1993—2012 年的态势发展，市尺度上的值在未来则有可能会下降。但若按照 2010—2012 年的态势发展，市尺度上的值在未来很有可能会上升。市尺度上后一种可能性更大。

2. 就莫兰系数的 Z 值而言，县尺度上的值也一直比市尺度上大，而且县尺度上的值除 1990—1995 年、1997 年、2006 年外都大于 1.96，而市尺度上的值未达到显著的标准，未来县尺度上的值可能会继续维持显著，而市尺度上的值仍将保持不显著。

3. 莫兰系数的值与其对应的 Z 值在变化态势上有很大的相似性。县、市尺度上的莫兰系数及其 Z 值在特征年份（如县尺度上的 2005 年、2006 年、2010 年，市尺度上的 1993 年、2010 年等）及其他各年的变化乃至整个的变化形态都非常相似。

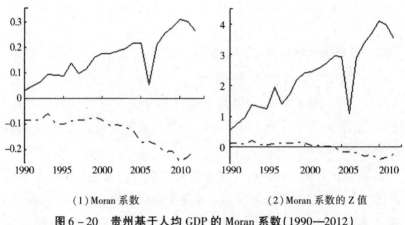

(1) Moran 系数   (2) Moran 系数的 Z 值

图 6 - 20　贵州基于人均 GDP 的 Moran 系数 (1990—2012)

（二）基于县尺度上人均 GDP 增长率的空间集聚

用县尺度上人均 GDP 的增长率计算贵州省 1990—2012 年的莫兰系数及其 Z 值（见图 6 - 21），结果显示：

1. 绝大部分时间段的莫兰系数大于期望值，只有 20 个时间段的莫兰系数除外。

2. 莫兰系数及其 Z 值存在后向传导效应。若后续年份的莫兰系数（或其 Z 值）比之前年份的莫兰系数（或其 Z 值）大，则会提高前面年份的莫兰系数（或其 Z 值），反之，则会拉低前面年份的莫兰系数（或其 Z 值）。在莫兰系数上，前者如 1994—1995 年的莫兰系数值，后者如

1993—1994 年的莫兰系数值。在莫兰系数的 Z 值上，前者如 2002—2004 年莫兰系数的 Z 值，后者如 2004—2005 年莫兰系数的 Z 值。

3. 大部分时间段的莫兰系数的 Z 值小于门槛值。整个 253 个时间段中只有 95 个时间段的 Z 值达到显著水平，而这 95 个达到显著水平的 Z 值所对应的莫兰系数也相对较高。

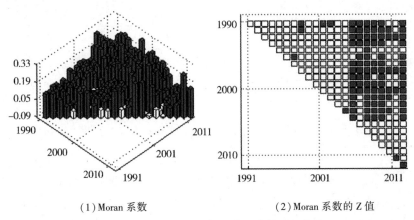

(1) Moran 系数　　　　　　　　(2) Moran 系数的 Z 值

图 6 - 21　贵州基于县尺度上人均 GDP 增长率的空间集聚(1990—2012)

(三) 基于市尺度上人均 GDP 增长率的空间集聚

用市尺度上人均 GDP 的增长率计算贵州 1990—2012 年的莫兰系数及其 Z 值(见图 6 - 22)，结果显示：

1. 大部分时间段的莫兰系数大于期望值，有 104 个时间段的莫兰系数小于期望值。

2. 莫兰系数存在后向传导效应。若后续年份的莫兰系数比之前年份的莫兰系数大，则会提高前面年份的莫兰系数(或其 Z 值)，反之，则会拉低前面年份的莫兰系数(或其 Z 值)。在莫兰系数上，前者如 1991—1992 年的莫兰系数值，后者如 1997—1998 年的莫兰系数值。

3. 所有时间段的莫兰系数的 Z 值小于门槛值。整个 253 个时间段中无任何一个时间段的 Z 值达到显著水平。

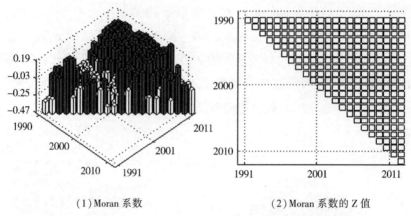

（1）Moran 系数　　　　　　　　（2）Moran 系数的 Z 值

图 6 - 22　贵州基于市尺度上人均 GDP 增长率的空间集聚（1990—2012）

七　河北的区域经济空间集聚

（一）基于人均 GDP 的空间集聚

用县、市尺度上人均 GDP 计算河北省 1990—2012 年的莫兰系数及其 Z 值（见图 6 - 23），县、市尺度上的莫兰系数及其 Z 值的绝对值和走势各异。

1. 就莫兰系数而言，县尺度上的莫兰系数一直居于第一的位置，未来县、市尺度上的值都可能会上升。县尺度上的莫兰系数在 1990—1992 年略有下降，1992—1999 年不断上升，1999—2003 年略有下降，2003—2012 年不断上升。市尺度上的莫兰系数在 1990—1996 年不断下降，1996—2003 年缓慢上升，2003—2008 年较快上升，2008—2012 年略有上升。按照 1990—2012 年的总体态势，县尺度上的值未来很有可能会上升。不论按照 1990—2012 年的总体态势还是按照 2003—2012 年的态势发展，市尺度上的值未来很有可能会上升。

2. 就莫兰系数的 Z 值而言，县尺度上的值除 1990 年、1992 年外都比市尺度上大，而且县尺度上的值从 1995 年开始都大于 1.96，而市尺度上的值都未达到显著的标准，未来县尺度上的值可能会上升而继续维持显著，而市尺度上的值可能会维持稳定而仍将不显著。

3. 莫兰系数的值与其对应的 Z 值在变化态势上有很大的相似性。县、市尺度上的莫兰系数及其 Z 值在特征年份(如县尺度上的 1992 年、1999 年、2003 年,市尺度上的 1996 年、2008 年等)及其他各年的变化乃至整个变化形态都非常相似。

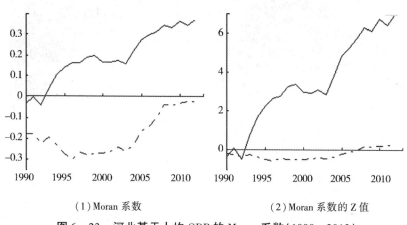

(1) Moran 系数　　　　　　(2) Moran 系数的 Z 值

图 6 - 23　河北基于人均 GDP 的 Moran 系数(1990—2012)

(二) 基于县尺度上人均 GDP 增长率的空间集聚

用县尺度上人均 GDP 的增长率计算河北省 1990—2012 年的莫兰系数及其 Z 值(见图 6 - 24),结果显示:

1. 绝大部分时间段的莫兰系数大于期望值,只有 14 个时间段的莫兰系数小于期望值。

2. 莫兰系数及其 Z 值存在后向传导效应。若后续年份的莫兰系数(或其 Z 值)比之前年份的莫兰系数(或其 Z 值)大,则会提高前面年份的莫兰系数(或其 Z 值),反之,则会拉低前面年份的莫兰系数(或其 Z 值)。在莫兰系数上,前者如 1991—1992 年的莫兰系数值,后者如 1994—1995 年的莫兰系数值。在莫兰系数的 Z 值上,前者如 2003—2004 年莫兰系数的 Z 值,后者如 1990—1991 年莫兰系数的 Z 值。

3. 绝大部分时间段的莫兰系数的 Z 值大于门槛值,只有 81 个时间段的 Z 值未达到显著水平，而这 81 个未达到显著水平的 Z 值所对应的莫兰系数也相对较低。

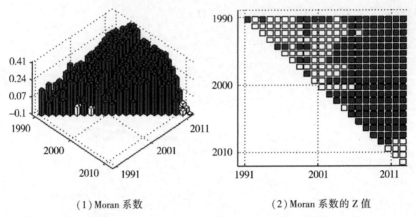

（1）Moran 系数　　　　　（2）Moran 系数的 Z 值

图 6－24　河北基于县尺度上人均 GDP 增长率的空间集聚（1990—2012）

（三）基于市尺度上人均 GDP 增长率的空间集聚

用市尺度上人均 GDP 的增长率计算河北省 1990—2012 年的莫兰系数及其 Z 值（见图 6－25），结果显示：

1. 绝大部分时间段的莫兰系数大于期望值，只有 19 个时间段的莫兰系数小于期望值。

2. 莫兰系数及其 Z 值存在后向传导效应。若后续年份的莫兰系数比之前年份的莫兰系数大，则会提高前面年份的莫兰系数（或其 Z 值），反之，则会拉低前面年份的莫兰系数（或其 Z 值）。在莫兰系数上，前者如 1991—1992 年的莫兰系数值，后者如 1990—1991 年的莫兰系数值。

3. 绝大部分时间段的莫兰系数的 Z 值小于门槛值。整个 253 个时间段中只有 6 个时间段的 Z 值达到显著水平，而这 6 个达到显著水平的 Z 值所对应的莫兰系数也相对较高。

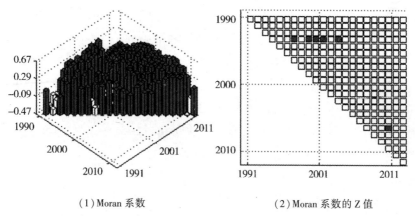

（1）Moran 系数　　　　　　　（2）Moran 系数的 Z 值

图 6-25　河北基于市尺度上人均 GDP 增长率的空间集聚（1990—2012）

八　河南的区域经济空间集聚

（一）基于人均 GDP 的空间集聚

用县、市尺度上人均 GDP 计算河南 1990—2012 年的莫兰系数及其 Z 值（见图 6-26），县、市尺度上的莫兰系数及其 Z 值的绝对值和走势各异。

1. 就莫兰系数而言，县尺度上的莫兰系数从 1998 年开始居于第一的位置，未来县尺度上的值可能会上升而市尺度上的值可能大致维持稳定。市尺度上的莫兰系数在 1990—1993 年不断上升，1993—2000 年不断下降，2000—2005 年不断上升，2005—2010 年略有下降，2010—2012 年略有上升。县尺度上的莫兰系数在 1990—1999 年不断上升，并在 1998 年反超市尺度，1999—2000 年稍有下降，2000—2007 年不断上升，2007—2011 年略有下降，2011—2012 年略有上升。按照 1990—2012 年的总体态势，县尺度上的值未来很有可能会上升。不论按照 1990—2012 年的总体态势还是按照 2005—2012 年的态势发展，市尺度上的值未来很有可能会下降。

2. 就莫兰系数的 Z 值而言，县尺度上的值除 1990 年外都比市尺度上大，而且县尺度上的值除 1990 年外都大于 1.96，而市尺度上的值除 1998—2004 年、2008 年、2010 年外也达到了显著的标准，未来县尺度上的值可能会上升而继续维持显著，市尺度上的值可能会维持稳定而略大于 1.96，从而仍可能会继续维持显著。

3. 莫兰系数的值与其对应的 Z 值在变化态势上有很大的相似性。县、市尺度上的莫兰系数及其 Z 值在特征年份（如县尺度上的 1999 年、2007 年，市尺度上的 1993 年、2000 年、2005 年、2010 年等）及其他各年的变化乃至整个变化形态都非常相似。

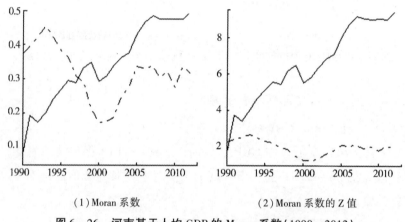

（1）Moran 系数　　　　　　　（2）Moran 系数的 Z 值

图 6 - 26　河南基于人均 GDP 的 Moran 系数（1990—2012）

（二）基于县尺度上人均 GDP 增长率的空间集聚

用县尺度上人均 GDP 的增长率计算河南省 1990—2012 年的莫兰系数及其 Z 值（见图 6 - 27），结果显示：

1. 绝大部分时间段的莫兰系数大于期望值，只有 9 个时间段的莫兰系数小于期望值。

2. 莫兰系数及其 Z 值存在后向传导效应。若后续年份的莫兰系数（或其 Z 值）比之前年份的莫兰系数（或其 Z 值）大，则会提高前面年份的莫兰系数（或其 Z 值），反之，则会拉低前面年份的莫兰系数（或其 Z 值）。在莫兰系数上，前者如 2003—2004 年的莫兰系数值，后者如 2002—2003 年的莫兰系数值。在莫兰系数的 Z 值上，前者如 1995—1996 年莫兰系数的 Z 值，后者如 1990—1994 年莫兰系数的

Z 值。

3. 绝大部分时间段的莫兰系数的 Z 值大于门槛值。整个 253 个时间段中只有 35 个时间段的 Z 值未达到显著水平，而这 35 个时间段的莫兰系数也相对较低。

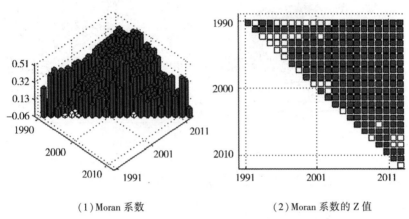

（1）Moran 系数　　　　　　　　（2）Moran 系数的 Z 值

图 6 - 27　河南省基于县尺度上人均 GDP 增长率的空间集聚（1990—2012）

（三）基于市尺度上人均 GDP 增长率的空间集聚

用市尺度上人均 GDP 增长率计算河南 1990—2012 年的莫兰系数及其 Z 值（见图 6 - 28），结果显示：

1. 绝大部分时间段的莫兰系数大于期望值，只有 38 个时间段的莫兰系数小于期望值。

2. 莫兰系数及其 Z 值存在后向传导效应。若后续年份的莫兰系数（或其 Z 值）比之前年份的莫兰系数（或其 Z 值）大，则会提高前面年份的莫兰系数（或其 Z 值），反之则会拉低前面年份的莫兰系数（或其 Z 值）。在莫兰系数上，前者如 1990—1991 年的莫兰系数值，后者如 1998—1999 年的莫兰系数值。在莫兰系数的 Z 值上，前者如 2001—2002 年莫兰系数的 Z 值，后者如 1992—1993 年莫兰系数的 Z 值。

3. 绝大部分时间段的莫兰系数的 Z 值小于门槛值。整个 253 个时

间段中只有34个时间段的Z值达到显著水平，而这34个达到显著水平的Z值所对应的莫兰系数也相对较高。

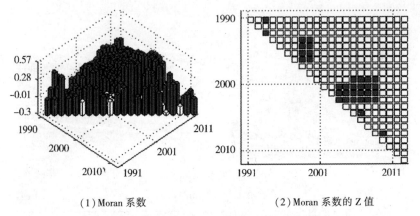

（1）Moran 系数   （2）Moran 系数的 Z 值

图6-28　河南基于市尺度上人均GDP增长率的空间集聚（1990—2012）

九　黑龙江的区域经济空间集聚

（一）基于人均GDP的空间集聚

用县、市尺度上人均GDP计算黑龙江省1990—2012年的莫兰系数及其Z值（见图6-29），县、市尺度上的莫兰系数及其Z值的绝对值和走势各异。

1. 就莫兰系数而言，县尺度上的莫兰系数除1994—1999年、2004年、2005年外都居于第一的位置，未来县尺度上的值可能会上升，而市尺度上的值可能会大致维持稳定。县尺度上的莫兰系数在1990—1993年不断下降，1993—1994年快速上升，1994—2002年缓慢上升，2002—2005年稍有下降，2005—2012年不断上升。市尺度上的莫兰系数在1990—1993年不断下降，1993—1996年快速上升，并在1994年反超县尺度，1996—2008年又不断下降，并在2008年比县尺度上低，2008—2012年基本维持稳定。不论按照1990—2012年的总体态势还是按照2005—2012年的态势发展，县尺度上的值未来很有可能会上升。按照1996—2012年的态势发展，市尺度上的值未来很有可能会下降，但若按照 2008—2012 年的态势发展，市尺度上的值未来很有可能会维持稳定。市尺度上后一种可能性较大。

2. 就莫兰系数的 Z 值而言，县尺度上的值除 1992—2005 年外都比市尺度上大，但县、市尺度上的值都未达到显著的标准，未来县尺度上的值可能会上升而有可能会变得显著，而市尺度上的值可能会维持稳定而继续维持不显著。

3. 莫兰系数的值与其对应的 Z 值在变化态势上有很大的相似性。县、市尺度上的莫兰系数及其 Z 值在特征年份（如县尺度上的 1993年、2005 年，市尺度上的 1993 年、1996 年等）及其他各年的变化乃至整个的变化形态都非常相似。

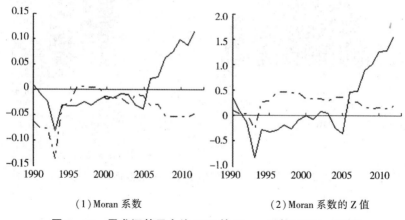

（1）Moran 系数　　　　　　（2）Moran 系数的 Z 值

图 6 - 29　黑龙江基于人均 GDP 的 Moran 系数（1990—2012）

（二）基于县尺度上人均 GDP 增长率的空间集聚

用县尺度上人均 GDP 的增长率计算黑龙江省 1990—2012 年的莫兰系数及其 Z 值（见图 6 - 30），结果显示：

1. 绝大部分时间段的莫兰系数大于期望值，只有 45 个时间段的莫兰系数小于期望值。

2. 莫兰系数及其 Z 值存在后向传导效应。若后续年份的莫兰系数（或其 Z 值）比之前年份的莫兰系数（或其 Z 值）大，则会提高前面年份的莫兰系数(或其 Z 值),反之,则会拉低前面年份的莫兰系数(或其 Z 值)。在莫兰系数上,前者如 1992—1993 年的莫兰系数值,后者如 1994—1995 年的莫兰系数值。在莫兰系数的 Z 值上,前者如 1992—1993 年莫兰系数的 Z 值,后者如 1998—1999 年莫兰系数的 Z 值。

3. 绝大部分时间段的莫兰系数的 Z 值小于门槛值。整个 253 个时间段中只有 93 个时间段的 Z 值达到显著水平,而这 93 个达到显著水平的 Z 值所对应的莫兰系数也相对较高。

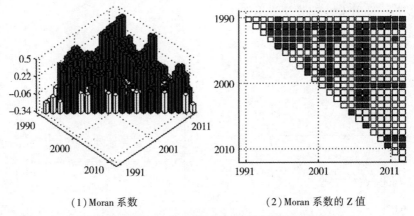

(1)Moran 系数   (2)Moran 系数的 Z 值

图 6 - 30   黑龙江基于县尺度上人均 GDP 增长率的空间集聚(1990—2012)

(三) 基于市尺度上人均 GDP 增长率的空间集聚

用市尺度上人均 GDP 增长率计算黑龙江省 1990—2012 年的莫兰系数及其 Z 值(见图 6 - 31),结果显示:

1. 绝大部分时间段的莫兰系数大于期望值,只有 37 个时间段的莫兰系数除外。

2. 莫兰系数及其 Z 值存在后向传导效应。若后续年份的莫兰系数(或其 Z 值)比之前年份的莫兰系数(或其 Z 值)大,则会提高前面年份的莫兰系数(或其 Z 值),反之,则会拉低前面年份的莫兰系数(或其 Z 值)。在莫兰系数上,前者如 1995—1996 年的莫兰系数值,后者如 1998—1999 年的莫兰系数值。在莫兰系数的 Z 值上, 前者如 1990—1991 年莫兰系数的 Z 值, 后者如 1998—1999 年莫兰系数的 Z 值。

3. 所有时间段的莫兰系数的 Z 值小于门槛值。整个 253 个时间段中无任何一个时间段的 Z 值达到显著水平。

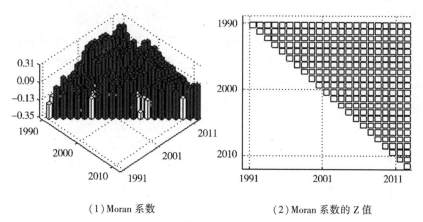

(1) Moran 系数　　　　　　(2) Moran 系数的 Z 值

图 6 - 31　黑龙江基于市尺度上人均 GDP 增长率的空间集聚 (1990—2012)

十　湖北的区域经济空间集聚

(一) 基于人均 GDP 的空间集聚

用县、市尺度上人均 GDP 计算湖北 1990—2012 年的莫兰系数及其 Z 值 (见图 6 - 32), 县、市尺度上的莫兰系数及其 Z 值的绝对值和走势各异。

1. 就莫兰系数而言, 县尺度上的莫兰系数一直居于第一的位置, 未来县尺度上的值可能会上升而市尺度上的值可能会下降。县尺度上的莫兰系数在 1990—1992 年不断下降, 1992—1996 年快速上升, 1996—2004 年不断下降, 2004—2012 年不断上升。市尺度上的莫兰系数在 1990—1992 年快速下降, 1992—1995 年快速上升, 1995—1996 年略有下降, 1996—1997 年较快上升, 1997—1999 年快速下降, 1999—2012 年不断下降。不论按照 1990—2012 年的总体态势还是按照 2004—2012 年的态势发展，县尺度上的值未来很有可能会上升。不论按照 1990—2012 年的总体态势还是按照 1999—2012 年的态势发展，市尺度上的值未来很有可能会下降。

2. 就莫兰系数的 Z 值而言，县尺度上的值一直都比市尺度上大，县尺度上的值在 1995—1998 年、2011 年、2012 年达到显著标准，而市尺度上都未达到显著标准，未来县、市尺度上的值可能会上升而继续保持显著，市尺度上的值可能会下降而继续维持不显著。

3. 莫兰系数的值与其对应的 Z 值在变化态势上有很大的相似性。县、市尺度上的莫兰系数及其 Z 值在特征年份（如县尺度上的 1992 年、1996 年、2004 年，市尺度上的 1992 年、1997 年、1999 年等）及其他各年的变化乃至整个的变化形态都非常相似。

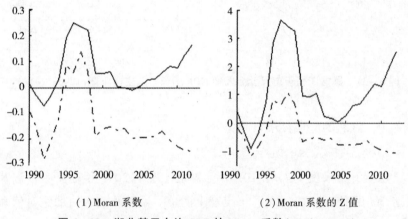

（1）Moran 系数　　　　　　　（2）Moran 系数的 Z 值

图 6 - 32　湖北基于人均 GDP 的 Moran 系数（1990—2012）

（二）基于县尺度上人均 GDP 增长率的空间集聚

用县尺度上人均 GDP 的增长率计算湖北 1990—2012 年的莫兰系数及其 Z 值（见图 6 - 33），结果显示：

1. 绝大部分时间段的莫兰系数大于期望值，只有 20 个时间段的莫兰系数除外。

2. 莫兰系数及其 Z 值存在后向传导效应。若后续年份的莫兰系数(或其Z值)比之前年份的莫兰系数(或其Z值)大,则会提高前面年份的莫兰系数(或其Z值),反之,则会拉低前面年份的莫兰系数(或其Z值)。在莫兰系数上,前者如1991—1992年的莫兰系数值,后者如1994—1995年的莫兰系数值。在莫兰系数的Z值上,前者如1992—1993年莫兰系数的Z值,后者如1990—1991年莫兰系数的Z值。

3. 大部分时间段的莫兰系数的Z值大于门槛值。整个253个时间段中有116个时间段的Z值未达到显著水平,而这116个时间段的莫兰系数也相对较低。

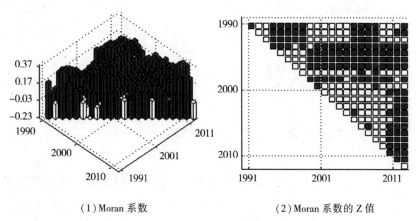

（1）Moran 系数   （2）Moran 系数的Z值

图6-33　湖北基于县尺度上人均GDP增长率的空间集聚(1990—2012)

（三）　基于市尺度上人均GDP增长率的空间集聚

用市尺度上人均GDP的增长率计算湖北省1990—2012年的莫兰系数及其Z值(见图6-34),结果显示:

1. 大部分时间段的莫兰系数大于期望值,有107个时间段的莫兰系数小于期望值。

2. 莫兰系数存在后向传导效应。若后续年份的莫兰系数比之前年份的莫兰系数大,则会提高前面年份的莫兰系数,反之,则会拉低前面年份的莫兰系数(或其Z值)。在莫兰系数上,前者如

1991—1992 年的莫兰系数值，后者如 1994—1995 年的莫兰系数值。

3. 所有 253 个时间段的莫兰系数的 Z 值都小于门槛值。

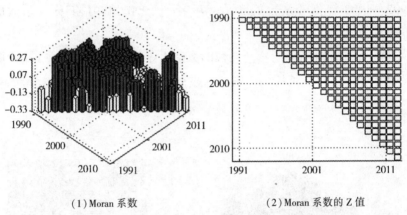

（1）Moran 系数　　　　　　　（2）Moran 系数的 Z 值

图 6 - 34　湖北基于市尺度上人均 GDP 增长率的空间集聚（1990—2012）

十一　湖南的区域经济空间集聚

（一）基于人均 GDP 的空间集聚

用县、市尺度上人均 GDP 计算湖南 1990—2012 年的莫兰系数及其 Z 值（见图 6 - 35），县、市尺度上的莫兰系数及其 Z 值的绝对值和走势各异。

1. 就莫兰系数而言，县尺度上的莫兰系数从 2001 年开始居于第一的位置，未来县、市尺度上的值都可能会上升。县尺度上的莫兰系数在 1990—1993 年不断下降，1993—2002 年快速上升，2002—2006 年不断下降，2006—2010 年快速上升，2010—2012 年略有下降。市尺度上的莫兰系数在 1990—1993 年略有上升，1993—2009 年不断下降，2009—2011 年快速上升，2011—2012 年略有上升。按照 1990—2012 年的总体态势，县尺度上的值未来很有可能会上升。按照 1993—2012 年的总体态势，市尺度上的值未来很有可能会下降。但若按照 2009—2012 年的态势发展，市尺度上的值未来很有可能会上升。市尺度上后一种可能性更大。

2. 就莫兰系数的 Z 值而言,县尺度上的值除 1990—1993 年外都比市尺度上大,县尺度上的值除 1993 年外都达到显著的标准,而市尺度上的值除 1991—1995 年、1997—1999 年外都未达到显著的标准,未来县尺度上的值可能会上升而继续保持显著,市尺度上的值也可能会上升但只是更加接近显著。

3. 莫兰系数的值与其对应的 Z 值在变化态势上有很大的相似性。县、市尺度上的莫兰系数及其 Z 值在特征年份(如县尺度上的 1993 年、2000 年、2002 年、2006 年、2010 年,市尺度上的 1993 年、2009 年等)及其他各年的变化乃至整个的变化形态都非常相似。

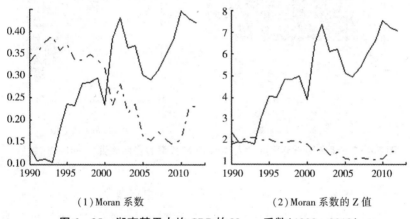

(1) Moran 系数　　　　　　　　(2) Moran 系数的 Z 值

图 6 – 35　湖南基于人均 GDP 的 Moran 系数(1990—2012)

(二) 基于县尺度上人均 GDP 增长率的空间集聚

用县尺度上人均 GDP 的增长率计算湖南省 1990—2012 年的莫兰系数及其 Z 值(见图 6 – 36),结果显示:

1. 绝大部分时间段的莫兰系数大于期望值,只有 40 个时间段的莫兰系数除外。

2. 莫兰系数及其 Z 值存在后向传导效应。若后续年份的莫兰系数(或其 Z 值)比之前年份的莫兰系数(或其 Z 值)大,则会提高前面年份的莫兰系数(或其 Z 值),反之,则会拉低前面年份的莫兰系数

（或其 Z 值）。在莫兰系数上，前者如 1990—1991 年的莫兰系数值，后者如 1992—1993 年的莫兰系数值。在莫兰系数的 Z 值上，前者如 2006—2007 年莫兰系数的 Z 值，后者如 2008—2009 年莫兰系数的 Z 值。

3. 大部分时间段的莫兰系数的 Z 值大于门槛值，只有 124 个时间段的 Z 值未达到显著水平，而这 124 个未达到显著水平的 Z 值所对应的莫兰系数也相对较低。

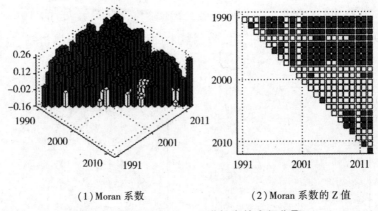

（1）Moran 系数　　　　　　（2）Moran 系数的 Z 值

图 6 - 36　湖南基于县尺度上人均 GDP 增长率的空间集聚（1990—2012）

（三）基于市尺度上人均 GDP 增长率的空间集聚

用市尺度上人均 GDP 的增长率计算湖南 1990—2012 年的莫兰系数及其 Z 值（见图 6 - 37），结果显示：

1. 绝大部分时间段的莫兰系数大于期望值，只有 35 个时间段的莫兰系数小于期望值。

2. 莫兰系数存在后向传导效应。若后续年份的莫兰系数比之前年份的莫兰系数大，则会提高前面年份的莫兰系数，反之，则会拉低前面年份的莫兰系数（或其 Z 值）。在莫兰系数上，前者如 1993—1994 年的莫兰系数值，后者如 1999—2000 年的莫兰系数值。

3. 绝大部分时间段的莫兰系数的 Z 值小于门槛值。整个 253 个时

间段中只有 8 个时间段的 Z 值未达到显著水平，而这 8 个时间段的莫兰系数也相对较高。

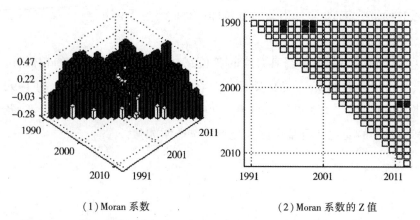

（1）Moran 系数　　　　　（2）Moran 系数的 Z 值

图 6 - 37　湖南省基于市尺度上人均 GDP 增长率的空间集聚（1990—2012）

十二　吉林的区域经济空间集聚

（一）基于人均 GDP 的空间集聚

用县、市尺度上人均 GDP 计算吉林省 1990—2012 年的莫兰系数及其 Z 值（见图 6 - 38），县、市尺度上的莫兰系数及其 Z 值的绝对值和走势各异。

1. 就莫兰系数而言，县尺度上的莫兰系数在 2002—2004 年、2006—2012 年居于第一的位置，未来县、市尺度上的值都可能会下降。县尺度上的莫兰系数在 1990—1992 年略有下降，1992—1998 年不断上升，1998—1999 年快速下降，1999—2003 年不断快速上升，2003—2005 年快速下降，2005—2008 年略有下降，2008—2009 年稍有上升，2009—2012 年缓慢下降。市尺度上的莫兰系数在 1990—1992 年略有上升，1992—2012 年不断下降，而且 2007—2012 年加速下降。按照 1990—2012 年的总体态势，县尺度上的值未来很有可能会上升。但若按照 2003—2012 年的态势发展，县尺度上的值未来可能会下降。按照 1993—2012 年的总体态势，市尺度上的值未来很有可能会下降。

2. 就莫兰系数的 Z 值而言，县尺度上的值在 2003 年、2004 年、2009—2012 年比市尺度上大，县、市尺度上的值都未达到显著的标准，未来县、市尺度上的值都可能会下降而继续保持不显著。

3. 莫兰系数的值与其对应的 Z 值在变化态势上有很大的相似性。县、市尺度上的莫兰系数及其 Z 值在特征年份(如县尺度上的 1992年、1998 年、1999 年、2003 年、2005 年，市尺度上的 1992 年等)及其他各年的变化乃至整个的变化形态都非常相似。

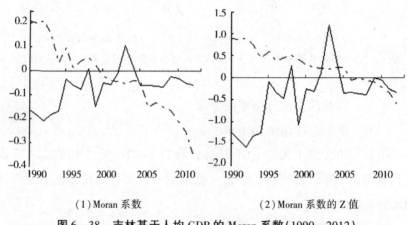

（1）Moran 系数　　　　　　　（2）Moran 系数的 Z 值

图 6 - 38　吉林基于人均 GDP 的 Moran 系数(1990—2012)

（二）基于县尺度上人均 GDP 增长率的空间集聚

用县尺度上人均 GDP 的增长率计算吉林 1990—2012 年的莫兰系数及其 Z 值(见图 6 - 39)，结果显示：

1. 绝大部分时间段的莫兰系数大于期望值，只有 44 个时间段的莫兰系数小于期望值。

2. 莫兰系数存在后向传导效应。若后续年份的莫兰系数比之前年份的莫兰系数大，则会提高前面年份的莫兰系数，反之，则会拉低前面年份的莫兰系数。在莫兰系数上，前者如 1992—1993 年的莫兰系数值，后者如 1997—1998 年的莫兰系数值。

3. 大部分时间段莫兰系数的 Z 值小于门槛值。整个 253 个时间段中有 50 个时间段的 Z 值达到显著水平，而这 50 个达到显著水平的 Z 值所对应的莫兰系数也相对较高。

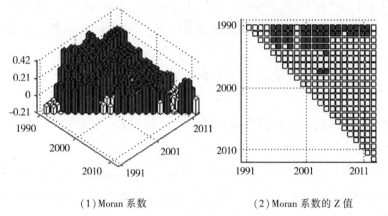

（1）Moran 系数　　　　　　　（2）Moran 系数的 Z 值

图 6 – 39　吉林基于县尺度上人均 GDP 增长率的空间集聚（1990—2012）

（三）基于市尺度上人均 GDP 增长率的空间集聚

用市尺度上人均 GDP 的增长率计算吉林 1990—2012 年的莫兰系数及其 Z 值（见图 6 – 40），结果显示：

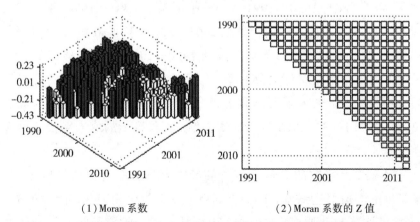

（1）Moran 系数　　　　　　　（2）Moran 系数的 Z 值

图 6 – 40　吉林基于市尺度上人均 GDP 增长率的空间集聚（1990—2012）

1. 大部分时间段的莫兰系数大于期望值，有124个时间段的莫兰系数小于期望值。

2. 莫兰系数及其Z值存在后向传导效应。若后续年份的莫兰系数比之前年份的莫兰系数大，则会提高前面年份的莫兰系数，反之，则会拉低前面年份的莫兰系数。在莫兰系数上，前者如1992—1993年的莫兰系数值，后者如1990—1991年的莫兰系数值。

3. 所有253个时间段的莫兰系数的Z值都小于门槛值。

十三 江苏的区域经济空间集聚

(一) 基于人均GDP的空间集聚

用县、市尺度上人均GDP计算江苏省1990—2012年的莫兰系数及其Z值(见图6-41)，县、市尺度上的莫兰系数及其Z值的绝对值和走势各异。

1. 就莫兰系数而言，县尺度上的莫兰系数一直居于第一的位置，未来县尺度上的值可能会上升而市尺度上的值可能会下降。县尺度上的莫兰系数在1990—1991年略有下降，1991—1995年不断上升，1995—2010年不断下降，2010—2012年略有上升。市尺度上的莫兰系数在1990—1991年略有下降，1991—1994年上升，1994—2003年不断下降，而且2003—2009年非常缓慢地上升，2009—2012年先上升后下降。按照1990—2012年的总体态势，县尺度上的值未来很有可能会下降。但若按照2010—2012年的态势发展，县尺度上的值未来可能会上升。县尺度上的后一种可能性似乎更大。按照1993—2012年的总体态势，市尺度上的值未来很有可能会下降。

2. 就莫兰系数的Z值而言，县尺度上的值一直比市尺度上大，县尺度上的值都达到显著的标准而市尺度上的值除1990年、1993—1995年外都未达到显著的标准，未来县尺度上的值可能会上升而继续保持显著，市尺度上的值可能会下降而继续保持不显著。

3. 莫兰系数的值与其对应的 Z 值在变化态势上有很大的相似性。县、市尺度上的莫兰系数及其 Z 值在特征年份(如县尺度上的 1991 年、1995 年、2010 年,市尺度上的 1991 年、1994 年、2011 年等)及其他各年的变化乃至整个的变化形态都非常相似。

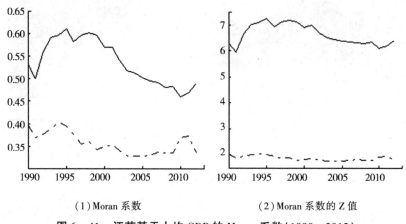

（1）Moran 系数　　　　　　　　　（2）Moran 系数的 Z 值

图 6 – 41　江苏基于人均 GDP 的 Moran 系数(1990—2012)

（二）基于县尺度上人均 GDP 增长率的空间集聚

用县尺度上人均 GDP 的增长率计算江苏 1990—2012 年的莫兰系数及其 Z 值(见图 6 – 42),结果显示:

1. 绝大部分时间段的莫兰系数大于期望值,只有 17 个时间段的莫兰系数除外。

2. 莫兰系数及其 Z 值存在后向传导效应。若后续年份的莫兰系数(或其 Z 值)比之前年份的莫兰系数(或其 Z 值)大,则会提高前面年份的莫兰系数(或其 Z 值),反之,则会拉低前面年份的莫兰系数(或其 Z 值)。在莫兰系数上,前者如 1990—1991 年的莫兰系数值,后者如 1992—1993 年的莫兰系数值。在莫兰系数的 Z 值上,前者如 1990—1991 年莫兰系数的 Z 值,后者如 1999—2000 年莫兰系数的 Z 值。

3. 大部分时间段的莫兰系数的 Z 值小于门槛值。整个 253 个时间段中有 123 个时间段的 Z 值达到显著水平，而这 123 个达到显著水平的 Z 值所对应的莫兰系数也相对较高。

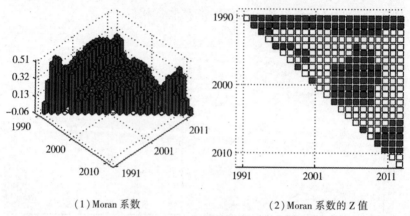

（1）Moran 系数　　　　　　（2）Moran 系数的 Z 值

图 6 - 42　江苏基于县尺度上人均 GDP 增长率的空间集聚（1990—2012）

（三）基于市尺度上人均 GDP 增长率的空间集聚

用市尺度上人均 GDP 的增长率计算江苏 1990—2012 年的莫兰系数及其 Z 值（见图 6 - 43），结果显示：

1. 绝大部分时间段的莫兰系数大于期望值，只有 55 个时间段的莫兰系数小于期望值。

2. 莫兰系数及其 Z 值存在后向传导效应。若后续年份的莫兰系数（或其 Z 值）比之前年份的莫兰系数（或其 Z 值）大，则会提高前面年份的莫兰系数（或其 Z 值），反之，则会拉低前面年份的莫兰系数（或其 Z 值）。在莫兰系数上，前者如 1990—1991 年的莫兰系数值，后者如 1992—1993 年的莫兰系数值。在莫兰系数的 Z 值上，前者如 1990—1991 年莫兰系数的 Z 值，后者如 1992—1993 年莫兰系数的 Z 值。

3. 绝大部分时间段的莫兰系数的 Z 值小于门槛值。整个 253 个时间段中只有 38 个时间段的 Z 值达到显著水平，而这 38 个达到显著水平的 Z 值所对应的莫兰系数也相对较高。

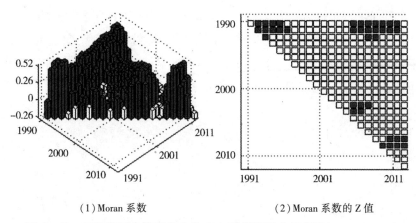

（1）Moran 系数　　　　　　（2）Moran 系数的 Z 值

图 6 - 43　江苏基于市尺度上人均 GDP 增长率的空间集聚（1990—2012）

十四　江西的区域经济空间集聚

（一）基于人均 GDP 的空间集聚

用县、市尺度上人均 GDP 计算江西 1990—2012 年的莫兰系数及其 Z 值（见图 6 - 44），县、市尺度上的莫兰系数及其 Z 值的绝对值和走势各异。

1. 就莫兰系数而言，县尺度上的莫兰系数一直居于第一的位置，未来县、市尺度上的值都可能会上升。县尺度上的莫兰系数在 1990—1998 年略有下降，1998—2008 年不断上升，2008—2009 年快速下降，2009—2010 年快速上升，2010—2012 年继续较快上升。市尺度上的莫兰系数在 1990—1992 年快速上升，1992—1998 年不断下降，1998—2004 年缓慢上升，2004—2007 年缓慢下降，2007—2012 年较快上升。不论按照 1990—2012 年的总体态势还是 1998—2012 年的态势发展，县尺度上的值未来很有可能会继续上升。按照 2003—2012 年的态势，市尺度上的值未来很有可能会上升。

2. 就莫兰系数的 Z 值而言，县尺度上的值除 1993—2001 年外都比市尺度上大，县尺度上的值只是在 2012 年达到显著的标准而市尺度上的值都未达到显著的标准，未来县尺度上的值可能会上升而继续保持显著，市尺度上的值可能会上升但继续保持不显著。

3. 莫兰系数的值与其对应的 Z 值在变化态势上有很大的相似性。县、市尺度上的莫兰系数及其 Z 值在特征年份(如县尺度上的 1998 年、2008 年、2009 年,市尺度上的 1993 年、1998 年、2007 年等)及其他各年的变化乃至整个的变化形态都非常相似。

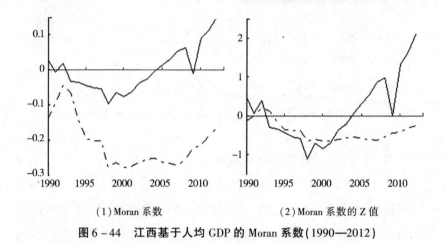

(1) Moran 系数　　　　　　　　(2) Moran 系数的 Z 值

图 6 – 44　江西基于人均 GDP 的 Moran 系数(1990—2012)

(二) 基于县尺度上人均 GDP 增长率的空间集聚

用县尺度上人均 GDP 的增长率计算江西省 1990—2012 年的莫兰系数及其 Z 值(见图 6 – 45),结果显示:

1. 绝大部分时间段的莫兰系数大于期望值,只有 35 个时间段的莫兰系数小于期望值。

2. 莫兰系数存在后向传导效应。若后续年份的莫兰系数比之前年份的莫兰系数大,则会提高前面年份的莫兰系数,反之,则会拉低前面年份的莫兰系数。在莫兰系数上,前者如 1996—1997 年的莫兰系数值,后者如 1997—1998 年的莫兰系数值。

3. 大部分时间段的莫兰系数的 Z 值小于门槛值。整个 253 个时间段中有 29 个时间段的 Z 值达到显著的水平,而这 29 个达到显著水平的 Z 值所对应的莫兰系数也相对较高。

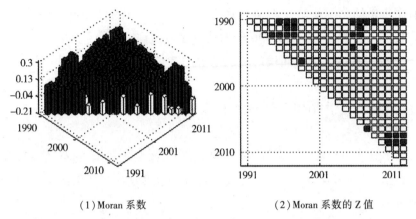

（1）Moran 系数   （2）Moran 系数的 Z 值

图 6 - 45　江西基于县尺度上人均 GDP 增长率的空间集聚（1990—2012）

（三）基于市尺度上人均 GDP 增长率的空间集聚

用市尺度上人均 GDP 的增长率计算江西 1990—2012 年的莫兰系数及其 Z 值（见图 6 - 46），结果显示：

1. 大部分时间段的莫兰系数大于期望值，只有 123 个时间段的莫兰系数小于期望值。

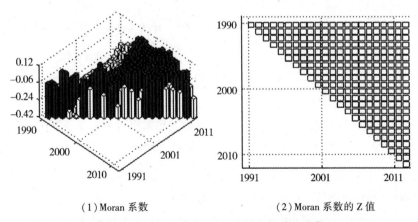

（1）Moran 系数   （2）Moran 系数的 Z 值

图 6 - 46　江西基于市尺度上人均 GDP 增长率的空间集聚（1990—2012）

2. 莫兰系数存在后向传导效应。若后续年份的莫兰系数比之前年份的莫兰系数大，则会提高前面年份的莫兰系数，反之，则会拉低前面年份的莫兰系数。在莫兰系数上，前者如 1994—1995 年的莫兰系数值，后者如 1995—1996 年的莫兰系数值。

3. 所有 253 个时间段的莫兰系数的 Z 值都小于门槛值。

十五　辽宁省的区域经济空间集聚

（一）基于人均 GDP 的空间集聚

用县、市尺度上人均 GDP 计算辽宁 1990—2012 年的莫兰系数及其 Z 值（见图 6–47），县、市尺度上的莫兰系数及其 Z 值的绝对值和走势各异。

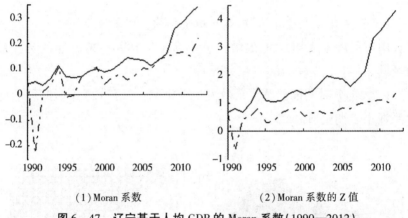

（1）Moran 系数　　　　　　（2）Moran 系数的 Z 值

图 6–47　辽宁基于人均 GDP 的 Moran 系数（1990—2012）

1. 就莫兰系数而言，县尺度上的莫兰系数除 1999 年、2007 年外都居于第一的位置，未来县、市尺度上的值都可能会上升。县尺度上的莫兰系数在 1990—2012 年不断上升。市尺度上的莫兰系数在1990—1991 年快速下降，1991—1992 年快速上升，1992—2012 年不断上升。按照 1990—2012 年的总体态势，县、市尺度上的值未来都很有可能会继续上升。

2. 就莫兰系数的 Z 值而言，县尺度上的值一直比市尺度上大，县尺度上的值在 2003 年、2008—2012 年都达到显著的标准而市尺度上的值都未达到显著的标准，未来县尺度上的值可能会上升而继续保持显著，市尺度上的值可能会上升而更加接近显著。

3. 莫兰系数的值与其对应的 Z 值在变化态势上有很大的相似性。县、市尺度上的莫兰系数及其 Z 值在特征年份(如县尺度上的 1994年、2006 年，市尺度上的 1991 年、1992 年、1994 年等)及其他各年的变化乃至整个的变化形态都非常相似。

（二）基于县尺度上人均 GDP 增长率的空间集聚

用县尺度上人均 GDP 的增长率计算辽宁省 1990—2012 年的莫兰系数及其 Z 值(见图 6 – 48)，结果显示：

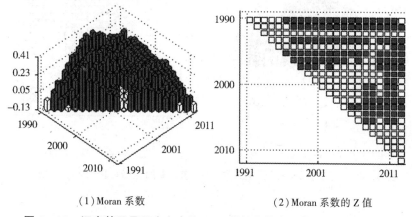

（1）Moran 系数　　　　　　（2）Moran 系数的 Z 值

图 6 – 48　辽宁基于县尺度上人均 GDP 增长率的空间集聚(1990—2012)

1. 绝大部分时间段的莫兰系数大于期望值，只有 17 个时间段的莫兰系数小于期望值。

2. 莫兰系数及其 Z 值存在后向传导效应。若后续年份的莫兰系数(或其 Z 值)比之前年份的莫兰系数(或其 Z 值)大，则会提高前面年份的莫兰系数(或其 Z 值)，反之，则会拉低前面年份的莫兰系数(或其 Z 值)。在莫兰系数上，前者如 1993—1994 年的莫兰系数值，后者如 2000—2001 年的莫兰系数值。在莫兰系数的 Z 值上，前者如 1990—1995 年莫兰系数的 Z 值，后者如 1990—2011 年莫兰系数的

Z值。

3. 大部分时间段的莫兰系数的 Z 值小于门槛值。整个 253 个时间段中有 123 个时间段的 Z 值达到显著水平，而这 123 个达到显著水平的 Z 值所对应的莫兰系数也相对较高。

（三）基于市尺度上人均 GDP 增长率的空间集聚

用市尺度上人均 GDP 的增长率计算辽宁省 1990—2012 年的莫兰系数及其 Z 值（见图 6 - 49），结果显示：

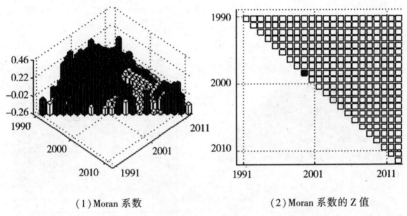

(1) Moran 系数　　　　　　　　(2) Moran 系数的 Z 值

图 6 - 49　辽宁基于市尺度上人均 GDP 增长率的空间集聚（1990—2012）

1. 绝大部分时间段的莫兰系数大于期望值，只有 83 个时间段的莫兰系数除外。

2. 莫兰系数及其 Z 值存在后向传导效应。若后续年份的莫兰系数（或其 Z 值）比之前年份的莫兰系数（或其 Z 值）大，则会提高前面年份的莫兰系数（或其 Z 值），反之，则会拉低前面年份的莫兰系数（或其 Z 值）。在莫兰系数上，前者如 1995—1996 年的莫兰系数值，后者如 1997—1998 年的莫兰系数值。在莫兰系数的 Z 值上，后者如 1998—1999 年莫兰系数的 Z 值。

3. 绝大部分时间段的莫兰系数的 Z 值小于门槛值。整个 253 个时间段中只有 1 个时间段的 Z 值达到显著水平，而这 1 个达到显著水平的 Z 值所对应的莫兰系数也相对较高。

十六 内蒙古的区域经济空间集聚

（一） 基于人均 GDP 的空间集聚

用县、市尺度上人均 GDP 计算内蒙古 1990—2012 年的莫兰系数及其 Z 值（见图 6 – 50），县、市尺度上的莫兰系数及其 Z 值的绝对值和走势各异。

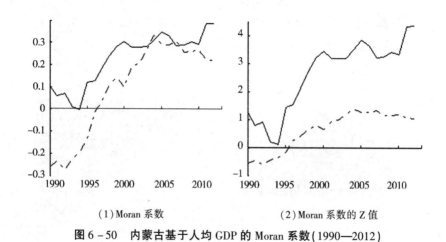

（1）Moran 系数　　　　　（2）Moran 系数的 Z 值

图 6 – 50　内蒙古基于人均 GDP 的 Moran 系数（1990—2012）

1. 就莫兰系数而言，县尺度上的莫兰系数除 2004 年、2007 年外都居于第一的位置，未来县尺度上的值都可能会上升而市尺度上的值都可能会下降。县尺度上的莫兰系数在 1990—1994 年不断下降，1994—2005 年不断上升，2005—2007 年略有下降，2007—2010 年总体保持稳定，2010—2011 年上升，2011—2012 年基本保持稳定。市尺度上的莫兰系数在 1990—1991 年略有上升，1991—1992 年略有下降，1992—2004 年不断上升，2004—2012 年不断下降。按照 1990—2012 年的总体态势，县尺度上的值未来很有可能会继续上升。按照 2004—2012 年的态势发展，市尺度上的值未来很有可能会下降。

2. 就莫兰系数的 Z 值而言，县尺度上的值一直比市尺度上大，县尺度上的值从2007年开始达到显著的标准而市尺度上的值都未达到显著的标准，未来县尺度上的值可能会上升而继续保持显著，市尺度上的值可能会下降而继续保持不显著。

3. 莫兰系数的值与其对应的Z值在变化态势上有很大的相似性。县、市尺度上的莫兰系数及其Z值在特征年份（如县尺度上的1994年、2005年、2010年，市尺度上的1991年、1992年、2004年等）及其他各年的变化乃至整个的变化形态都非常相似。

（二）基于县尺度上人均GDP增长率的空间集聚

用县尺度上人均GDP的增长率计算内蒙古1990—2012年的莫兰系数及其Z值（见图6-51），结果显示：

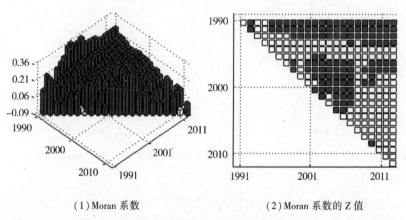

（1）Moran系数 　　　　　　　　（2）Moran系数的Z值

图6-51　内蒙古基于县尺度上人均GDP增长率的空间集聚（1990—2012）

1. 绝大部分时间段的莫兰系数大于期望值，只有6个时间段的莫兰系数小于期望值。

2. 莫兰系数及其Z值存在后向传导效应。若后续年份的莫兰系数（或其Z值）比之前年份的莫兰系数（或其Z值）大，则会提高前面年份的莫兰系数（或其Z值），反之，则会拉低前面年份的莫兰系数（或其Z值）。在莫兰系数上，前者如1990—1991年的莫兰系数值，后者如1991—1992年的莫兰系数值。在莫兰系数的Z值上，前者如

1990—1991 年莫兰系数的 Z 值，后者如 1991—1992 年莫兰系数的 Z 值。

3. 大部分时间段的莫兰系数的 Z 值小于门槛值。整个 253 个时间段中有 116 个时间段的 Z 值达到显著水平，而这 116 个达到显著水平的 Z 值所对应的莫兰系数也相对较高。

（三）基于市尺度上人均 GDP 增长率的空间集聚

用市尺度上人均 GDP 的增长率计算内蒙古 1990—2012 年的莫兰系数及其 Z 值（见图 6 – 52），结果显示：

1. 绝大部分时间段的莫兰系数大于期望值，只有 78 个时间段的莫兰系数小于期望值。

2. 莫兰系数存在后向传导效应。若后续年份的莫兰系数比之前年份的莫兰系数大，则会提高前面年份的莫兰系数，反之，则会拉低前面年份的莫兰系数。在莫兰系数上，前者如 1993—1994 年的莫兰系数值，后者如 1994—1995 年的莫兰系数值。

3. 所有 253 个时间段的莫兰系数的 Z 值都小于门槛值。

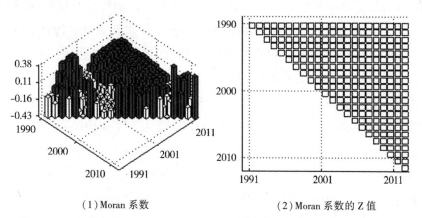

（1）Moran 系数　　　　　　　　（2）Moran 系数的 Z 值

图 6 – 52　内蒙古基于市尺度上人均 GDP 增长率的空间集聚（1990—2012）

十七　宁夏的区域经济空间集聚

（一）基于人均 GDP 的空间集聚

用县、市尺度上人均 GDP 计算宁夏 1990—2012 年的莫兰系数及其Z值(见图6-53)，县、市尺度上莫兰系数及其Z值的绝对值和走势各异。

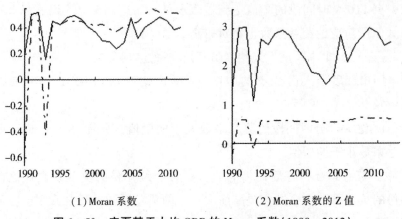

（1）Moran 系数　　　　　　　　　（2）Moran 系数的 Z 值

图6-53　宁夏基于人均 GDP 的 Moran 系数(1990—2012)

1. 就莫兰系数而言，市尺度上的莫兰系数除 1990—1998 年、2005 年外都居于第一的位置，未来县、市尺度上的值都可能会继续保持相对稳定。县尺度上的莫兰系数在 1990—1991 年快速上升，1991—1992 年略有上升，1992—1993 年快速下降，1993—1994 年快速上升，1994—1997 年不断缓慢上升，1997—2003 年不断下降，2003—2005 年快速上升，2005—2006 年下降，2006—2009 年上升，2009—2011 年下降，2011—2012 年略有上升。市尺度上的莫兰系数在 1990—1991 年急速上升，1991—1992 年基本保持稳定，1992—1993 年急速下降，1993—1994 年急速上升，1994—2003 年不断下降，2003—2008 年不断上升，2008—2012 年略有下降。按照 1990—2012 年的总体态势，县、市尺度上的值未来可能会继续保持相对稳定。

2. 就莫兰系数的 Z 值而言，县尺度上的值一直都比市尺度上大，县尺度上的值除 1990 年、1993 年、2001—2004 年外都达到显著的标准而市尺度上的值都未达到显著的标准，未来县尺度上的值可能会大致保持稳定而继续保持显著，市尺度上的值可能会大致保持稳定而继续保持不显著。

3. 莫兰系数和相应的 Z 值在变化态势上有很大的相似性。县、市尺度上的莫兰系数及其 Z 值在特征年份(如县尺度上的 1991 年、1992 年、1993 年、1994 年、2005 年、2009 年,市尺度上的 1991 年、1992 年、1993 年、1994 年、2008 年等)及其他各年的变化乃至整个的变化形态都很相似。

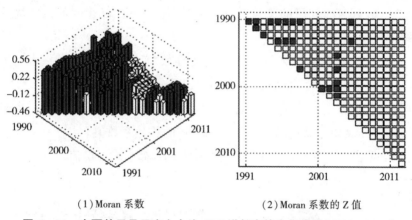

(1)Moran 系数　　　　　　　　(2)Moran 系数的 Z 值

图 6 - 54　宁夏基于县尺度上人均 GDP 增长率的空间集聚(1990—2012)

(二)　基于县尺度上人均 GDP 增长率的空间集聚

用县尺度上人均 GDP 的增长率计算宁夏 1990—2012 年的莫兰系数及其 Z 值(见图 6 - 54),结果显示:

1. 大部分时间段的莫兰系数大于期望值,有 119 个时间段的莫兰系数小于期望值。

2. 莫兰系数及其 Z 值存在后向传导效应。若后续年份的莫兰系数(或其 Z 值)比之前年份的莫兰系数(或其 Z 值)大,则会提高前面年份的莫兰系数(或其 Z 值),反之,则会拉低前面年份的莫兰系数(或其 Z 值)。在莫兰系数上,前者如 2007—2008 年的莫兰系数值,后者如 1995—1996 年的莫兰系数值。在莫兰系数的 Z 值上,前者如 2001—2002 年莫兰系数的 Z 值,后者如 1992—1993 年莫兰系数的

Z 值。

3. 大部分时间段的莫兰系数的 Z 值小于门槛值。整个 253 个时间段中有 22 个时间段的 Z 值达到显著水平，而这 22 个达到显著水平的 Z 值所对应的莫兰系数也相对较低。

（三）基于市尺度上人均 GDP 增长率的空间集聚

用市尺度的人均 GDP 的增长率计算宁夏 1990—2012 年的莫兰系数及其 Z 值（见图 6 - 55），结果显示：

1. 大部分时间段的莫兰系数小于期望值，有 102 个时间段的莫兰系数大于期望值。

2. 莫兰系数及其 Z 值存在后向传导效应。若后续年份的莫兰系数比之前年份的莫兰系数大，则会提高前面年份的莫兰系数，反之，则会拉低前面年份的莫兰系数。在莫兰系数上，前者如 2008—2009 年的莫兰系数值，后者如 2003—2004 年的莫兰系数值。

3. 所有 253 个时间段的莫兰系数的 Z 值都小于门槛值。

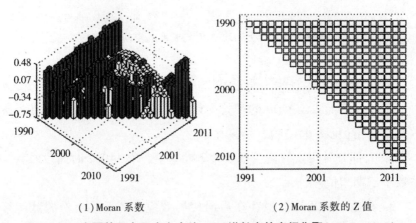

（1）Moran 系数　　　　　（2）Moran 系数的 Z 值

图 6 - 55　宁夏基于市尺度上人均 GDP 增长率的空间集聚（1990—2012）

十八　青海的区域经济空间集聚

（一）基于人均 GDP 的空间集聚

用县、市尺度上人均 GDP 计算青海 1990—2012 年的莫兰系数及

其Z值(见图6-56)，县、市尺度上的莫兰系数及其Z值的绝对值和
走势各异。

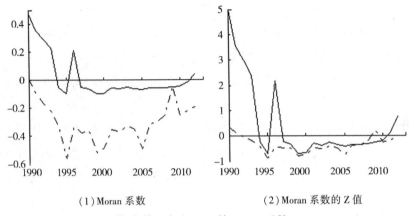

（1）Moran 系数　　　　　　　　（2）Moran 系数的 Z 值

图6-56　青海基于人均 GDP 的 Moran 系数(1990—2012)

1. 就莫兰系数而言，市尺度上莫兰系数一直居于第一的位置，
未来县、市尺度上的值都可能会继续上升。县尺度上的莫兰系数在
1990—1995 年不断下降，1995—1996 年快速上升，1996—1997 年快
速下降，1997—1999 年略有下降，1999—2010 年基本保持平稳，
2010—2012 年加速上升。市尺度上的莫兰系数在 1990—1995 年快速
下降，1995—1999 年、1999—2005 年呈倒 U 形走势，2005—2009 年
不断快速上升，2009—2010 年下降，2010—2012 年略有上升。按照
1990—2012 年的总体态势，县、市尺度上的值未来都可能会继续
上升。

2. 就莫兰系数的 Z 值而言，县尺度上的值除 2008 年、2009 年外
都比市尺度上大，县尺度上的值除 1990—1993 年、1996 年外都未达
到显著的标准，而市尺度上的值一直未达到显著的标准，未来县、市
尺度上的值可能会上升而更加接近显著。

3. 莫兰系数的值与其对应的 Z 值在变化态势上有很大的相似性。
县、市尺度上的莫兰系数及其 Z 值在特征年份(如县尺度上的 1995

年、1996 年、1999 年，市尺度上的 1995 年、1999 年、2005 年、2009 年、2010 年等）及其他各年的变化乃至整个的变化形态都非常相似。

（二）基于县尺度上人均 GDP 增长率的空间集聚

用县尺度上人均 GDP 的增长率计算青海 1990—2012 年的莫兰系数及其 Z 值（见图 6 - 57），结果显示：

1. 绝大部分时间段的莫兰系数大于期望值，只有 53 个时间段的莫兰系数小于期望值。

2. 莫兰系数存在后向传导效应。若后续年份的莫兰系数比之前年份的莫兰系数大，则会提高前面年份的莫兰系数，反之，则会拉低前面年份的莫兰系数。在莫兰系数上，前者如 1991—1992 年的莫兰系数值，后者如 1990—1991 年的莫兰系数值。

3. 大部分时间段的莫兰系数的 Z 值小于门槛值。整个 253 个时间段中有 81 个时间段的 Z 值达到显著水平，而这 81 个达到显著水平的 Z 值所对应的莫兰系数也相对较高。

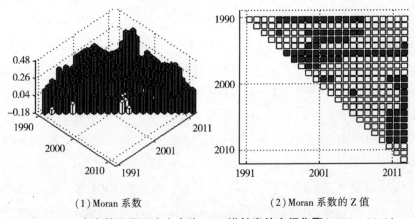

（1）Moran 系数　　　　　　　　　（2）Moran 系数的 Z 值

图 6 - 57　青海基于县尺度上人均 GDP 增长率的空间集聚（1990—2012）

（三）基于市尺度上人均 GDP 增长率的空间集聚

用市尺度上人均 GDP 的增长率计算青海 1990—2012 年的莫兰系数及其 Z 值（见图 6 - 58），结果显示：

1. 绝大部分时间段的莫兰系数大于期望值，只有 49 个时间段的莫兰系数小于期望值。

2. 莫兰系数存在后向传导效应。若后续年份的莫兰系数比之前年份的莫兰系数大，则会提高前面年份的莫兰系数，反之，则会拉低前面年份的莫兰系数。在莫兰系数上，前者如 1990—1991 年的莫兰系数值，后者如 1991—1992 年的莫兰系数值。

3. 所有 253 个时间段的莫兰系数的 Z 值都小于门槛值。

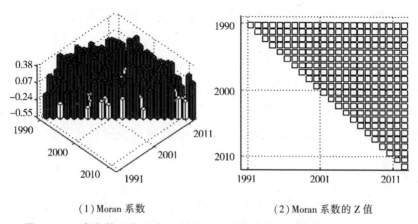

（1）Moran 系数　　　　（2）Moran 系数的 Z 值

图 6 - 58　**青海基于市尺度上人均 GDP 增长率的空间集聚（1990—2012）**

十九　山东省的区域经济空间集聚

（一）基于人均 GDP 的空间集聚

用县、市尺度上人均 GDP 计算山东 1990—2012 年的莫兰系数及其 Z 值（见图 6 - 59），县、市尺度上的莫兰系数及其 Z 值的绝对值和走势各异。

1. 就莫兰系数而言，市尺度上的莫兰系数除 1994 年外都居于第一的位置，未来县、市尺度上的值可能会继续上升。县尺度上的莫兰系数在 1990—1991 年略有下降，1991—1993 年快速上升，1993—1995 年不断下降，1995—2001 年快速上升，2001—2005 年快速下降，2005—2012 年不断上升。市尺度上的莫兰系数在 1990—1991 年

略有下降，1991—1992 年稍有下降，1992—1994 年快速上升，并在
1994 年反超县尺度，1994—1999 年不断快速下降，并在 1995 年开始
比县尺度低，1999—2000 年上升，2000—2005 年加速下降，2005—
2012 年不断上升。按照 1990—2012 年的总体态势，县尺度上的值未
来可能会继续上升。按照 2005—2012 年的态势发展，市尺度上的值
未来可能会继续上升。

2. 就莫兰系数的 Z 值而言，县尺度上的值一直比市尺度上大，
县尺度上的值都达到了显著的标准而市尺度上的值都未达到显著的标
准，未来县尺度上的值可能会上升而继续保持显著，市尺度上的值可
能会继续下降而仍将保持不显著。

3. 莫兰系数的值与其对应的 Z 值在变化态势上有很大的相似性。
县、市尺度上的莫兰系数及其 Z 值在特征年份（如县尺度上的 1991
年、1993 年、1995 年、2001 年、2005 年，市尺度上的 1994 年、
1999 年、2005 年等）及其他各年的变化乃至整个的变化形态都非常
相似。

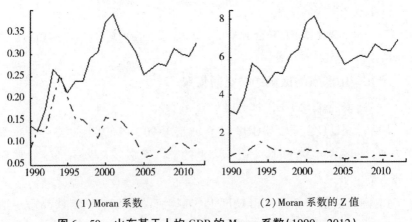

（1）Moran 系数　　　　　（2）Moran 系数的 Z 值

图 6-59　山东基于人均 GDP 的 Moran 系数(1990—2012)

（二）基于县尺度上人均 GDP 增长率的空间集聚

用县尺度上人均 GDP 的增长率计算山东 1990—2012 年的莫兰系

第六章 区域经济空间集聚的多尺度分析

数及其 Z 值(见图 6－60),结果显示:

1. 绝大部分时间段的莫兰系数大于期望值,只有 44 个时间段的莫兰系数小于期望值。

2. 莫兰系数及其 Z 值存在后向传导效应。若后续年份的莫兰系数(或其 Z 值)比之前年份的莫兰系数(或其 Z 值)大,则会提高前面年份的莫兰系数(或其 Z 值),反之,则会拉低前面年份的莫兰系数(或其 Z 值)。在莫兰系数上,前者如 1990—1991 年的莫兰系数值,后者如 2000—2001 年的莫兰系数值。在莫兰系数的 Z 值上,前者如 2008—2009 年莫兰系数的 Z 值,后者如 2006—2007 年莫兰系数的 Z 值。

3. 大部分时间段的莫兰系数的 Z 值小于门槛值。整个 253 个时间段中有 118 个时间段的 Z 值达到显著的水平,而这 118 个达到显著水平的 Z 值所对应的莫兰系数也相对较高。

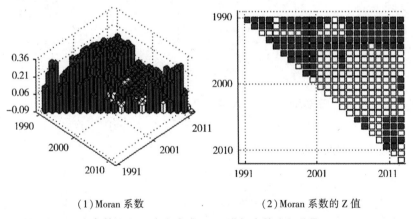

(1)Moran 系数　　　　　(2)Moran 系数的 Z 值

图 6－60　山东基于县尺度上人均 GDP 增长率的空间集聚(1990—2012)

(三) 基于市尺度上人均 GDP 增长率的空间集聚

用市尺度上人均 GDP 的增长率计算山东 1990—2012 年的莫兰系数及其 Z 值(见图 6－61),结果显示:

1. 大部分时间段的莫兰系数小于期望值,只有 110 个时间段的莫

·285·

兰系数大于期望值。

2. 莫兰系数存在后向传导效应。若后续年份的莫兰系数比之前年份的莫兰系数大，则会提高前面年份的莫兰系数，反之，则会拉低前面年份的莫兰系数。在莫兰系数上，前者如 1990—1991 年的莫兰系数值，后者如 1992—1993 年的莫兰系数值。

3. 绝大部分时间段的莫兰系数的 Z 值小于门槛值。整个 253 个时间段中只有 1 个时间段的 Z 值达到显著的水平，而这 1 个达到显著水平的 Z 值所对应的莫兰系数也相对较高。

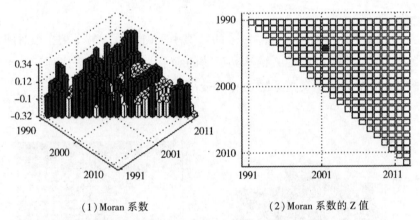

(1) Moran 系数　　　　　　　　　(2) Moran 系数的 Z 值

图 6 - 61　山东基于市尺度上人均 GDP 增长率的空间集聚(1990—2012)

二十　山西的区域经济空间集聚

（一）基于人均 GDP 的空间集聚

用县、市尺度上人均 GDP 计算山西 1990—2012 年的莫兰系数及其 Z 值(见图 6 - 62)，县、市尺度上莫兰系数及其 Z 值的绝对值和走势各异。

1. 就莫兰系数而言，市尺度上的莫兰系数一直居于第一的位置，未来县尺度上的值可能会略有上升而市尺度上的值可能会下降。县尺度上的莫兰系数在 1990—1994 年基本保持不变，1994—1995 年略有上升，1995—2007 年不断缓慢下降，2007—2008 年上升，2008—

2011 年稍有下降，2011—2012 年略有上升。市尺度上的莫兰系数在 1990—1995 年基本保持不变，1995—1996 年略有上升，1996—2004 年不断下降，2004—2005 年略有上升，2005—2006 年快速上升，2006—2012 年不断下降。按照 1990—2012 年的总体态势，县尺度上的值未来可能会继续下降。但如果按照 2007—2012 年的态势发展，则可能会略有上升，后一种可能性更大。不论按照 1990—2012 年的总体态势还是按照 2006—2012 年的态势发展，市尺度上的值未来可能会继续下降。

2. 就莫兰系数的 Z 值而言，县尺度上的值一直比市尺度上大，县尺度上的值都达到了显著的标准而市尺度上的值一直未达到显著的标准，未来县尺度上的值可能会略有上升而继续保持显著，市尺度上的值可能会继续下降而仍将维持不显著。

3. 莫兰系数的值与其对应的 Z 值在变化态势上有很大的相似性。县、市尺度上的莫兰系数及其 Z 值在特征年份(如县尺度上的 1994 年、1995 年、2007 年，市尺度上的 1995 年、1996 年、2004 年、2006 年、2011 年等)及其他各年的变化乃至整个的变化形态都非常相似。

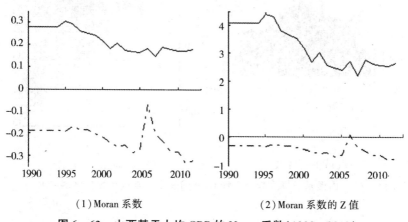

(1)Moran 系数　　　　　(2)Moran 系数的 Z 值

图 6 - 62　山西基于人均 GDP 的 Moran 系数(1990—2012)

（二）基于县尺度上人均 GDP 增长率的空间集聚

用县尺度上人均 GDP 的增长率计算山西 1990—2012 年的莫兰系数及其 Z 值（见图 6 - 63），结果显示：

1. 绝大部分时间段的莫兰系数大于期望值，只有 12 个时间段的莫兰系数小于期望值。

2. 莫兰系数及其 Z 值存在后向传导效应。若后续年份的莫兰系数（或其 Z 值）比之前年份的莫兰系数（或其 Z 值）大，则会提高前面年份的莫兰系数（或其 Z 值），反之，则会拉低前面年份的莫兰系数（或其 Z 值）。在莫兰系数上，前者如 1993—1994 年的莫兰系数值，后者如 1994—1995 年的莫兰系数值。在莫兰系数的 Z 值上，前者如 1993—1994 年莫兰系数的 Z 值，后者如 1990—1991 年莫兰系数的 Z 值。

3. 大部分时间段的莫兰系数的 Z 值小于门槛值。整个 253 个时间段中有 101 个时间段的 Z 值达到显著水平，而这 101 个达到显著水平的 Z 值所对应的莫兰系数也相对较高。

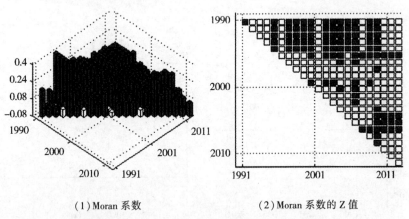

（1）Moran 系数　　　　　　　　（2）Moran 系数的 Z 值

图 6 - 63　山西基于县尺度上人均 GDP 增长率的空间集聚（1990—2012）

（三）基于市尺度上人均 GDP 增长率的空间集聚

用市尺度上人均 GDP 的增长率计算山西 1990—2012 年的莫兰系

数及其 Z 值(见图 6 - 64),结果显示:

1. 大部分时间段的莫兰系数大于期望值,只有 91 个时间段的莫兰系数小于期望值。

2. 莫兰系数存在后向传导效应。若后续年份的莫兰系数比之前年份的莫兰系数大,则会提高前面年份的莫兰系数,反之,则会拉低前面年份的莫兰系数。在莫兰系数上,前者如 1998—1999 年的莫兰系数值,后者如 1999—2000 年的莫兰系数值。

3. 绝大部分时间段的莫兰系数的 Z 值小于门槛值。整个 253 个时间段中只有 15 个时间段的 Z 值达到显著水平,而这 15 个达到显著水平的 Z 值所对应的莫兰系数也相对较高。

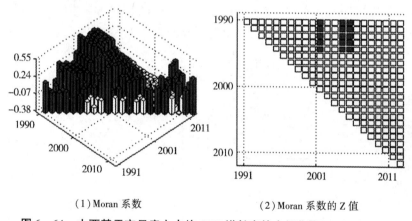

(1) Moran 系数　　　　　　　(2) Moran 系数的 Z 值

图 6 - 64　山西基于市尺度上人均 GDP 增长率的空间集聚(1990—2012)

二十一　陕西的区域经济空间集聚

(一) 基于人均 GDP 的空间集聚

用县、市尺度上人均 GDP 计算陕西 1990—2012 年的莫兰系数及其 Z 值(见图 6 - 65),县、市尺度上的莫兰系数及其 Z 值的绝对值和走势各异。

1. 就莫兰系数而言,市尺度上的莫兰系数除 1994 年外都居于第一的位置,未来县、市尺度上的值都可能会上升。县尺度上的莫兰系数在1990—1996年不断下降，1996—1999年不断上升，1999—2004年不断下降，2004—2008年不断上升，2008—2012年大致维持稳定。市尺度上的莫兰系数在1990—2002年不断下降，2002—2007年不断上升，2007—2009年略有下降，2009—2012年上升。按照1990—2012年的总体态势，县、市尺度上的值未来可能会继续上升。

2. 就莫兰系数的Z值而言，县尺度上的值一直都比市尺度上大，县尺度上的值除2004年外都达到了显著的标准而市尺度上的值一直都未达到显著的标准，未来县尺度上的值可能会略有上升而继续保持显著，市尺度上的值可能会上升而更加接近显著。

3. 莫兰系数的值与其对应的Z值在变化态势上有很大的相似性。县、市尺度上的莫兰系数及其Z值在特征年份（如县尺度上的1996年、1999年、2004年、2008年，市尺度上的2002年、2007年等）及其他各年的变化乃至整个的变化形态都非常相似。

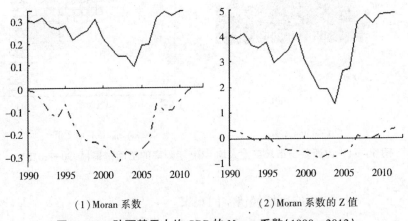

(1)Moran系数　　　　　　　　(2)Moran系数的Z值

图6-65　陕西基于人均GDP的Moran系数(1990—2012)

（二）基于县尺度上人均GDP增长率的空间集聚

用县尺度上人均GDP的增长率计算陕西1990—2012年的莫兰系数及其Z值(见图6-66)，结果显示：

1. 绝大部分时间段的莫兰系数大于期望值，只有21个时间段的莫兰系数小于期望值。

2. 莫兰系数及其 Z 值存在后向传导效应。若后续年份的莫兰系数(或其 Z 值)比之前年份的莫兰系数(或其 Z 值)大，则会提高前面年份的莫兰系数(或其 Z 值)，反之，则会拉低前面年份的莫兰系数(或其 Z 值)。在莫兰系数上，前者如 1991—1992 年的莫兰系数值，后者如 1990—1991 年的莫兰系数值。在莫兰系数的 Z 值上，前者如 2003—2004 年莫兰系数的 Z 值，后者如 1990—1991 年的莫兰系数的 Z 值。

3. 大部分时间段的莫兰系数的 Z 值大于门槛值。整个 253 个时间段中有 65 个时间段的 Z 值未达到显著水平，而这 65 个未达到显著水平的 Z 值所对应的莫兰系数也相对较低。

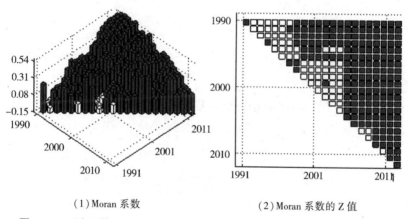

(1) Moran 系数　　　　　　(2) Moran 系数的 Z 值

图 6 - 66　陕西基于县尺度上人均 GDP 增长率的空间集聚(1990—2012)

(三) 基于市尺度上人均 GDP 增长率的空间集聚

用市尺度上人均 GDP 的增长率计算陕西省 1990—2012 年的莫兰系数及其 Z 值(见图 6 - 67)，结果显示：

1. 大部分时间段的莫兰系数大于期望值，只有 75 个时间段的莫兰系数小于期望值。

2. 莫兰系数存在后向传导效应。若后续年份的莫兰系数比之前年份的莫兰系数大，则会提高前面年份的莫兰系数，反之，则会拉低前面年份的莫兰系数。在莫兰系数上，前者如1998—1999年的莫兰系数值，后者如1990—1991年的莫兰系数值。

3. 所有253个时间段的莫兰系数的Z值都小于门槛值。

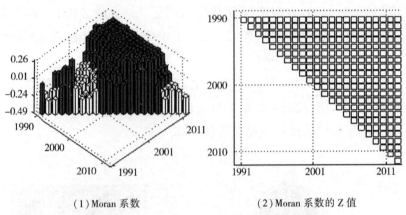

　　（1）Moran 系数　　　　　　　　（2）Moran 系数的 Z 值

图6-67　陕西基于市尺度上人均 GDP 增长率的空间集聚（1990—2012）

二十二　四川的区域经济空间集聚

（一）基于人均 GDP 的空间集聚

用县、市尺度上人均 GDP 计算四川1990—2012年的莫兰系数及其Z值（见图6-68），县、市尺度上的莫兰系数及其Z值的绝对值和走势各异。

1. 就莫兰系数而言，市尺度上的莫兰系数一直居于第一的位置，未来县尺度上的值可能会上升而市尺度上的值可能会下降。县尺度上的莫兰系数1990—1993年不断快速上升，1993—1994年急速下降，1994—1997年上升，1997—2000年急速上升，2000—2002年略有上升，2002—2005年不断下降，2005—2011年基本维持稳定，2011—2012年上升。市尺度上的莫兰系数1990—1991年急速上升，1991—1994年急速下降，1994—1997年基本维持稳定，1997—2005年不断上升，2005—2012年不断下降。按照1990—2012年的总体态势，县尺度上的值在未来可能会继续上升，而市尺度上的值可能会下降。

2. 就莫兰系数的 Z 值而言，县尺度上的值一直都比市尺度上大，县尺度上的值除 1994 年外都达到了显著的标准而市尺度上的值除 1991 年、1992 年外都未达到显著的标准，未来县尺度上的值可能会略有上升而继续保持显著，市尺度上的值可能会下降而继续保持不显著。

3. 莫兰系数的值与其对应的 Z 值在变化态势上有很大的相似性。县、市尺度上的莫兰系数及其 Z 值在特征年份(如县尺度上的 1991 年、1993 年、1994 年、2002 年，市尺度上的 1991 年、1994 年、2005 年等)及其他各年的变化乃至整个的变化形态都非常相似。

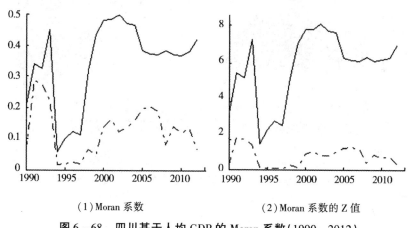

(1)Moran 系数   (2)Moran 系数的 Z 值

图 6 - 68   四川基于人均 GDP 的 Moran 系数(1990—2012)

(二) 基于县尺度上人均 GDP 增长率的空间集聚

用县尺度上人均 GDP 的增长率计算四川 1990—2012 年的莫兰系数及其 Z 值(见图 6 - 69)，结果显示：

1. 绝大部分时间段的莫兰系数大于期望值。只有 38 个时间段的莫兰系数小于期望值。

2. 莫兰系数及其 Z 值存在后向传导效应。若后续年份的莫兰系数(或其 Z 值)比之前年份的莫兰系数(或其 Z 值)大，则会提高前面年份的莫兰系数(或其Z值),反之,则会拉低前面年份的莫兰系数(或其Z值)。在莫兰系数上,前者如2006—2007年的莫兰系数值,后者如1995—1996年的莫兰系数值。在莫兰系数的Z值上,前者如2006—2007年莫兰系数的Z值,后者如1995—1996年莫兰系数的Z值。

3. 大部分时间段莫兰系数的Z值大于门槛值。整个253个时间段中有95个时间段的Z值未达到显著水平,而这95个未达到显著水平的Z值所对应的莫兰系数也相对较低。

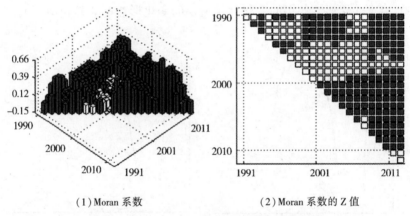

(1) Moran系数　　　　　(2) Moran系数的Z值

图6-69　四川基于县尺度上人均GDP增长率的空间集聚(1990—2012)

(三) 基于市尺度上人均GDP增长率的空间集聚

用市尺度上人均GDP的增长率计算四川1990—2012年的莫兰系数及其Z值(见图6-70),结果显示:

1. 绝大部分时间段的莫兰系数大于期望值,只有74个时间段的莫兰系数小于期望值。

2. 莫兰系数及其Z值存在后向传导效应。若后续年份的莫兰系数(或其Z值)比之前年份的莫兰系数(或其Z值)大,则会提高前面年份的莫兰系数(或其Z值),反之,则会拉低前面年份的莫兰系数(或其Z值)。在莫兰系数上,前者如2006—2007年的莫兰系数值,后者如 2000—2001 年的莫兰系数值。在莫兰系数的 Z 值上，前者如 2006—2007 年莫兰系数的 Z 值，后者如 2006—2011 年的莫兰系数的 Z 值。

3. 绝大部分时间段的莫兰系数的 Z 值小于门槛值。整个 253 个时间段中只有 17 个时间段的 Z 值达到显著的水平，而这 17 个时间段的莫兰系数也相对较高。

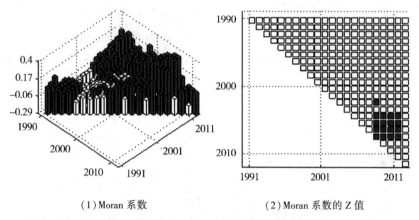

(1)Moran 系数　　　　　(2)Moran 系数的 Z 值

图 6 - 70　四川基于市尺度上人均 GDP 增长率的空间集聚(1990—2012)

二十三　西藏的区域经济空间集聚

（一）基于人均 GDP 的空间集聚

用县、市尺度上人均 GDP 计算西藏 1990—2012 年的莫兰系数及其 Z 值(见图 6 -71)，县、市尺度上的莫兰系数及其 Z 值的绝对值和走势各异。

1. 就莫兰系数而言，市尺度上的莫兰系数一直居于第一的位置，未来县、市尺度上的值都可能会上升。县尺度上的莫兰系数 1990—1991 年急速下降，1991—2011 年基本呈"倒 U"形走势，2011—2012 年快速上升。市尺度上的莫兰系数在 1990—1991 年急速上升，1991—1998 年快速下降，1998—2012 年不断上升。按照 1990—2012 年的总体态势，县、市尺度上的值未来可能会继续上升。

2. 就莫兰系数的 Z 值而言，县尺度上的值一直比市尺度上大，县尺度上的值除 1991 年、2006 年、2011 年外都达到了显著的标准，而市尺度上的值都未达到显著的标准，未来县、市尺度上的值都可能会上升，即县尺度上的值继续保持显著而市尺度上的值更为接近显著。

3. 莫兰系数的值与其对应的 Z 值在变化态势上有很大的相似性。县、市尺度上的莫兰系数及其 Z 值在特征年份(如县尺度上的 1991 年、1993 年、1994 年、2002 年，市尺度上的 1991 年、1994 年、2005 年等)及其他各年的变化乃至整个的变化形态都非常相似。

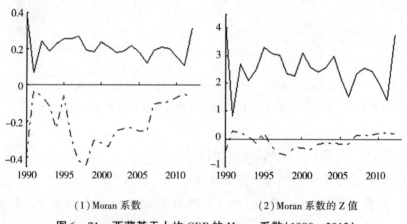

(1) Moran 系数　　　　　(2) Moran 系数的 Z 值

图 6 - 71　西藏基于人均 GDP 的 Moran 系数(1990—2012)

(二) 基于县尺度上人均 GDP 增长率的空间集聚

用县尺度上人均 GDP 的增长率计算西藏 1990—2012 年的莫兰系数及其 Z 值(见图 6 - 72)，结果显示：

1. 绝大部分时间段的莫兰系数大于期望值，只有 27 个时间段的莫兰系数小于期望值。

2. 莫兰系数及其 Z 值存在后向传导效应。若后续年份的莫兰系数(或其 Z 值)比之前年份的莫兰系数(或其 Z 值)大,则会提高前面年份的莫兰系数(或其 Z 值),反之,则会拉低前面年份的莫兰系数(或其 Z 值)。在莫兰系数上,前者如 1992—1993 年的莫兰系数值,后者如 1996—1997 年的莫兰系数值。在莫兰系数的 Z 值上,前者如 2003—2004 年莫兰系数的 Z 值,后者如 1996—1997 年莫兰系数的 Z 值。

3. 大部分时间段莫兰系数的 Z 值大于门槛值。整个 253 个时间段中有 124 个时间段的 Z 值未达到显著水平,而这 124 个时间段的莫兰系数也相对较低。

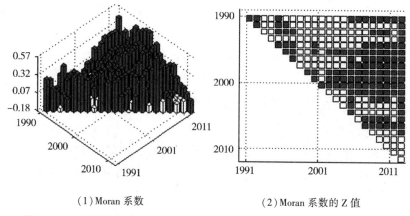

（1）Moran 系数　　　　　　　（2）Moran 系数的 Z 值

图 6 - 72　西藏基于县尺度上人均 GDP 增长率的空间集聚(1990—2012)

（三）基于市尺度上人均 GDP 增长率的空间集聚

用市尺度上人均 GDP 的增长率计算西藏 1990—2012 年的莫兰系数及其 Z 值(见图 6 - 73),结果显示:

1. 绝大部分时间段的莫兰系数大于期望值,只有 98 个时间段的莫兰系数小于期望值。

2. 莫兰系数存在后向传导效应。若后续年份的莫兰系数比之前年份的莫兰系数大,则会提高前面年份的莫兰系数,反之,则会拉低前面年份的莫兰系数。在莫兰系数上,前者如 2005—2006 年的莫兰系数值，后者如 1992—1993 年的莫兰系数值。

3. 所有 253 个时间段的莫兰系数的 Z 值都小于门槛值。

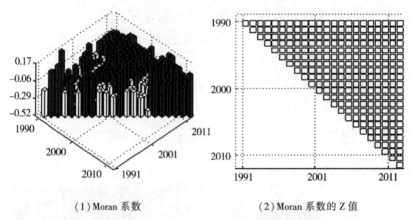

（1）Moran 系数 　　　　（2）Moran 系数的 Z 值

图 6 - 73　西藏基于县尺度上人均 GDP 增长率的空间集聚（1990—2012）

二十四　新疆的区域经济空间集聚

（一）基于人均 GDP 的空间集聚

用县、市尺度上人均 GDP 计算新疆 1990—2012 年的莫兰系数及其 Z 值（见图 6 - 74），县、市尺度上的莫兰系数及其 Z 值的绝对值和走势各异。

1. 就莫兰系数而言，市尺度上的莫兰系数一直居于第一的位置，未来县、市尺度上的值都可能会上升。县尺度上的莫兰系数在1990—1993 年快速下降，1993—1998 年不断快速上升，1998—2006年不断快速下降，2006—2012 年不断上升，整个 1990—2012 年大致呈 W 形，只是中间的连接处（1998 年）更为突出一些。市尺度上的莫兰系数在 1990—1993 年下降，1993—1999 年不断上升，1999—2006年不断下降，2006—2012 年不断上升，整个 1990—2012 年大致呈 W形，只是中间的连接处（1999 年）更为突出一些。按照 1990—2012 年的总体态势，县、市尺度上的值未来都可能会继续上升。

2. 就莫兰系数的 Z 值而言，县尺度上的值一直都比市尺度上大，县尺度上的值除 1991—1995 年、1997 年、2001 年、2002 年、2004—2008 年外都达到了显著的标准，而市尺度上的值都未达到显著标准，未来县、市尺度上的值都可能会上升，即县尺度上的值将继续保持显著，而市尺度上的值则更为接近显著。

3. 莫兰系数的值与其对应的 Z 值在变化态势上有很大的相似性。县、市尺度上的莫兰系数及其 Z 值在特征年份（如县尺度上的 1993年、1998 年、2006 年，市尺度上的 1993 年、1999 年、2006 年等）及其他各年的变化乃至整个的变化形态都非常相似。

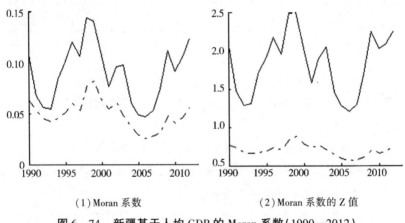

（1）Moran 系数　　　　　（2）Moran 系数的 Z 值

图 6 - 74　新疆基于人均 GDP 的 Moran 系数（1990—2012）

（二）基于县尺度上人均 GDP 增长率的空间集聚

用县尺度上人均 GDP 的增长率计算新疆 1990—2012 年的莫兰系数及其 Z 值（见图 6 - 75），结果显示：

1. 绝大部分时间段的莫兰系数大于期望值，只有 44 个时间段的莫兰系数小于期望值。

2. 莫兰系数存在后向传导效应。若后续年份的莫兰系数比之前年份的莫兰系数大，则会提高前面年份的莫兰系数，反之，则会拉低前面年份的莫兰系数。在莫兰系数上，前者如 1997—1998 年的莫兰系数值，后者如 1992—1993 年的莫兰系数值。

3. 绝大部分时间段的莫兰系数的 Z 值小于门槛值。整个 253 个时间段中有 50 个时间段的 Z 值达到显著水平，而这 50 个达到显著水平的 Z 值所对应的莫兰系数也相对较高。

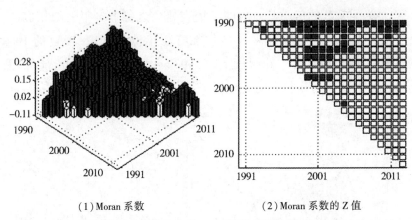

(1) Moran 系数　　　　　　　　(2) Moran 系数的 Z 值

图 6 - 75　新疆基于县尺度上人均 GDP 增长率的空间集聚(1990—2012)

（三）基于市尺度上人均 GDP 增长率的空间集聚

用市尺度上人均 GDP 的增长率计算新疆 1990—2012 年的莫兰系数及其 Z 值(见图 6 - 76)，结果显示：

1. 绝大部分时间段的莫兰系数大于期望值，只有 45 个时间段的莫兰系数小于期望值。

2. 莫兰系数存在后向传导效应。若后续年份的莫兰系数比之前年份的莫兰系数大，则会提高前面年份的莫兰系数，反之，则会拉低前面年份的莫兰系数。在莫兰系数上，前者如 1990—1991 年的莫兰系数值，后者如 1992—1993 年的莫兰系数值。

3. 绝大部分时间段的莫兰系数的 Z 值小于门槛值。整个 253 个时间段中只有 11 个时间段的 Z 值达到显著水平，而这 11 个达到显著水平的 Z 值所对应的莫兰系数也相对较高。

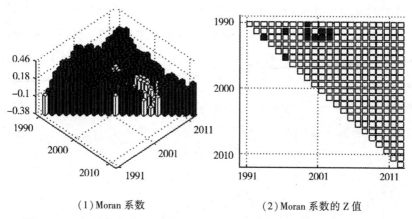

（1）Moran 系数　　　　　　　（2）Moran 系数的 Z 值

图 6 - 76　新疆基于市尺度上人均 GDP 增长率的空间集聚（1990—2012）

二十五　云南的区域经济空间集聚

（一）基于人均 GDP 的空间集聚

用县、市尺度上人均 GDP 计算云南省 1990—2012 年的莫兰系数及其 Z 值（见图 6 - 77），县、市尺度上的莫兰系数及其 Z 值的绝对值和走势各异。

1. 就莫兰系数而言，市尺度上的莫兰系数除 1990 年、1991 年、1998 年、2001—2004 年外都居于第一的位置，未来县尺度上的值可能会保持稳定而市尺度上的值可能会下降。县尺度上的莫兰系数在 1990—1992 年快速上升，1992—1994 年快速下降，1994—2010 年不断上升，2010—2011 年下降，2011—2012 年上升。市尺度上的莫兰系数在 1990—1991 年略有上升，1991—1992 年快速下降，1992—1997 年基本保持稳定，1997—1998 年急速上升，1998—2000 年急速下降，2000—2001 年急速上升，2001—2005 年上升，2005—2006 年下降，2006—2009 年上升，2009—2012 年下降。按照 1990—2012 年的总体态势，未来县尺度上的值可能会保持稳定而市尺度上的值可能会下降。

2. 就莫兰系数的 Z 值而言，县尺度上的值一直都比市尺度上大，县尺度上的值除 1990 年、1994 年外都达到了显著的标准而市尺度上的值都未达到显著的标准，未来县尺度上的值可能会大致保持稳定而继续保持显著,市尺度上的值可能会下降而继续保持不显著。

3. 莫兰系数的值与其对应的 Z 值在变化态势上有很大的相似性。县、市尺度上的莫兰系数及其 Z 值在特征年份(如县尺度上的 1991 年、1994 年、2005 年,市尺度上的 1991 年、1992 年、1997 年、1998 年、2000 年、2001 年、2005 年等)及其他各年的变化乃至整个的变化形态都非常相似。

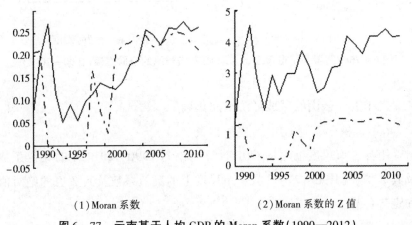

(1)Moran 系数   (2)Moran 系数的 Z 值

图 6 - 77 云南基于人均 GDP 的 Moran 系数(1990—2012)

(二) 基于县尺度上人均 GDP 增长率的空间集聚

用县尺度的人均 GDP 的增长率计算云南省 1990—2012 年的莫兰系数及其 Z 值(见图 6 - 78),结果显示:

1. 绝大部分时间段的莫兰系数大于期望值,只有 55 个时间段的莫兰系数小于期望值。

2. 莫兰系数及其 Z 值存在后向传导效应。若后续年份的莫兰系数(或其 Z 值)比之前年份的莫兰系数(或其 Z 值)大,则会提高前面年份的莫兰系数(或其 Z 值),反之,则会拉低前面年份的莫兰系数(或其 Z 值)。在莫兰系数上,前者如 1997—1998 年的莫兰系数值,后者如 2003—2004 年的莫兰系数值。在莫兰系数的 Z 值上,前者如 2009—2010 年莫兰系数的 Z 值,后者如 2004—2005 年莫兰系数的

Z 值。

3. 大部分时间段的莫兰系数的 Z 值小于门槛值。整个 253 个时间段中有 81 个时间段的 Z 值达到显著水平，而这 81 个达到显著水平的 Z 值所对应的莫兰系数也相对较高。

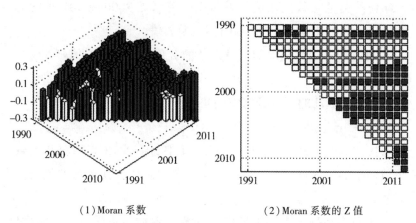

（1）Moran 系数　　　　　　（2）Moran 系数的 Z 值

图 6-78　云南基于县尺度上人均 GDP 增长率的空间集聚（1990—2012）

（三）基于市尺度上人均 GDP 增长率的空间集聚

用市尺度上人均 GDP 的增长率计算云南 1990—2012 年的莫兰系数及其 Z 值（见图 6-79），结果显示：

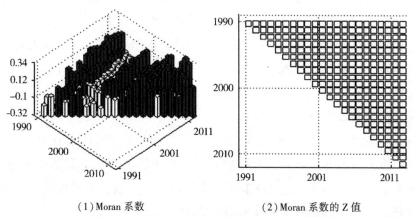

（1）Moran 系数　　　　　　（2）Moran 系数的 Z 值

图 6-79　云南基于市尺度上人均 GDP 增长率的空间集聚（1990—2012）

1. 绝大部分时间段的莫兰系数大于期望值，只有 25 个时间段的莫兰系数小于期望值。

2. 莫兰系数存在后向传导效应。若后续年份的莫兰系数比之前年份的莫兰系数大，则会提高前面年份的莫兰系数，反之，则会拉低前面年份的莫兰系数。在莫兰系数上，前者如 2006—2007 年的莫兰系数值，后者如 1995—1996 年的莫兰系数值。

3. 所有 253 个时间段的莫兰系数的 Z 值都小于门槛值。

二十六　浙江的区域经济空间集聚

（一）基于人均 GDP 的空间集聚

用县、市尺度上人均 GDP 计算浙江 1990—2012 年的莫兰系数及其 Z 值（见图 6 - 80），县、市尺度上的莫兰系数及其 Z 值的绝对值和走势各异。

1. 就莫兰系数而言，市尺度上的莫兰系数一直居于第一的位置，未来县尺度上的值可能会略有上升，市尺度上的值可能会基本保持稳定。县尺度上的莫兰系数在 1990—1996 年不断上升，1996—2002 年不断下降，2002—2009 年不断上升，2009—2011 年下降，2011—2012 年上升。市尺度上的莫兰系数在 1990—2001 年不断下降，2001—2009 年不断上升，2009—2010 年略有下降，2010—2012 年基本保持稳定。按照 1990—2012 年的总体态势，未来县尺度上的值可能会保持稳定。按照 1990—2012 年的总体态势，市尺度上的值可能会下降。按照 2001—2012 年的态势发展，市尺度上的值可能会上升。按照 2010—2012 年的态势发展，市尺度上的值可能会保持稳定。市尺度上值的最后一种可能性最大。

2. 就莫兰系数的 Z 值而言，县尺度上的值一直比市尺度上大，县尺度上的值都达到了显著标准而市尺度上的值都未达到显著标准，未来县尺度上的值可能会略有上升而继续保持显著，市尺度上的值可能会基本保持稳定而继续保持不显著。

3. 莫兰系数的值与其对应的 Z 值在变化态势上有很大的相似性。

县、市尺度上的莫兰系数及其 Z 值在特征年份（如县尺度上的 1996 年、2002 年、2009 年，市尺度上的 2001 年、2009 年等）及其他各年的变化乃至整个的变化形态都非常相似。

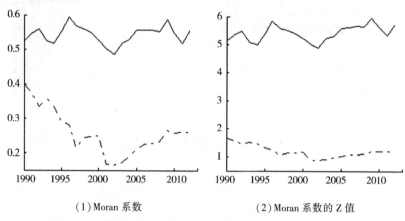

（1）Moran 系数 　　　　　（2）Moran 系数的 Z 值

图 6 - 80　浙江省基于人均 GDP 的 Moran 系数（1990—2012）

（二）基于县尺度上人均 GDP 增长率的空间集聚

用县尺度上人均 GDP 的增长率计算浙江省 1990—2012 年的莫兰系数及其 Z 值（见图 6 - 81），结果显示：

1. 绝大部分时间段的莫兰系数大于期望值，只有 16 个时间段的莫兰系数小于期望值。

2. 莫兰系数及其 Z 值存在后向传导效应。若后续年份的莫兰系数（或其 Z 值）比之前年份的莫兰系数（或其 Z 值）大，则会提高前面年份的莫兰系数（或其 Z 值），反之，则会拉低前面年份的莫兰系数（或其 Z 值）。在莫兰系数上，前者如 2001—2002 年的莫兰系数值，后者如 2006—2007 年的莫兰系数值。在莫兰系数的 Z 值上，前者如 1995—1996 年莫兰系数的 Z 值，后者如 2000—2001 年莫兰系数的 Z 值。

3. 大部分时间段的莫兰系数的 Z 值大于门槛值。整个 253 个时间段中有 83 个时间段的 Z 值未达到显著水平，而这 83 个时间段的莫兰系数也相对较低。

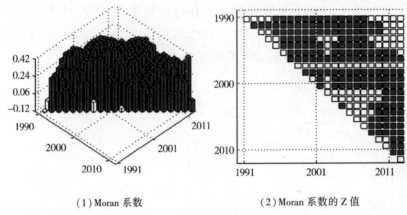

（1）Moran 系数 （2）Moran 系数的 Z 值

图 6 – 81　浙江基于县尺度上人均 GDP 增长率的空间集聚（1990—2012）

（三）基于市尺度上人均 GDP 增长率的空间集聚

用市尺度上人均 GDP 的增长率计算浙江 1990—2012 年的莫兰系数及其 Z 值（见图 6 – 82），结果显示：

1. 绝大部分时间段的莫兰系数大于期望值，只有 25 个时间段的莫兰系数小于期望值。

2. 莫兰系数存在后向传导效应。若后续年份的莫兰系数比之前年份的莫兰系数大，则会提高前面年份的莫兰系数，反之，则会拉低

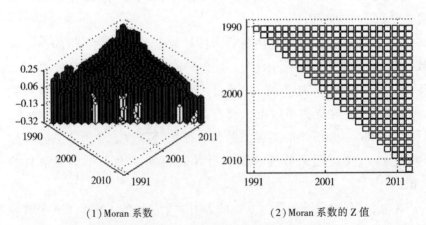

（1）Moran 系数 （2）Moran 系数的 Z 值

图 6 – 82　浙江基于市尺度上人均 GDP 增长率的空间集聚（1990—2012）

前面年份的莫兰系数。在莫兰系数上，前者如2000—2001年的莫兰系数值，后者如2001—2002年的莫兰系数值。

3. 所有253个时间段的莫兰系数的Z值都小于门槛值。

二十七　海南的区域经济空间集聚

（一）基于人均GDP的空间集聚

用人均GDP计算海南1990—2012年的莫兰系数及其Z值（见图6-83），结果显示：

1. 莫兰系数值除1998—2002年外都小于0。莫兰系数在1990—1992年下降，1992—1998年上升，并在1998年时比0大，1998—2009年不断下降，并在2003年时比0小，2009—2012年上升，但仍比0小。

2. 莫兰系数的Z值都未达到显著标准，未来会上升，但距离显著标准还较远。莫兰系数的Z值在1990—1992年下降，1992—1998年上升，1998—2009年不断下降，2009—2012年上升，但都未达到显著标准。

3. 莫兰系数的值与其对应的Z值在变化态势上有很大的相似性。莫兰系数及其Z值在特征年份（如1992年、1998年、2009年等）及其他各年的变化乃至整个的变化形态都非常相似。

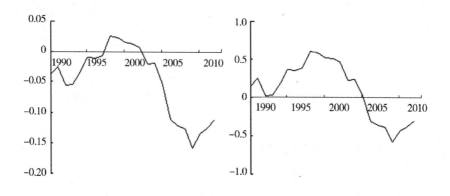

（1）Moran 系数　　　　　　（2）Moran 系数的Z值

图6-83　海南基于人均GDP的Moran系数（1990—2012）

（二）基于人均 GDP 增长率的空间集聚

用人均 GDP 的增长率计算海南 1990—2012 年的莫兰系数及其 Z 值（见图 6 - 84），结果显示：

1. 大部分时间段的莫兰系数大于期望值，只有 101 个时间段的莫兰系数小于期望值。

2. 莫兰系数存在后向传导效应。若后续年份的莫兰系数比之前年份的莫兰系数大，则会提高前面年份的莫兰系数，反之，则会拉低前面年份的莫兰系数。在莫兰系数上，前者如 2010—2011 年的莫兰系数值，后者如 1990—1991 年的莫兰系数值。

3. 绝大部分时间段的莫兰系数的 Z 值大于门槛值。整个 253 个时间段中只有 1 个时间段的 Z 值未达到显著水平，而这 1 个达到显著水平的 Z 值所对应的莫兰系数也相对较低。

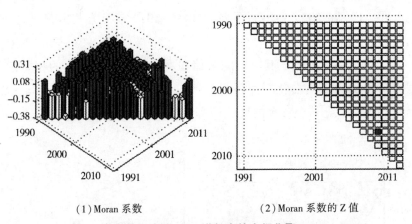

（1）Moran 系数　　　　　　（2）Moran 系数的 Z 值

图 6 - 84　海南基于人均 GDP 增长率的空间集聚（1990—2012）

二十八　重庆的区域经济空间集聚

（一）基于人均 GDP 的空间集聚

用人均 GDP 计算重庆 1990—2012 年的莫兰系数及其 Z 值（见图 6 - 85），结果显示：

1. 莫兰系数值都大于 0。莫兰系数在 1990—1992 年下降，

1992—2002 年不断快速上升，2002—2010 年不断下降，2010—2012 年上升。

2. 莫兰系数的 Z 值除 1990—1992 年、1994 年、2010 年、2011 年外都达到了显著标准，未来会上升而继续保持显著。莫兰系数在 1990—1992 年下降，1992—2002 年不断快速上升，2002—2010 年不断下降，2010—2012 年上升。未来会上升而继续保持显著。

3. 莫兰系数的值与其对应的 Z 值在变化态势上有很大的相似性。莫兰系数及其 Z 值在特征年份（如 1992 年、2002 年、2010 年等）及其他各年的变化乃至整个的变化形态都非常相似。

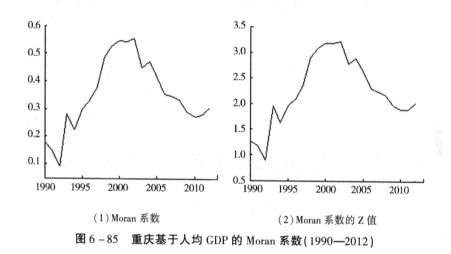

（1）Moran 系数　　　　　　　（2）Moran 系数的 Z 值

图 6 - 85　重庆基于人均 GDP 的 Moran 系数（1990—2012）

（二）基于人均 GDP 增长率的空间集聚

用人均 GDP 的增长率计算重庆 1990—2012 年的莫兰系数及其 Z 值（见图 6 - 86），结果显示：

1. 大部分时间段的莫兰系数大于期望值，有 69 个时间段的莫兰系数小于期望值。

2. 莫兰系数存在后向传导效应。若后续年份的莫兰系数比之前年份的莫兰系数大，则会提高前面年份的莫兰系数，反之，则会拉低前面年份的莫兰系数。在莫兰系数上，前者如 1991—1992 年的莫兰系数值，后者如 1990—1991 年的莫兰系数值。

3. 绝大部分时间段的莫兰系数的 Z 值大于门槛值。整个 253 个时间段中只有 1 个时间段的 Z 值未达到显著水平，而这 1 个达到显著水平的 Z 值所对应的莫兰系数也相对较低。

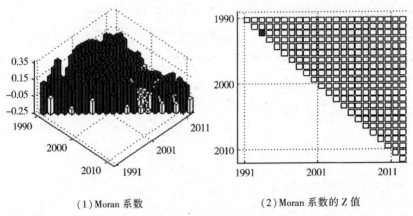

　　　　(1)Moran 系数　　　　　　　　　(2)Moran 系数的 Z 值

图 6 - 86　重庆基于人均 GDP 增长率的空间集聚(1990—2012)

第三节　各尺度上莫兰系数与其 Z 值的相似性

一　各尺度上基于人均 GDP 的相似性

在前面两节的分析中，莫兰系数与其 Z 值存在一定的相似性。为此，这里要进一步分析莫兰系数与其 Z 值的相似性。

全国和各省基于人均 GDP 计算的莫兰系数与其 Z 值的相似性很高(见表 6 - 1、6 - 2 中的 R 值)。基于此，计算要达到检验显著要求(Z> 1.96)的莫兰系数值(MI*)，并将 MI* 与莫兰系数期望值(E(MI))进行比对，得到相应的倍数关系(- MI*/E(MI))。就全国而言，县尺度上达到检验显著要求所需的倍数最大，市、省尺度上相差不大；就各省而言，除广东、宁夏外，各省县尺度上达到检验显著要求所需的倍数都比市尺度上大。

表6-1 全国用人均 GDP 计算的莫兰系数与其 Z 值的相关性

	R	MI*	E(MI)	− MI*/E(MI)
县尺度	0.9999	0.0409	− 0.0004	93
市尺度	0.9845	0.0153	− 0.0029	5
省尺度	0.9873	0.1907	− 0.0323	6

表6-2 各省用人均 GDP 计算的莫兰系数与其 Z 值的相关性

	县尺度				市尺度			
	R	MI*	E(MI)	− MI*/E(MI)	R	MI*	E(MI)	− MI*/E(MI)
安徽	0.9994	0.1428	− 0.0128	11	0.9998	0.3534	− 0.0625	6
福建	0.9894	0.1854	− 0.0149	12	1.0000	0.5367	− 0.1111	5
甘肃	0.9693	0.1150	− 0.0123	9	0.9919	0.3879	− 0.0714	5
广东	0.9814	0.0476	− 0.0114	4	0.9944	0.2458	− 0.0476	5
广西	0.9988	0.1363	− 0.0112	12	0.9999	0.3692	− 0.0714	5
贵州	0.9985	0.1369	− 0.0123	11	0.9998	0.4970	− 0.1111	4
海南	0.9976	0.2420	− 0.0556	4				
河北	0.9969	0.1110	− 0.0068	16	0.9998	0.5870	− 0.0909	6
河南	0.9994	0.0974	− 0.0079	12	0.9997	0.3081	− 0.0556	6
黑龙江	0.9973	0.1478	− 0.0132	11	0.9998	0.3023	− 0.0769	4
湖北	0.9995	0.1264	− 0.0130	10	0.9993	0.2959	− 0.0588	5
湖南	0.9995	0.1090	− 0.0100	11	0.9962	0.3338	− 0.0714	5
吉林	0.9997	0.2031	− 0.0208	10	0.9999	0.6104	− 0.1111	5
江苏	0.9472	− 0.0845	− 0.0164	− 5	0.9895	0.3821	− 0.0769	5
江西	0.9999	0.1371	− 0.0110	12	0.9997	0.4436	− 0.0909	5
辽宁	0.9997	0.1440	− 0.0172	8	0.9999	0.3526	− 0.0714	5
内蒙	0.9999	0.1683	− 0.0112	15	0.9999	0.4978	− 0.0833	6
宁夏	0.9885	0.3042	− 0.0556	5	1.0000	2.0337	− 0.2000	10
青海	0.9993	0.1792	− 0.0250	7	0.9989	0.7721	− 0.1250	6
山东	0.9986	0.0732	− 0.0093	8	0.9982	0.3341	− 0.0588	6
山西	0.9998	0.1294	− 0.0093	14	0.9980	0.4861	− 0.0909	5

续表

	县尺度				市尺度			
	R	MI*	E(MI)	-MI*/E(MI)	R	MI*	E(MI)	-MI*/E(MI)
陕西	0.9927	0.1446	-0.0108	13	0.9998	0.4760	-0.1000	5
四川	0.9955	0.0675	-0.0065	10	0.9962	0.2543	-0.0476	5
西藏	0.9706	0.1537	-0.0137	11	0.9999	0.7736	-0.1429	5
新疆	0.9836	0.1004	-0.0112	9	0.9925	0.2884	-0.0556	5
云南	0.9126	0.0411	-0.0081	5	0.9990	0.3437	-0.0625	5
浙江	0.9204	0.2006	-0.0145	14	0.9999	0.4918	-0.0909	5
重庆	0.9980	0.2955	-0.0500	6				

二 各尺度上基于人均 GDP 增长率的相似性

不仅用人均 GDP 计算的莫兰系数与其 Z 值有很强烈的相关性，用人均 GDP 的增长率计算的莫兰系数与其 Z 值的相关性也很强烈。前述基于人均 GDP 的增长率所进行的分析只基于莫兰系数的 Z 值是否大于 1.96 的显著度的值而给出 0-1 的二元值。实际上，基于人均 GDP 的增长率的莫兰系数的 Z 值的具体值（见附录二）与相应的莫兰系数也有非常强烈的相似性（见表 6-3、表 6-4）。就全国而言，县尺度上达到检验显著要求所需的倍数最大，市尺度上次之，省尺度上最小；就各省而言，除宁夏外，各省县尺度上达到检验显著要求所需的倍数都比市尺度上大。

表 6-3　　　　全国用人均 GDP 增长率计算的莫兰系数
与其 Z 值的相关性

	R	MI*	E(MI)	-MI*/E(MI)
县尺度	0.9981	0.0205	-0.0004	46
市尺度	0.9969	0.0608	-0.0029	21
省尺度	0.9993	0.2012	-0.0323	6

表6-4　　　　　各省用人均GDP增长率计算的莫兰系数
与其Z值的相关性

	县尺度			市尺度			
	R	MI^*	$E(MI)$	$-MI^*/E(MI)$	R	MI^*	$E(MI)$	$-MI^*/E(MI)$
安徽	0.9978	0.1543	-0.0128	12	0.9999	0.3585	-0.0625	6
福建	0.9904	0.1828	-0.0149	12	0.9999	0.5743	-0.1111	5
甘肃	0.9982	0.1407	-0.0123	11	0.9994	0.4257	-0.0714	6
广东	0.9963	0.1052	-0.0114	9	0.9942	0.2727	-0.0476	6
广西	0.9880	0.1394	-0.0112	12	0.9995	0.3685	-0.0714	5
贵州	0.9974	0.1458	-0.0123	12	0.9998	0.5279	-0.1111	5
海南	0.9978	0.2878	-0.0556	5				
河北	0.9878	0.1166	-0.0068	17	0.9997	0.6008	-0.0909	7
河南	0.9996	0.0976	-0.0079	12	0.9999	0.3108	-0.0556	6
黑龙江	0.9946	0.1838	-0.0132	14	0.9971	0.3740	-0.0769	5
湖北	0.9976	0.1259	-0.0130	10	0.9990	0.2909	-0.0588	5
湖南	0.9979	0.1119	-0.0100	11	0.9988	0.3371	-0.0714	5
吉林	0.9981	0.2090	-0.0208	10	0.9999	0.6023	-0.1111	5
江苏	0.9992	0.1486	-0.0164	9	0.9991	0.3699	-0.0769	5
江西	0.9940	0.1443	-0.0110	13	0.9998	0.4453	-0.0909	5
辽宁	0.9946	0.1450	-0.0172	8	0.9993	0.3475	-0.0714	5
内蒙古	0.9953	0.1629	-0.0112	14	0.9996	0.4845	-0.0833	6
宁夏	0.9990	0.3045	-0.0556	5	1.0000	2.0196	-0.2000	10
青海	0.9920	0.1731	-0.0250	7	0.9995	0.7680	-0.1250	6
山东	0.9965	0.0832	-0.0093	9	0.9986	0.3229	-0.0588	5
山西	0.9934	0.1264	-0.0093	14	0.9995	0.4819	-0.0909	5
陕西	0.9933	0.1317	-0.0108	12	0.9991	0.4632	-0.1000	5
四川	0.9970	0.1112	-0.0065	17	0.9947	0.2621	-0.0476	6
西藏	0.9936	0.1585	-0.0137	12	0.9999	0.7749	-0.1429	5
新疆	0.9986	0.1192	-0.0112	11	0.9997	0.3029	-0.0556	5
云南	0.9927	0.1245	-0.0081	15	0.9984	0.3334	-0.0625	5
浙江	0.9957	0.1901	-0.0145	13	0.9994	0.4794	-0.0909	5
重庆	0.9996	0.3313	-0.0500	7				

第四节 小结

一 全国区域经济空间集聚的主要结论

1. 基于人均 GDP 计算的莫兰系数及其 Z 值检验的结果是，县、市、省尺度上的莫兰系数值都为正值，且其 Z 值检验大多为显著。但是，县尺度上的 Z 值最大，市尺度上次之，而省尺度上最小。

2. 基于人均 GDP 增长率计算的莫兰系数及其 Z 值检验的结果是，县尺度上的莫兰系数大于期望值且 Z 值检验显著的数量最多，市尺度上次之，而省尺度上远少于县、市尺度(见表 6-5)。

表 6-5　全国用人均 GDP 增长率计算的莫兰系数的相关数量统计

	MI > E(MI)	Z > 1.96	MI > E(MI)且 Z > 1.96
县尺度	253	249	249
市尺度	252	240	240
省尺度	186	14	14

二 各省区域经济空间集聚的主要结论

1. 基于人均 GDP 计算的莫兰系数及其 Z 值检验的结果是，除黑龙江和吉林外，其他省份县尺度上的莫兰系数值大于其期望值的时间段数比市尺度上多。所有省份的莫兰系数的 Z 值满足检验显著的时段数都比市尺度上多。而且，除河南(14 个)、湖南(8 个)、广东(7 个)、江苏(4 个)和四川(2 个)外，其他省份市尺度上的 Z 值满足检验显著的时间段数都为 0(见表 6-6)。所有满足 Z 值检验显著的时间段都是莫兰系数大于其期望值的，反过来则不成立。亦即在现有数据中，可以用 Z 值检验来替代莫兰系数大于其期望值的判断。

表6-6　　　各省用人均 GDP 计算的莫兰系数的相关数量统计

	县尺度			市尺度		
	MI > E(MI)	Z > 1.96	MI > E(MI) 且 Z > 1.96	MI > E(MI)	Z > 1.96	MI > E(MI) 且 Z > 1.96
安徽	22	0	0	20	0	0
福建	23	22	22	21	0	0
甘肃	23	23	23	23	0	0
广东	23	23	23	23	7	7
广西	23	4	4	6	0	0
贵州	23	13	13	13	0	0
海南	15	0	0			
河北	21	18	18	5	0	0
河南	23	22	22	23	14	14
黑龙江	12	0	0	22	0	0
湖北	20	6	6	4	0	0
湖南	23	22	22	23	8	8
吉林	4	0	0	16	0	0
江苏	23	23	23	23	4	4
江西	11	1	1	2	0	0
辽宁	23	6	6	22	0	0
内蒙古	23	16	16	17	0	0
宁夏	23	17	17	21	0	0
青海	7	5	5	3	0	0
山东	23	23	23	23	0	0
山西	23	23	23	1	0	0
陕西	23	20	20	8	0	0
四川	23	22	22	23	2	2
西藏	23	20	20	10	0	0
新疆	23	10	10	23	0	0
云南	23	21	21	23	0	0
浙江	23	23	23	23	0	0
重庆	23	15	15			

2. 基于人均 GDP 增长率计算的莫兰系数及其 Z 值检验的结果是，除广东、黑龙江和湖南外，其他省份县尺度上的莫兰系数值大于其期望值的时间段数比市尺度上多。所有省份莫兰系数的 Z 值满足检验显著的时间段数都比市尺度上多。而且，除江苏（38 个）、河南（34 个）、广东（24 个）、广西（23 个）、四川（17 个）、山西（15 个）、新疆（11 个）、湖南（8 个）、河北（6 个）、安徽（2 个）、辽宁（1 个）和山东（1 个）外，其他省份市尺度上的 Z 值满足检验显著的时间段数都为 0（见表 6-7）。所有满足 Z 值检验显著的时间段都是莫兰系数大于其期望值的，反过来则不成立。

表 6-7　各省用人均 GDP 增长率计算的莫兰系数的相关数量统计

	县尺度			市尺度		
	MI > E(MI)	Z > 1.96	MI > E(MI) 且 Z > 1.96	MI > E(MI)	Z > 1.96	MI > E(MI) 且 Z > 1.96
安徽	221	30	30	178	2	2
福建	251	201	201	164	0	0
甘肃	219	78	78	190	0	0
广东	218	170	170	238	24	24
广西	212	97	97	180	23	23
贵州	231	95	95	149	0	0
海南	152	1	1			
河北	239	172	172	234	6	6
河南	244	218	218	215	34	34
黑龙江	208	93	93	216	0	0
湖北	233	137	137	146	0	0
湖南	213	129	129	218	8	8
吉林	209	50	50	129	0	0
江苏	236	123	123	198	38	38
江西	218	29	29	130	0	0
辽宁	236	123	123	170	1	1
内蒙古	247	116	116	175	0	0

续表

	县尺度			市尺度		
	MI > E(MI)	Z > 1.96	MI > E(MI)且 Z > 1.96	MI > E(MI)	Z > 1.96	MI > E(MI)且 Z > 1.96
宁夏	134	22	22	102	0	0
青海	200	81	81	194	0	0
山东	209	118	118	110	1	1
山西	241	101	101	162	15	15
陕西	232	188	188	178	0	0
四川	215	158	158	179	17	17
西藏	226	129	129	155	0	0
新疆	209	50	50	208	11	11
云南	198	81	81	140	0	0
浙江	237	170	170	228	0	0
重庆	184	1	1			

三 各尺度上莫兰系数的 Z 值的相似性

县、市、省尺度上莫兰系数的 Z 值具有一定的相似性。就全国而言，无论基于人均 GDP 还是基于人均 GDP 增长率计算的莫兰系数的 Z 值，县、市尺度上的相似性最大，而县、省尺度上和市、省尺度上的相似性不大（见表 6 - 8）。基于人均 GDP 的各尺度上相似性比基于人均 GDP 增长率的相似性要高。

表 6 - 8 全国县、市、省尺度上莫兰系数的 Z 值的相似性

	基于人均 GDP	基于人均 GDP 增长率
县市尺度上	0.9421	0.7554
县省尺度上	0.3603	0.0212
市省尺度上	0.2700	0.1060

就各省而言，县、市尺度上的相似性各不相同（见表 6 - 9）。广西、贵州、河南、黑龙江、湖南、吉林、山东、西藏和浙江基于人均

GDP 计算的县、市尺度上莫兰系数的 Z 值的相似性为负值,而江西、浙江基于人均 GDP 增长率计算的县、市尺度上莫兰系数的 Z 值的相似性为负值。除安徽、河北、江苏、四川、云南外,基于人均 GDP 计算的县、市尺度上莫兰系数的 Z 值的相似性比基于人均 GDP 增长率计算的县、市尺度上莫兰系数的 Z 值的相似性大。

表 6-9 　　　　各省县、市尺度上莫兰系数的 Z 值的相似性

	基于人均 GDP	基于人均 GDP 增长率		基于人均 GDP	基于人均 GDP 增长率
安徽	0.0958	0.4267	江西	0.1946	-0.1795
福建	0.9175	0.0948	辽宁	0.6986	0.2917
甘肃	0.7962	0.7178	内蒙古	0.9200	0.2109
广东	0.9719	0.1591	宁夏	0.6970	0.5001
广西	-0.1401	0.3090	青海	0.6922	0.0238
贵州	-0.7900	0.4097	山东	-0.0274	0.4560
河北	0.6911	0.2851	山西	0.5505	0.2504
河南	-0.3287	0.4502	陕西	0.8442	0.5570
黑龙江	-0.1446	0.1623	四川	0.4988	0.5148
湖北	0.7035	0.3735	西藏	-0.3308	0.2317
湖南	-0.6890	0.1931	新疆	0.7702	0.4187
吉林	-0.5235	0.4598	云南	0.3490	0.4809
江苏	0.2739	0.7665	浙江	-0.0738	-0.1876

第七章

结　　论

一　关于区域经济增长收敛性检验尺度效应的主要结论

第一，关于各尺度 α 收敛的主要结论。

1. 在 α 收敛系数绝对值上，县、市、省尺度上的走势大致呈倒 U 形，但县、市尺度上的值更为接近，且都比省尺度上大。

2. 在 α 收敛情况上，县尺度上存在 α 收敛的时间段数最少，市尺度上次之，省尺度上最多，且省尺度上 α 收敛的时间段数并未完全包含市尺度上 α 收敛的时间段数，市尺度上 α 收敛的时间段数也未完全包含县尺度上 α 收敛的时间段数。

3. 经济增长 α 收敛的结论与时间段的选择有关。时间段不同，得到的结论很有可能不同。

第二，关于各尺度上绝对 β 收敛的主要结论。

1. 各尺度上存在 β 收敛的时间段数不同，县尺度上 β 收敛的时间段数最多，市尺度上次之，省尺度上最少。

2. 省尺度上收敛的年份并不完全包含市尺度上收敛的年份，市尺度上收敛的年份包含县尺度上发散的年份。

3. β 系数都存在明显的后向传导效应。

4. 就 β 收敛系数所对应的回归 p 值而言，县尺度上满足小于 0.05 条件的时间段数最多，市尺度上次之，省尺度上最少。

5. 对相邻年际 β 收敛进行各十分位数的回归，β 收敛系数再对各十分位数的回归系数进行回归分析发现，在县尺度上，影响大的四个分位数分别是7分位数、4分位数(负值)、8分位数(负值)和3分位数;在市尺度上,影响大的四个分位数分别是7分位数、3分位数(负值)、4分位数和6分位数(负值);在省尺度上,影响大的四个分位数分别是5分位数、8分位数、1分位数和9分位数。

6. 与未加入空间效应不同的是,加入空间效应后,市、省尺度上β收敛的时间段数都增多了,而县尺度上的时间段数未变;市尺度上收敛的年份并不完全包含县尺度上发散的年份;β收敛系数所对应的回归p值小于0.05的时间段数在各尺度上的变化不相同。

7. 经济增长β收敛的结论与时间段的选择有关。时间段不同,得到的结论很有可能不同。

第三,关于各尺度上俱乐部收敛的主要结论。

基于四种区划方法的俱乐部收敛总体结论显示:

1. 县尺度上检验显著的β收敛的时间段数最多,市尺度上次之,省尺度上最少。

2. 随着区划方法所包含的大区域数量的增加,各区划方法平均的检验显著的β收敛时间段数在各尺度上总体减少了。

3. 俱乐部β收敛的结论与时间段的选择有关。时间段不同,得到的结论很有可能不同。

基于省的俱乐部收敛总体结论显示:

1. 除甘肃和新疆外,县尺度上检验显著的β收敛的时间段数多,市尺度上少。除贵州、河北、江苏、内蒙古、宁夏、青海和浙江外,市尺度上检验显著的β发散的时间段数多,县尺度上少。

2. 基于省进行俱乐部分析时,省均的检验显著的β收敛的时间段数在各尺度上总体比四种区划方法少。

3. 俱乐部β收敛的结论与时间段的选择有关。时间段不同,得到的结论很有可能不同。

从全国、四种区划方法和省的俱乐部收敛在1990—2012年的数据来看,随着区划的不断细分,或者说,随着区划数量的上升(如从全国到二分法,从二分法到六分法,进而上升至以省为单位的俱乐部分析），各区划方法平均的检验显著的 β 收敛时间段数在各尺度上总体上减少了。

各区划方法所对应的各次一级区域在县、市（或县、市、省）尺度上检验显著的 β 收敛时间段数一般会依省、市、县尺度而逐渐增多，即对于同一区域，用更细的空间尺度来测度其 β 收敛会得到更好的收敛结果。

总结来说，用来作为俱乐部的区域越大，区域内的次一级区域越小，得到的 β 收敛结果越好。

第四，产于经济增长收敛的结论与时间段的选择有关。

二 关于区域经济分布形态尺度效应的主要结论

（一）关于区域经济分布形态变化的主要结论

1. 以数量为基础对人均 GDP 对数值进行核密度估计所得到的曲线显示，县、市、省尺度上都呈单峰分布，且为右偏态。但是，县尺度上的 1995 年、1997 年、1999 年和 2000 年的分布都出现更为明显的左移，而且县尺度上最为圆钝，而省尺度上最为尖削。

2. 以人口加权对人均 GDP 对数值进行核密度估计所得到的曲线显示，县、市、省尺度上的曲线都为右偏态。但是，县尺度上的分布曲线经历双峰——头肩形态的三峰——左肩弱化、右肩提升形成双峰——头部弱化、右肩继续加宽形成右峰高于左峰的双峰形态。市尺度上的分布曲线经历相对靠右的单峰——不断降低峰高而在其右边形成稍低的峰——双峰形态。省尺度上的分布曲线经历单峰——双峰——圆钝单峰——双峰——圆钝单峰形态。值得一提的是，县尺度上的分布曲线不断强化其靠右部分的小峰，而市尺度上的变化不大，但省尺度上却不断弱化其靠右部分的小峰。

（二）关于区域经济分布形态内迁移的主要结论

1. 基于固定 Shorrock 系数测度级变时，县、市尺度上的值及其变化更为接近且波动的幅度相对较小，省尺度上的值总体最大，县尺度上次之，市尺度上最小。当等级由 5 提高至 10 时，县、市尺度上的值升得更高，而省尺度上基本保持不变，从而县尺度上总体最大，市、省尺度上的排序不很固定。

2. 基于滚动 Shorrock 系数测度级变时，县、市尺度上的值及其变化总体上更为接近。但是，县尺度上相邻年际级变的变化较小，市尺度上较大，而省尺度上最大，即增加或减少时间距离所引起的变化县尺度上最小、省尺度上最大。县尺度上越远年份的级变越大，且都呈正增长，市尺度上的值稍小且大多是增长值，省尺度上最小而有部分出现负增长，即县尺度上等级排序的可逆性最小，省尺度上最大，市尺度上居中。县、市尺度上 1994 年和 2005 年与其他年份级变的程度很大，而省尺度上不是很明显。这与之前的很多分析结论一致。当等级由 5 提高至 10 时，县、市尺度上的值升得更高，而省尺度上略有提高。

3. 基于 Kendall 秩相关系数测度秩变，县、市尺度上的值及其变化总体上更为接近。但是，在相邻年份的秩变上，省尺度上最大，县尺度上最小；在越远年份的秩变上，省尺度上最小，县尺度上最大；县尺度上相邻年际秩变的变化较小，市尺度上较大，而省尺度上最大；县尺度上秩变的可逆性最小，省尺度上最大，市尺度上居中；县、市尺度上 1994 年和 2005 年与其他年份秩变的程度很大，省尺度上秩变的程度也较大。

4. 对 1994 年和 2005 年作进一步分析后发现，县、市、省尺度上排序上升和下降的地区并不一致。总体而言，县尺度上较好地反映了现实情况，市尺度上次之，省尺度上所反映的情况较为模糊。

三 关于区域经济空间集聚尺度效应的主要结论

(一) 全国区域经济空间集聚的主要结论

1. 基于人均 GDP 计算的莫兰系数及其 Z 值检验的结果是，县、市、省尺度上的莫兰系数值都为正值，且其 Z 值检验大多为显著。但是，县尺度上的 Z 值最大，市尺度上次之，而省尺度上最小。

2. 基于人均 GDP 增长率计算的莫兰系数及其 Z 值检验的结果是，县尺度上莫兰系数大于期望值且 Z 值检验显著的数量最多，市尺度上次之，而省尺度上远少于县、市尺度。

（二）关于各省区域经济空间集聚的主要结论

1. 基于人均 GDP 计算的莫兰系数及其 Z 值检验的结果是，除黑龙江和吉林外，其他省份县尺度上的莫兰系数值大于其期望值的时间段数比市尺度上多。所有省份县尺度上的莫兰系数的 Z 值满足检验显著的时间段数都比市尺度上多，而且，除河南(14 个)、湖南(8 个)、广东(7 个)、江苏(4 个)和四川(2 个)外，其他省份市尺度上的 Z 值满足检验显著的时间段数都为 0。

2. 基于人均 GDP 增长率计算的莫兰系数及其 Z 值检验的结果是，除广东、黑龙江和湖南外，其他省份县尺度上的莫兰系数值大于其期望值的时间段数比市尺度上多。所有省份县尺度上的莫兰系数的 Z 值满足检验显著的时间段数都比市尺度上多。而且，除江苏(38 个)、河南(34 个)、广东(24 个)、广西(23 个)、四川(17 个)、山西(15个)、新疆(11 个)、湖南(8 个)、河北(6 个)、安徽(2 个)、辽宁(1个)和山东(1 个)外，其他省份市尺度上的 Z 值满足检验显著的时间段数都为 0。

（三）关于各尺度上莫兰系数的 Z 值相似性的主要结论

县、市、省尺度上莫兰系数的 Z 值具有一定的相似性。就全国而言，无论基于人均 GDP 还是基于人均 GDP 增长率计算的莫兰系数的 Z 值，县、市尺度上的相似性最大，而县、省尺度上和市、省尺度上的相似性较小。基于人均 GDP 各尺度上的相似性比基于人均 GDP 增长率的相似性高。

就各省而言，县、市尺度上的相似性各不相同。广西、贵州、河南、黑龙江、湖南、吉林、山东、西藏和浙江基于人均 GDP 计算的县、市莫兰系数的 Z 值的相似性为负值，而江西、浙江基于人均 GDP 增长率计算的县、市莫兰系数的 Z 值的相似性为负值。除安徽、河北、江苏、四川、云南外，其他各省基于人均 GDP 计算的县、市莫兰系数的 Z 值的相似性比基于人均 GDP 增长率计算的县、市莫兰系数的 Z 值的相似性大。

参考文献

Ramsey, F. P. "A Mathematical Theory of Saving." *The Economic Journal*, 1928, 38(152): 543 – 559.

Shorrocks, A. F. "The Measurement of Mobility." *Econometrica*, 1978, 46(5): 1013 – 1024.

Abramovitz, M. "Catching Up, Forging ahead, and Falling behind." *Journal of Economic History*, 1986, (46): 385 – 406.

Aghion, P. , H. Peter. "A Model of Growth through Creative Destruction." *Econometrica*, 1992, 60(2): 323 – 351

Taylor, Alan M. "Convergence and International Factor Flows in Theory and History." NBER Working Paper(1996): 57 – 98.

Armstrong, H. "Convergence among Regions of the European Union, 1950 – 1990." Papers in *Regional Science*, 1995, 74(2): 143 – 152.

Aziz, J. , C. Duenwald, K. Christoph. China's Provincial Growth Dynamics. IMF Working Paper, No. 01/3, 2001.

Bandyyopadhyay, S. Convergence Club Empirics: Some Dynamics and Explanations of Unequal Growth across Indian States. DARP Discussion Paper, 2003, No. 69.

Barro, R. , X. Sala-i-Martin. "Convergence." *Journal of Political Economy*, 1992a, 100(2): 223 – 251.

Barro, R. , X. Sala-i-Martin. Economic Growth and Convergence across the

United States. NBER Working Paper, 1990.

Barro, R. , X. Sala-i-Martin. *Economic Growth*. McGraw-Hill, Inc. , 1994.

Barro, R. , X. Sala-i-Martin. Regional Growth and Migration: A Japan-U. S. Comparison. NBER Working Papers 4038, National Bureau of Economic Research, Inc. , 1992b.

Barro, R. , X. Sala-i-Martin. " Technological Diffusion, Convergence, and Growth. " *Journal of Economic Growth*, 1997, 2(1): 1 – 26.

Barro, R. "Economic Growth in a Cross Section of Countries. " *Quarterly Journal of Economics*, 1991, 106: 407 – 443.

Baumol, W. "Productivity Growth Covergence and Welfare: What the Long-run Date Show. " *Journal of Economic in Growth*, 1986, 3: 143 – 170.

Benand, A. , C. Jones. "Technology and Convergence. " *The Economic Journal*, 1996, 106: 1037 – 1044.

Bernard, A. B. and Durlauf, S. N. , 1996. "Inter Preting Test of the Convergence Hypothesis. " *Jounarl of Econometrics*, 71: 161 – 173

Bickenbach, F. and Bode, E. "Evaluating the Markov Property in Studies of Economic Convergence. " *International Regional Science Review*, 2003, 26: 363 – 392

Borro, R. J. and Sala-i-Martin, X. 1991. Convergence across Dtates and Region, Brooking Papers on Economic Activity.

Bunnell, T. G. and Coe, N. M. "Spaces and Scales of Innovation. " *Progress in Human Geography*, 2001, 25: 569 – 589.

C. Cindy Fan and Mingjie Sun. "Regional Inequality in China, 1978 – 2006. " *Eurasian Geography and Economics*, 2008, 49(1): 1 – 20.

Carl-Johan Dalgaard. Club Convergence: Some Empirical Issues. Institute of Economics University of Copenhagen, Working Papers, 2003: 3 – 156.

CASS, D. "Optimum Growth in an Aggregative Model of Capital Accumulation. " *Review of Economic Studies*, 1965, 32: 233 – 240.

Chan, K. W. , Wang, M. "Remapping China's Regional Inequalities, 1990 – 2006: A New Assessment of de facto and de jure Population Data." *Eurasian Geography and Economics*, 2008, 49(1): 21 – 56.

Chen, J. , Fleisher, B. "Regional Income Inequality and Economic Growth in China." *Journal of Comparative Economics*, 1996, 22: 141 – 164.

Dagum Camilo. "A New Approach to the Decomposition of the Gini Income Inequality Ratio." *Empirical Econ.* , 1997, 22(4): 515—531

Daisaku Yamamoto. "Scales of Regional Income Disparities in the USA, 1955 – 2003." *Journal of Economic Geography*, 2008, 8: 79 – 103.

Delong, B. " Productivity, Growth Convergence, and Welfare: Comment." *American Economic Review*, 1988, 78(5): 1138 – 1154.

Diamond, A. "National Debt in a Neoclassical Growth Model." *The American Economic Review*, 1965, 55(5): 1126 – 1150.

Dixon, C. "The Developmental Implications of the Pacific Asian Crises: The Thai Experience." *Third World Quarterly*, 1999, 20(2): 439 – 452.

Drennan, M. P. , Lobo, J. , Strumsky, D. "Unit Root Tests of Sigma Income Convergence across US Metropolitan Areas." *Journal of Economic Geography*, 2004, 4: 583 – 595.

Dupont, V. " Do Geographical Agglomeration, Growth and Equity Conflict." Papers in *Regional Science*, 2007, 86(2): 193 – 213.

Durlauf, S. , P. Johnson. "Multiple Regimes and Cross Country Growth Behavior." *Journal of Applied Econometrics*, 1995, 10 (4): 365 – 384.

Fagerberg, J. , B. Verspagen. "Heading for Divergence? Regional Growth in Europe Reconsidered." *Journal of Common Market Studies*, Wiley Blackwell, 1996, 34(3): 431 – 448.

Gardiner, B. , Martin, R. , Tyler, P. "Does Spatial Agglomeration Increase National Growth? Some Evidence from Europe." *Journal of Eco-*

nomic Geography, 2011, 11(6): 979 – 1006.

Giuseppe Arbia, Roberto Basile, Gianfranco Piras. "Using Spatial Panel Data in Modelling Regional Growth and Convergence." Istituto di Studi e Analisi Economica. Working Paper 2005, 55.

Grossman, G. , E. Helpman. *Innovation and Growth in the Global Economy*. Cambridge: MIT Press, 1991.

Haggett, P. *Locational Analysis in Human Geography*. London: Edward Arnold, 1965. 263.

Hammond, G. W. and Thompson, E. "Mobility and Modality Trends in US State Personal Income." *Regional Studies*, 2002, 36: 275 – 287.

Hosono, K. , H. Toya. Regional Income Convergence in the Philippines. Discussion Paper, Institute of Economic Research, Hitotsubashi University, 2000, No. D99 – 22.

Jones, Charles I. "On the Evolution of the World Income Distribution." *The Journal of Economic Perspective*, 1997, 11(3): 19 – 36.

Jones, C. Population and Ideas: A Theory of Endogenous Growth. NBER Working Paper Series, 1997, 6285.

Jones, C. "Time Series Test of Economic Growth." *Journal of Political Economy*, 1995, 103: 759 – 784.

Kang, S. J. "The Evolution of Regional Income Distribution in Japan." *Applied Economics*, 2004, 36: 253 – 259.

Ken Togo. *A Brief Survey on Regional Convergence in East Asian Economies*. Musashi University Working Paper, No. 5, 2001.

Ken Togo. "A Brief Survey on Regional Convergence in East Asian Economics." Musashi University Working Paper, 2001, 5.

Koopmans, C. "On the Concept of Optimal Economic Growth." The Econometric Approach to Development Planning, Pontificiae Academiae Scientiarum Scripta Varia, 1965, 28: 225 – 300.

Krugman, P. *Development, Geography and Economic Theory*. Cambridge:

MA: MIT Press, 1995.

Krugman, P. "Intra-industry Specialization and the Gains from Trade." *Journal of Political Economy*, 1981, 89: 959 –973.

L. G. Ying. "Measuring the Spillover Effects: Some Chinese Evidence." Papers in Regional Science, 2000, 79(1): 75 –89.

L. G. Ying. "Understanding Chinaps Recent Growth Experience: A Spatial Econometric Perspective." *The Annals of Regional Science*, 2003, 37(4): 613 –628.

Laurini, M., E. Andrade & P. L. Valls Pereira. "Income Convergence Club for Brazilian Municipalities." *Applied Economics*, 2005, 37: 2099 –2118.

Lefebvre, H . *The Production of Space*. Cambridge, MA: Blackwell, 1991.

Long Gen Ying. "China's Changing Regional Disparities during the Reform Period." *Economic Geography*, 1999, 75(1): 59 –70.

Lucas, E. "On the Mechanics of Economic Development." *Journal of Monetary Economics*, 1988, 22: 3 –42.

Magrini, S. "Regional (di) Convergence." In Henderson, J., Thisse, J. F. (eds.). *Handbook of Regional and Urban Economics*. Elsevier, Amsterdam (2004)2741 –2796.

Mankiw, G., D. Romer and D. Weil. "A Contribution to the Empirics of Economic Growth." *Quarterly Journal of Economics*, 1992, 107: 407 –437.

Martin, R. "The ' New Economic Geography' : Challenge or Irrelevance?" Transactions of the Institute of British Geographers, New Series, 1999, 24: 869 –884.

Martin, R. "EMU versus the Regions? Regional Convergence and Divergence in Euroland." *Journal of Economic Geography*, 2001, 1: 51 –80.

Martin, R., Sunley, P. "Slow Convergence? The New Endogenous Growth

Theory and Regional Development. " *Economic Geography*, 1998, 74: 201 – 227.

Martin, C. , F. Velázquez. An Assessment of Real Convergence of Less Developed EU Members: Lessons for the CEEC Candidates. Working Paper, No. 5, European Economy Group (EEG) , Universidad Complutense de Madrid, 2001.

Martin, C. *The Spanish Economy in the New Europe*. USA: Macmillan, UK and St. Martin's Press, 2000.

Mauro, L. , Godrecca, E. "The Case of Italian Regions: Convegence or Dualism. " *Economic Notes*, 1994, 23(3), 447 – 472.

Mello, M. and A. Novo, 2002, The New Empirics of Economic Growth: Estimation and Inference of Growth Equations with Quantile Regression. Manuscript, University of Illinois at Urbana Champaign.

Moellering, H. and Tobler, W. "Geographical Variances. " *Geographical Analysis*, 1972, 4: 34 – 50.

Mossi, M. B. , Aroca, P. , Fernandez, I. J. , Azzoni, C. R. "Growth Dynamics and Space in Brazil. " *International Regional Science Review*, 2003, 26: 393 – 418.

Neven, D. , C. Gouymte. "Regional Convergence in the European Community. " *Journal of Common Market Studies*, 1995, 33(1): 47 – 65.

Oded, G. "Convergence? Inference from Theoretical Models. " *The Economic Journal*, 1996, 106: 1056 – 1069.

Ordover, J. , W. Baumol. "Antitrust Policy and High Technology Industries. " *Oxford Review of Economic Policy*, Oxford University Press, 1988, 4(4): 13 – 34.

Overman, H. G. "Can We Learn Anything from Economic Geography Proper?" *Journal of Economic Geography*, 2004, 4: 501 – 506.

P. A. P. Moran. "Location Autocorrelation Statistics: Distribution Issues and Application. " *Geographical Analysis*, 1950, 27(4): 286 – 306.

Peter Pedroni, James Yudong Yao. "Regional Income Divergence in China." *Journal of Asian Economics*, 2006 17(2): 294 – 315.

Petrakos, G., Saratsis, Y. "Regional Inequalities in Greece." *Papers in Regional Science*, 2000, 79(1): 57 – 74.

Pu, Y. X., Ma, R. H., Ge, Y., et al. "Spatial-temporal Dynamics of Regional Convergence at County Level in Jiangsu." *Chinese Geographical Science*, 2005, 15(2): 113 – 119.

Quah, Danny T. "Twin Peaks: Growth and Convergence in Models of Distribution Dynamics." *The Economic Journal*, 1996, 106: 1045 – 1055.

Ramsey, P. "A Mathematical Theory of Saving." *Economic Journal*, 1928, 38(152): 543 – 559.

Rey, S. J., Janikas, M. V. "Regional Convergence, Inequality, and Space." *Journal of Economic Geography*, 2005, 5(2): 155 – 176.

Rey, S. J. "Spatial Empirics for Economic Growth and Convergence." *Geographical Analysis*, 2001, 33(3), 195 – 214.

Rey, S. J. "Spatial Dependence in the Evolution of Regional Income Distributions." In A. Getis, J. L. Mur, H. G. Zoller (eds.). *Spatial Econometrics and Spatial Statistics*, 2004b: 194 – 214. New York: Palgrave Macmillan.

Rey, S. J. "Spatial Analysis of Regional Income Inequality." In M. Goodchild and D. Janelle (eds.). *Spatially Integrated Social Science*, 2004a: 280 – 299. Oxford: Oxford University Press.

Robert J. Barro and Xavier Sala-I-Martin. Convergence across States and Regions, Brookings Papers on Economic Activity, 1991: 107 – 182.

Romer, P. "Endogenous Technological Change." *Journal of Political Economy*, 1990, 98(5): S71 – S102.

Romer, P. "Increasing Returns and Long-Run Growth." *The Journal of Political Economy*, 1986, 94(5): 1002 – 1037.

Sachs, J, Warner, Andrew M. Economic Convergence and Economic Policies. NBER Working Paper, No. 5039, 1995.

Sala-i-Martin, X. "The Classic Approach to Convergence Analysis." *The Economic Journal*, 1996, 106: 1019 – 1036.

Sergio J. Rey, Boris Dev. "Sigma Convergence in the Presence of Spatial Effects." Papers in *Regional Science*, 2006, 85(2): 217 – 234.

Sheppard, E. "The Spaces and Times of Globalization: Place, Scale, Networks, and Positionality." *Economic Geography*, 2002, 78: 307 – 330.

Sheppard, E. and McMaster, R. B. (eds.). *Scale and Geographic Inquiry: Nature, Society, and Method*. London Blackwell, 2004.

Shorrocks, A, Wan, G. "Spatial Decomposition of Inequality." *Journal of Economic Geography*, 2005, 5: 59 – 81.

Shujie Yao. "On the Decomposition of Gini Coefficient by Population on Class and Income Source: A Spreadsheet Approach and Application." *Applied Economics*, 1999, 31: 1249 – 1264.

Solow, M. R. "A Contribution to the Theory of Economic Growth." *The Quarterly Journal of Economics*, 1956, 70(1): 65 – 94.

Swan, W. "Economic Growth and Capital Accumulation." *Economic Record*, 1956, 32: 334 – 661.

Tian, L, Wang, H. H., Chen, Y. J. "Spatial Externalities in China Regional Economic Growth." *China Economic Review*, 2010, 21: 20 – 31.

Tondl, G. *Convergence after Divergence? Regional Growth in Europe*. New York: Springer, 2001.

Tondl, G. "The Changing Pattern of Regional Convergence in Europe." *Jahrbuch für Regional Wissenschaft*, 1999, 19(1): 1 – 33.

Tianlun Jian, Jeffey D. Sachs and Andrew M. Warner. "Trends in Regionaline Quality in China." *China Economic Review*, 1996, 7(1): 1 – 21.

Tsui, Kai Yuen. "Decomposition of China's Regional Inequalities." *Jour-*

nal of Comparative Economics, 1993, (17): 600 – 627.

Vanhoudt, P. "What Diagnosis for Europe's Ailing Regions?" EIB Papers, 2000, 1(5): 9 – 30.

Weeks, M. and Yudong, Y. "Provincial Conditional Income Convergence in China, 1953 – 1997: A Panel Data Approach. " *Econometric Reviews*, 2003, 22(1): 59 – 77.

Wei, Y. H. D. , Kim, S. "Widening Inter-county Inequality in Jiangsu Province, China, 1950 – 95. " *Journal of Development Studies*, 2002, 38(6): 142 – 164.

Westerlund, J. , D. Edgerton, O. Sonja. "Why Is Chinese Provincial Output Diverging?" *Journal of Asian Economics*, Elsevier, 2010, 21(4): 333 – 344.

Wu, J. , Jelinski, D. E. , Luck, M. , Tueller, P. T. "Multiscale Analysis of Landscape Heterogeneity: Scale Variance and Pattern Metrics. " *Geographic Information Sciences*, 2000, 6: 6 – 19.

Yamamoto, D. "Scales of Regional Income Disparities in the USA, 1955 – 2003. " *Journal of Economic Geography*, 2008, 8(1): 79 – 103.

Young, Andrew T. , Higgins, Matthew J. , Daniel Levy. "Sigma Convergence versus Beta Convergence: Evidence from U. S. County-Level Data. " *Dep. of Economics*, Bar-Ilan University, Working Paper 2003, 6 – 03.

Young, A. , M. Higgins, D. Levy. "Sigma Convergence versus Beta Convergence. " *Journal of Money, Credit, and Banking*, 2009, 40(5): 1083 – 1094.

Zhang, P. , Xu, M. "The View from the County: China's Regional Inequalities of Socio-economic Development. " *Annals of Economics and Finance*, 2011, 12(1): 183 – 198.

Zhao, X. "Spatial Disparities and Economic Development in China, 1953 – 1992: A Comparative Study. " *Development and Change*, 1996,

27（1）：131－160.

蔡昉、都阳：《中国地区经济增长的趋同与差异——对西部开发战略的启示》，《经济研究》2000 年第 10 期。

曹海波：《中国区域经济增长差异及其影响因素分析》，学位论文，吉林大学，2012 年。

曹建军、刘永娟、李金莲：《江苏省区域经济差异的多尺度研究》，《地域研究与开发》2010 年第 5 期。

曾光：《长三角城市经济增长的收敛性研究》，学位论文，复旦大学，2006 年。

曾鹏、陈芬：《中国十大城市群经济增长差异的收敛性比较研究》，《统计与决策》2012 年第 14 期。

钞小静、任保平：《中国经济增长质量的时序变化与地区差异分析》，《经济研究》2011 年第 4 期。

陈安平、李国平：《中国地区经济增长的收敛性——时间序列的经验研究》，《数量经济技术经济研究》2004 年第 11 期。

陈得文、陶良虎：《中国区域经济增长趋同及其空间效应分解——基于 SUR—空间计量经济学分析》，《经济经纬》2012 年第 3 期。

陈芳：《中国区域经济增长收敛的空间经济计量研究》，学位论文，华南理工大学，2011 年。

陈浩、邓祥征：《中国区域经济发展的地区差异》，《地理信息科学学报》2011 年第 5 期。

陈洪安、李国平：《中国省际经济差异的变迁——1978—2007 年》，《上海财经大学学报》2009 年第 6 期。

陈培阳、朱喜钢：《基于不同尺度的中国区域经济差异》，《地理学报》2012 年第 8 期。

陈晓玲、李国平：《地区经济收敛实证研究方法评述》，《数量经济技术经济研究》2007 年第 8 期。

陈秀山、徐瑛：《中国区域差距影响因素的实证研究》，《中国社会科学》2004 年第 5 期。

陈钊：《我国东、西部地区的南北发展差异》，《地理研究》1999 年第 1 期。

程建、连玉君：《中国区域经济增长收敛的协整分析》，《经济科学》2005 年第 5 期。

邓冬林、张伟丽：《区域经济差异研究综述及扩展方向展望》，《统计与决策》2010 年第 18 期。

董先安：《浅释中国地区收入差距：1952—2002》，《经济研究》2004 年第 9 期。

杜丽永、蔡志坚：《中国区域经济收敛了吗？——基于时间序列的再检验》，《当代财经》2012 年第 2 期。

樊杰：《近期我国省域经济增长的基本态势分析》，《地理科学进展》1997 年第 3 期。

樊新生、李小建：《基于县域尺度的经济增长空间自相关性研究——以河南省为例》，《经济经纬》2005 年第 3 期。

范剑勇：《产业结构失衡！空间聚集与中国地区差距变化》，《上海经济研究》2008 年第 2 期。

冯星光、张晓静：《基于广义熵指数的地区差距测度与分解：1978—2003》，《统计与信息论坛》2005 年第 4 期。

冯长春、曾赞荣、崔娜娜：《2000 年以来中国区域经济差异的时空演变》，《地理研究》2015 年第 2 期。

傅晓霞、吴利学：《技术效率，资本深化与地区差异》，《经济研究》2006 年第 10 期。

高帆：《中国地区经济差距的"空间"和"动力"双重因素分解》，《经济科学》2012 年第 5 期。

高志刚：《中国区域经济发展及区域经济差异研究述评》，《当代财经》2002 年第 5 期。

顾六宝：《消费跨期替代弹性与中国经济增长收敛速度的模拟》，《开发研究》2005 年第 1 期。

管卫华、林振山、顾朝林：《中国区域经济发展差异及其原因的多尺度分析》，《经济研究》2006 年第 7 期。

郭爱君、贾善铭：《经济增长收敛研究：基于西部地区 1952—2007 年的省级面板数据》，《兰州大学学报》（社会科学版）2010 年第 4 期。

郭朝先：《我国三大地带俱乐部收敛了吗？——基于 1993—2004 年人均 GRP 的数据分析》，《经济管理》2006 年第 21 期。

郭腾云、徐勇：《我国区域经济空间收敛研究》，《地理与地理信息科学》2005 年第 4 期。

何一峰：《转型经济下的中国经济趋同研究——基于非线性时变因子模型的实证分析》，《经济研究》2008 年第 7 期。

洪国志、胡华颖、李郇：《中国区域经济发展收敛的空间计量分析》，《地理学报》2010 年第 12 期。

胡鞍钢、王绍光、康晓光：《中国地区差距报告》，辽宁出版社 1995 年版。

胡鞍钢、魏星：《地区经济发展的局部不均衡剖解：1993—2005》，《改革》2008 年第 11 期。

胡鞍钢、邹平：《社会与发展——中国社会发展地区差距研究》，浙江人民出版社 2000 年版。

胡艳君、莫桂青：《区域经济差异理论综述》，《生产力研究》2008 年第 5 期。

贾俊雪、郭庆旺：《中国区域经济趋同与差异分析》，《中国人民大学学报》2007 年第 5 期。

金相郁、郝寿义：《中国区域发展差距的趋势分析》，《财经科学》2006 年第 7 期。

金相郁、武鹏：《中国区域经济发展差距的趋势及其特征——基于 GDP 修正后的数据》，《南开经济研究》2010 年第 1 期。

金相郁：《空间收敛第二规律以及中国区域经济结构不平衡的研究》，学位论文，南开大学，2002 年。

金相郁：《区域经济增长收敛的分析方法》，《数量经济技术经济研究》2006 年第 3 期。

金相郁：《中国区域发展差距格式实证研究》，《地域研究与开发》
　2005 年第 1 期。

琚晓星、刘岳平、钟世川：《中国区域经济增长差异收敛性研究综述
　与展望》，《安徽农业科学》2011 年第 33 期。

李斌、陈开军：《对外贸易与地区经济差距变动》，《世界经济》2007
　年第 5 期。

李二玲、覃成林：《中国南北区域经济经济差异研究》，《地理学与国
　土研究》2002 年第 4 期。

李广东、方创琳：《中国区域经济增长差异研究进展与展望》，《地理
　科学进展》2013 年第 7 期。

李会宁、叶民强：《我国东中西部三地区经济发展差距分析》，《经济
　问题探索》2006 年第 2 期。

李冀、严汉平：《中国区域经济差异演进趋势分析——基于政策导向
　和收敛速度的双重视角》，《经济问题》2010 年第 12 期。

李培：《中国城市经济增长的效率与差异》，《数量经济技术经济研
　究》2007 年第 7 期。

李双成、蔡运龙：《地理尺度转换若干问题的初步探讨》，《地理研
　究》2005 年第 1 期。

李小建、乔家君：《20 世纪 90 年代中国县际经济差异的空间分析》，
　《地理学报》2001 年第 2 期。

李小建：《经济地理学研究中的尺度问题》，《经济地理》2005 年第
　4 期。

厉以宁：《区域发展新思路》，经济日报出版社 2000 年版。

林光平、龙志和、吴梅：《我国地区经济收敛的空间计量实证分析：
　1978—2002 年》，《经济学季刊》（增刊）2005 年第 4 期。

林光平、龙志和、吴梅：《中国地区经济 σ–收敛的空间计量实证分
　析》，《数量经济技术经济研究》2006 年第 4 期。

林毅夫、蔡防、都阳：《中国经济转轨时期的地区差距分析》，《经济

研究》1998 年第 6 期。

林毅夫、董先安、殷韦：《技术选择，技术扩散与经济收敛》，《财经问题研究》2004 年第 6 期。

林毅夫、刘明兴：《中国的经济增长收敛与收入分配》，《世界经济》2003 年第 8 期。

林毅夫、刘培林：《中国的经济发展战略与地区收入差距》，《经济研究》2003 年第 2 期。

林毅夫：《发展战略，自生能力和经济收敛》，《经济学季刊》2002 年第 1 期。

刘慧：《区域差异测度方法与评价》，《地理研究》2006 年第 4 期。

刘木平、舒元：《我国地区经济的收敛与增长决定力量：1978—1997》，《中山大学学报》（社会科学版）2000 年第 5 期。

刘强：《中国经济增长的"俱乐部趋同"特征及其成因研究》，《经济研究》2001 年第 6 期。

刘强：《中国经济增长的收敛性分析》，《经济研究》2001 年第 6 期。

刘清春、王铮：《中国区域经济差异形成的三次地理要素》，《地理研究》2009 年第 2 期。

刘生龙、王亚华、胡鞍钢：《西部大开发成效与中国区域经济收敛》，《经济研究》2009 年第 9 期。

刘生龙、张捷：《空间经济视角下中国区域经济收敛性再检验——基于 1985—2007 年省级数据的实证研究》，《财经研究》2009 年第 12 期。

刘胜强、周兵：《中国区域经济发展差距研究综述》，《经济问题》2008 年第 1 期。

刘涛：《中国区域经济差异的空间分解和结构分解》，《理论学刊》2012 年第 8 期。

刘夏明、魏英琪、李国平：《收敛还是发散？——中国区域经济发展争论的文献综述》，《经济研究》2004 年第 7 期。

刘旭华、王劲峰、孟斌：《中国区域经济时空动态不平衡发展分析》，

《地理研究》2003年第4期。

刘长平、李前兵：《基于省际面板数据的区域经济差异多指标测度》，《统计与决策》2012年第18期。

刘志伟：《收入分配不公平程度测度方法综述》，《统计与信息论坛》2003年第5期。

龙美林、向南平：《30年来中国区域经济发展差异分析》，《中国西部科技》2011年第1期。

龙文：《对中国区域经济条件收敛性的实证检验》，《统计与决策》2007年第2期。

龙志和、陈芳、林光平：《中国区域经济收敛的空间面板分析——基于2000—2008年1271个县的实证研究》，《中国科技论坛》2012年第1期。

卢丽春、李延国：《中国区域经济发展差距研究综述》，《上海财经大学学报》2006年第4期。

卢晓旭、陆玉麒、尚正永：《基于锡尔系数的1998—2007年中国区域经济差异分析》，《国土与自然资源研究》2009年第4期。

卢艳、徐建华：《中国区域经济发展差异的实证研究与 R/S 分析》，《地域研究与开发》2002年第3期。

芦惠等：《中国区域经济差异与极化的时空分析》，《经济地理》2013年第6期。

鲁凤、徐建华：《基于不同区划系统的中国区域经济差异分解研究》，《人文地理》2006年第2期。

鲁凤、徐建华：《基于二阶段嵌套锡尔系数分解方法的中国区域经济差异研究》，《地理科学》2005年第4期。

鲁凤、徐建华：《中国区域经济差异：来自 Gini 系数和 Theil 系数的实证》，《中国东西部合作研究》2004年第1期。

鲁凤、徐建华：《中国区域经济差异的空间统计分析》，《华东师范大学学报》（自然科学版）2007年第2期。

陆大道、刘毅、樊杰：《我国区域政策实施效果与区域发展的基本态势》,《地理学报》1999 年第 6 期。

陆大道:《中国区域发展的新因素与新格局》,《地理研究》2004 年第 3 期。

罗浩:《中国区域经济增长收敛性研究的回顾与前瞻》,《社会科学研究》2008 年第 5 期。

罗仁福、李小建、覃成林:《中国省际经济趋同的定量分析》,《地理科学进展》2002 年第 1 期。

吕韬、曹有挥:《"时空接近"空间自相关模型构建及其应用——以长三角区域经济差异分析为例》,《地理研究》2010 年第 2 期。

马国霞、徐勇、田玉军:《京津冀都市圈经济增长收敛机制的空间分析》,《地理研究》2007 年第 3 期。

马瑞永:《经济增长收敛机制:理论分析与实证研究》,学位论文,浙江大学,2006 年。

马栓友、于红霞:《转移支付与地区经济收敛》,《经济研究》2003 年第 3 期。

苗长虹:《变革中的西方经济地理学:制度,文化,关系与尺度转向》,《人文地理》2004 年第 8 期。

欧向军、沈正平、王荣成:《中国区域经济增长与差异格局演变探析》,《地理科学》2006 年第 6 期。

欧向军、赵清:《基于区域分离系数的江苏省区域经济差异成因定量分析》,《地理研究》2007 年第 4 期。

欧阳南江:《改革开放以来广东省区域差异的发展变化》,《地理学报》1993 年第 3 期。

潘竟虎、贾文晶:《中国国家级贫困县经济差异的空间计量分析》,《中国人口·资源与环境》2014 年第 5 期。

潘文卿:《中国区域经济差异与收敛》,《中国社会科学》2010 年第 1 期。

彭国华:《我国地区经济的长期收敛性》,《管理世界》2006 年第 9 期。

彭国华：《中国地区收入差距，全要素生产率及其收敛分析》，《经济研究》2005 年第 9 期。

彭文斌、刘友金：《我国东中西三大区域经济差距的时空演变特征》，《经济地理》2010 年第 4 期。

蒲英霞、葛莹、马荣华等：《基于 ESDA 的区域经济空间差异分析——以江苏省为例》，《地理研究》2005 年第 6 期。

任建军、阳国梁：《中国区域经济发展差异及其成因分析》，《经济地理》2010 年第 5 期。

沈坤荣、马俊：《中国经济增长的"俱乐部收敛"特征及其成因研究》，《经济研究》2001 年第 1 期。

沈坤荣、唐文健：《大规模劳动力转移条件下的经济收敛性分析》，《中国社会科学》2006 年第 5 期。

石磊、高帆：《地区经济差距：一个基于经济结构转变的实证研究》，《管理世界》2006 年第 5 期。

史修松、赵曙东：《中国经济增长的地区差异及其收敛机制（1978—2009 年）》，《数量经济技术经济研究》2011 年第 1 期。

宋德勇：《改革以来中国经济发展的地区差距状况》，《数量经济技术经济研究》1998 年第 3 期。

宋学明：《中国区域经济发展及其收敛性》，《经济研究》1996 年第 9 期。

宋长青、李子伦、马方：《中国经济增长效率的地区差异及收敛分析》，《城市问题》2013 年第 6 期。

苏良军、王芸：《中国经济增长空间相关性研究》，《数量经济技术经济研究》2007 年第 12 期。

孙久文、姚鹏：《基于空间异质性视角下的中国区域经济差异研究》，《上海经济研究》2014 年第 5 期。

覃成林、王荣斌：《中国区域经济增长 σ 趋同分析》，《华中师范大学学报》（人文社会科学版）2007 年第 3 期。

覃成林、张伟丽：《区域经济增长俱乐部趋同研究评述》，《经济学动态》2008 年第 3 期。

覃成林、张伟丽:《中国区域经济增长俱乐部趋同检验及因素分析》,《管理世界》2009 年第 3 期。

覃成林:《中国区域经济差异变化的空间特征及其政策含义研究》,《地域研究与开发》1998 年第 2 期。

覃成林:《中国区域经济差异研究》,中国经济出版社 1997 年版。

覃成林:《中国区域经济增长趋同与分异研究》,《人文地理》2004 年第 3 期。

汤学兵、陈秀山:《我国八大区域的经济收敛性及其影响因素分析》,《中国人民大学学报》2007 年第 1 期。

滕建州、梁琪:《中国区域经济增长收敛吗?——基于时序列的随机收敛和收敛研究》,《管理世界》2006 年第 12 期。

汪彩玲:《区域经济差异及其适度区间的确定——基于统计学视角的研究》,《经济经纬》2008 年第 4 期。

汪锋、张宗益、康继军:《企业市场化,对外开放与中国经济增长条件收敛》,《世界经济》2006 年第 6 期。

王军:《经济区域差异研究方法探讨——以保定市为例》,《保定师专学报》1999 年第 4 期。

王坤:《区域经济发展差异的文献综述》,《江苏社会科学》2011 年第 5 期。

王亮:《经济增长收敛假说的存在性检验与形成机制研究》,学位论文,吉林大学,2010 年。

王启仿:《中国区域经济增长收敛问题的论争》,《财经理论与实践》2004 年第 29 期。

王荣斌:《中国区域经济增长条件趋同研究》,《经济地理》2011 年第 7 期。

王小鲁、樊纲:《中国地区差距的变动趋势和影响因素》,《经济研究》2004 年第 1 期。

王欣亮、严汉平、刘飞:《中国区域经济增长差异的时间演进及空间机制分解：1952—2012》，《当代经济科学》2014 年第 3 期。

王远林、杨竹莘：《基于固定影响的中国区域经济增长收敛性分析》，《财经理论与实践》2005 年第 26 期。

王铮、葛昭攀：《中国区域经济发展的多重均衡态与转变前兆》，《中国社会科学》2002 年第 4 期。

王志刚：《质疑中国经济增长的条件收敛性》，《管理世界》2004 年第 3 期。

魏后凯、刘楷、胡武贤、杨大利：《中国地区发展：经济增长，制度变迁与地区差异》，经济管理出版社 1997 年版。

魏后凯、刘楷、周良民等：《中国地区发展—经济增长，制度变迁与地区差异》，经济管理出版社 1997 年版。

魏后凯：《改革开放 30 年中国区域经济的变迁——从不平衡发展到相对均衡发展》，《经济学动态》2008 年第 5 期。

魏后凯：《外商直接投资对中国区域经济增长的影响》，《经济研究》2002 年第 4 期。

魏后凯：《中国地区间居民收入差异及其分解》，《经济研究》1996 年第 11 期。

魏后凯：《中国地区经济增长及其收敛》，《中国工业经济》1997 年第 3 期。

吴爱芝、杨开忠、李国平：《中国区域经济差异变动的研究综述》，《经济地理》2011 年第 5 期。

吴殿廷：《试论中国经济增长的南北差异》，《地理学与国土研究》2002 年第 4 期。

吴强：《动态门槛面板模型及我国经济增长》，《统计研究》2007 年第 6 期。

吴彤、罗浩：《中国区域经济趋同性研究综述》，《当代财经》2004 年第 4 期。

吴玉鸣、徐建华：《中国区域经济增长集聚的空间统计分析》，《地理科学》2004 年第 6 期。

吴玉鸣：《中国省域经济增长趋同的空间计量经济分析》，《数量经济技术经济研究》2006 年第 12 期。

伍世代、王强：《中国东南沿海区域经济差异及经济增长因素分析》，《地理学报》2008 年第 2 期。

武鹏、金相郁、马丽：《数值分布，空间分布视角下的中国区域经济发展差距(1952—2008)》，《经济科学》2010 年第 5 期。

项云帆、王少平：《基于空间 Panel Data 的中国区域人均 GDP 收敛分析》，《中国地质大学学报》（社会科学版）2007 年第 5 期。

谢磊等：《长江中游经济区县域经济差异时空演变》，《经济地理》2014 年第 4 期。

徐大丰：《我国城市的经济增长趋同吗?》，《数量经济技术经济研究》2009 年第 5 期。

徐建华、鲁凤、苏方林、卢艳：《中国区域经济差异的时空尺度分析》，《地理研究》2005 年第 1 期。

徐鹏程、李冀、严汉平：《中国区域经济增长收敛问题研究现状与展望：一个文献综述》，《福建论坛》（人文社会科学版）2010 年第 12 期。

徐鹏程、李冀、严汉平：《中国区域经济增长收敛问题研究现状与展望：一个文献综述》，《生产力研究》2010 年第 10 期。

徐现祥、李郁：《中国城市经济增长的趋同分析》，《经济研究》2004 年第 5 期。

徐现祥、舒元：《中国省区增长分布的演进》，《经济学》（季刊）2004 年第 3 期。

徐现祥：《中国省区经济增长分布的演进(1978—1998)》，中山大学出版社 2006 年版。

徐晓虹：《中国区域经济差距分析和政策建议》，《浙江大学学报》（人文社会科学版）2006 年第 3 期。

许洪范：《中国县域经济宏观管理中经济增长差异及其收敛性研究》，学位论文，武汉理工大学，2007 年。

许月卿、贾秀丽：《近20年来中国区域经济发展差异的测定与评价》，《经济地理》2005年第5期。

许召元、李善同：《近年来中国地区差距的变化趋势》，《经济研究》2006年第7期。

严汉平、李冀、王欣亮：《建国以来我国区域经济差异变动的空间分解——基于不同区划方式的比较》，《财经科学》2010年第11期。

杨开忠：《中国区域经济差异变动研究》，《经济研究》1994年第12期。

杨伟民：《地区间收入差距变动的实证分析》，《经济研究》1992年第1期。

杨智斌、曾先峰：《中国区域经济差异问题研究综述》，《经济地理》2010年第6期。

姚波、吴诣民、刘鹏飞：《我国区域经济差异的实证分析》，《统计研究》2005年第8期。

尹伟华、张焕明：《我国区域经济增长收敛的计量分析》，《技术经济》2008年第10期。

于成学：《中国区域经济差异的泰尔指数多指标测度研究》，《华东经济管理》2009年第7期。

余军华：《中国区域经济差异及协调发展研究》，学位论文，华中科技大学，2007年。

俞路、蒋元涛：《我国区域经济差异的时空分析——基于全国与三大都市圈的对比研究》，《财经研究》2007年第3期。

俞培果、蒋葵：《经济收敛理论与检验方法研究综述》，《管理科学》2006年第4期。

袁晓玲、仲云云、郭轶群：《中国区域经济发展差异的测度与演变分析——基于TOPSIS方法的实证研究》，《经济问题探索》2010年第2期。

张碧星等：《区域差异研究方法评价与探讨》，《云南地理环境研究》2006年第6期。

张敦富、覃成林:《中国区域经济差异与协调发展》,中国轻工业出版社 2001 年版。

张国强、沈茹:《中国经济增长收敛性研究的新进展》,《江苏科技大学学报》(社会科学版)2006 年第 2 期。

张鸿武:《趋同与中国地区经济差距实证研究》,学位论文,华中科技大学,2006 年。

张可云:《中国区域经济发展水平差距现状与趋势分析》,《开发研究》1998 年第 5 期。

张落成、吴楚材:《中国地区经济差异变化的趋势分析》,《经济科学》1995 年第 3 期。

张茹:《中国经济增长地区差异的动态演进:1978—2005》,《世界经济文汇》2008 年第 2 期。

张芮、赵丽、杨洪焦:《区域经济差异测量方法述评》,《统计与决策》2008 年第 4 期。

张胜、郭军、陈金贤:《中国省际长期经济增长绝对收敛的经验分析》,《世界经济》2001 年第 6 期。

张伟丽、覃成林、李小建:《中国地市经济增长空间俱乐部趋同研究——兼与省份数据的比较》,《地理研究》2011 年第 8 期。

张伟丽、覃成林:《区域经济增长俱乐部趋同的界定及识别——一个文献评述及中国案例的分析》,《人文地理》2011 年第 1 期。

张文爱:《中国西部地区经济增长的差距与收敛性研究:动态与机制》,学位论文,西南财经大学,2011 年。

张晓蓓:《人力资本与省际经济收敛性研究》,学位论文,湖南大学,2013 年。

张晓旭、冯宗贤:《中国人均 GDP 的空间相关与地区收敛:1978—2003》,《经济学季刊》2008 年第 1 期。

张馨之、何江:《中国区域经济增长的空间相关性分析:1990—2004》,《软科学》2006 年第 4 期。

张学良:《长三角地区经济收敛及其作用机制:1993—2006》,《世界经济》2010 年第 3 期。

张学良:《中国区域经济收敛的空间计量分析——基于长三角 1993—2006 年 132 个县市区的实证研究》,《财经研究》2009 年第 7 期。

张毅:《中国县域经济差异变化分析》,《中国农村经济》2010 年第 11 期。

章奇:《中国地区经济发展差距分析》,《管理世界》2001 年第 1 期。

赵桂婷:《基于人力资本传导机制的区域经济差异研究》,学位论文,兰州大学,2014 年。

赵建安:《中国南北区域经济发展的互补性研究》,《地理研究》1998 年第 4 期。

赵建新:《论区域经济差距的衡量指标和测度方法》,《经济地理》1998 年第 3 期。

赵伟、马瑞永:《中国经济增长收敛性的再认识——基于增长收敛微观机制的分析》,《管理世界》2005 年第 11 期。

赵永、王劲峰:《中国市域经济发展差异的空间分析》,《经济地理》2007 年第 3 期。

周杰文、张璐:《中部地区经济差异的空间尺度效应分析》,《地理与地理信息科学》2011 年第 1 期。

周民良:《论我国的区域差异与区域政策》,《管理世界》1997 年第 1 期。

周卫峰:《中国区域经济增长收敛性研究》,学位论文,中国社会科学院,2005 年。

周业安、章泉:《参数异质性,经济趋同与中国区域经济发展》,《经济研究》2008 年第 1 期。

周玉翠、齐清文、冯灿飞:《近 10 年中国省际经济差异动态变化特征》,《地理研究》2002 年第 6 期。

周玉翠:《湖南省区域经济不平衡发展研究》,学位论文,湖南师范大学,2002 年。

朱国忠、乔坤元、虞吉海:《中国各省经济增长是否收敛?》,《经济学季刊》2014 年第 3 期。

左停、穆哈拜提·帕热提：《我国典型的区域发展模式及其经济收敛
分析——基于 2000—2012 年我国七个典型区域面板数据的实证分
析》，《经济问题探索》2015 年第 3 期。

附　　录

一　各省县级单位数据的具体处理

（一）北京市的数据处理

无特别处理。

（二）天津市的数据处理

1990 年的人口使用"实有人口"数据（因只有这个数据）。1994—2011 年使用"年末人口"数据（比对 2006 年的数据发现，"户籍人口"数据与"年末人口"数据一致。1994—2006 年的数据为"户籍人口"数据，2006—2011 年的数据为"年末人口"数据）。

（三）上海市的数据处理

无特别处理。

（四）重庆市的数据处理

1997 年及以前的数据由四川省计入。1998 年及以后以重庆直辖市数据计入。1997 年 3 月 14 日，第八届全国人民代表大会第五次会议通过，复设重庆直辖市。管辖原四川省的重庆市、万县市、涪陵市和黔江地区所辖区域。撤销万县市及所辖的龙宝区、天城区、五桥区，设立重庆市万县区。同时，设立重庆市万县移民开发区，为重庆市委、市政府的派出机构，代管忠县、开县、云阳、奉节、巫山、巫溪 6 县；梁平、城口两县由重庆市直接管理。撤销涪陵市及所辖枳城区、李渡区，设立重庆市涪陵区。原涪陵市管辖的南川、丰都、垫江、武隆 4 县市由重庆市直接管理。撤销黔江地区，设立重庆市黔江开发区，为重庆市委、市政府的派出机构，代管石柱土家族自治县、秀山土家族苗族自治县、酉阳土家族苗族自治县、黔江土家族苗族自治县、彭水苗族土家族自治县。而在 1997 年的相应数据中，有龙宝区、天城区和五桥区的数据，而无"万县区"这个行政单位及相应的数据；有枳城区和李渡区的数据，而无"涪陵区"这个行政单位及相应的数据；亦无"黔江开发区"这个行政单位及相应的数据。

（五）安徽省的数据处理

1990—1993 无相应的 GDP 数据，外推获得。

（六）广东省的数据处理

1992 年在省统计年鉴的《全省行政区划》中，深圳无县级单位数据，但在《广东省统计年鉴》的人口统计中有宝安县的数据，故将人口合并计算。

2002 年撤销县级新会市，设江门市新会区。但在人口统计中有新会市，故并入市区。

2010 年、2011 年各县级行政单位人口数据来自《中国区域经济统计年鉴》（2011、2012），各市辖区人口数据来自《中国城市统计年鉴》（2011、2012）（相应重复的人口数据完全一致）。

（七）广西的数据处理

2002 年行政区划中有崇左市，而无崇左县，但数据中的南宁地区有崇左县数据，无市辖区数据，故将崇左县作为崇左市辖区。

2012 年有"总人口"和"年末总人口"，取"年末总人口"数据。

（八）贵州省的数据处理

六枝特区为县级行政单位。万山特区在 1990—2010 年为县级行政单位。2011 年 11 月，国务院批复同意撤销铜仁地区，设立地级铜仁市，设立万山区，以原万山特区和原县级铜仁市的茶店镇、鱼塘乡、大坪乡的行政区域为万山区的行政区域。

1991 年的年鉴中无 1990 年的 GDP 数据，1992 年的统计年鉴中有 1990 年而非 1991 年各县、区的 GDP 数据，1993 年的统计年鉴中有 1992 年各县区的 GDP 数据。1993 年统计年鉴中各地区的 GDP 数据中给出了 1992 年和 1991 年的 GDP 数据，其中 1991 年的数据与 1992 年年鉴中给出的 1990 年 GDP 数据不吻合。故 1992 年统计年鉴中 1990 年各县区的 GDP 数据仍被视为 1990 年的数据。

1991 年的 GDP 为 1990 年和 1992 年数据乘积的平方根。

1993 年、1994 年、1995 年有"年平均人口"和"年末人口"，采用"年末人口"。

2006 年、2007 年各县人口中有"常住半年总人口"和"常住一年总人口"，采用"常住一年总人口"数据。2008 年，各县人口只有"常住半年总人口"，采用"常住半年总人口"数据。2009—2011 年则使用"常住年末人口"（统计年鉴中注："常住半年及以上人口数"）。

1996 年统计年鉴中无人口数据，采用《中华人民共和国分县市人口统计资料》数据。

（九）海南省的数据处理

1990 年、1991 年和 1992 年的数据有"西方口径"和"我国口径"之别，采用"我国口径"数据。

1994—2003 年的数据有两个口径，除一般的外，还有"不含农垦"的数据。采用一般数据而不采用"不含农垦"数据。

1990—2005 年西南中沙群岛有人口数据但无 GDP 数据；1996—2005 年洋浦开发区有 GDP 数据，但无人口数据；2007—2009 年，西沙群岛有 GDP 数据但无人口数据，洋浦有人口数据但无 GDP 数据。这些单元皆未录入。2010 年，西沙群岛有人口数据但无 GDP 数据，2011 年，西南中沙群岛有人口数据但无 GDP 数据。在行政区划中，这些单元并非县级及以上行政单元。故皆略。

海南有海口和三亚两个地级市，其他各县级的市与县都属省直辖而非隶属于地级行政单位。

（十）河北省的数据处理

1991 年各地级市和各县级市的 GDP 数据来自《中国城市统计年鉴》（1992）。

1992 年缺各市 GDP 数据，取前后两年的平方根得到。

2009 年涞源县的人口和 GDP 数据在《河北经济年鉴》（2010）中没有，取自《中国区域经济统计年鉴》（2010）。

2010 年、2011 年各地级市的市辖区数据来自《中国城市统计年鉴》（2011、2012）。

2011 年环来县和涞源县的人口和 GDP 数据来自前后两年数据的平方根。

2012 年各市辖区人口数据由各市区 GDP/人均 GDP 得到。

（十一）河南省的数据处理

1992 年和 1993 年的十二个地级市的市辖区数据缺失，用地级市的总数减其他县级行政单位的数据得到。

（十二）黑龙江省的数据处理

2005 年、2011 年各市辖区数据来自《中国城市统计年鉴》。

大兴安岭地区四个区的数据没有包括在内。大兴安岭地区包括三个县和四个区，但在黑龙江省各年统计年鉴中都没给出四个区的数据或四区的总数据，也没有相关数据能间接计算出来，而大兴安岭地区的人口数据等于三县人口数据之和，但其 GDP 数据大于三县 GDP 数据之和。因此，在无法确定四区人口数的情况下，在行政区划上虽有此四区，但其相应信息没有被纳入研究的计算范围。

2012 年各市辖区人口和 GDP 来自总数减其他县市数。

（十三）湖北省的数据处理

1993 年，GDP 和人口数据依前后两年数据乘积的平方根而得。但孝感市区和孝昌县（1993 年 4 月，经国务院批准，撤销孝感地区，成立地级孝感市，原县级孝感市南部设立孝南区，北部设立孝昌县）GDP 依增长率获得，其人口数据由前后两年算出该年的总数后按后一年的比例进行分配。

1994年《黄冈市统计年鉴》中的GDP数据与省统计年鉴中的数据不吻合，以省统计年鉴中的数据为准。

十堰市1995—1999年的GDP数据通过比对2000年的数据后，采用2001年统计年鉴中的数据。市区GDP数据由总数减其内其他各县市数据而来。缺1998年的人口数据，由前后两年人口数据乘积取平方根得到。

（十四）湖南省的数据处理

1995年人口数据为永州市，但GDP数据为零陵地区。1995年11月21日撤销零陵地区和县级永州市、冷水滩市，设立地级永州市。故，1995年按永州市数据计入。

2010年、2011年的人口数据在相应的统计年鉴中为"常住人口"数据，故采用《中华人民共和国分县市人口统计年鉴》（2010、2011）中的数据。

（十五）吉林省的数据处理

1992年，浑江市的行政区划中包含临江县，有人口数据而无GDP数据。而浑江市全市的GDP与浑江市内除临江县外的其他县级行政单位（市辖区和县）的GDP总和一样，故略去临江县。

1995年松原市的扶余县在行政区划中有其名字，但有人口数据而无GDP数据，用市总数减去其他行政单位的数据而获得。

2008年的数据在2009年和2010年的省统计年鉴中都有，但不相同，采用2009年年鉴中的数据。

（十六）江苏省的数据处理

人口数据有"年末户籍人口""年平均户籍人口""年末常住人口"，采用"年末户籍人口"。

1991年、1992年的县及县级市数据来自其《五十年统计汇编》，市辖区数据来自市总数减其内其他各县级行政单位数。

（十七）江西省的数据处理

2011年各市辖区人口数据来自《中国城市统计年鉴》（2012），其他县的人口数据来自《中国区域经济统计年鉴》（2012），各区县

GDP 数据来自前后两年数据乘积的平方根。

（十八）辽宁省的数据处理

1990 年数据的"现价"数据与"1990 年不变价"数据相异，取"现价"数据。

1991 年人口数据来自《辽宁人口统计年鉴》（1992），GDP 数据来自前后两年的 GDP 数据乘积的平方根。

2000—2003 年的县级市数据来自《中国城市统计年鉴》（各年）。

2000 年县级市数据缺失，采用《中国城市统计年鉴》（2001）数据。

2001 年县级市在省统计年鉴中使用"增加值"，其值与《中国城市统计年鉴》（2002）中的国内生产总值数据一致。

2002—2010 年省辖市的市区数据来自《中国城市统计年鉴》（2003—2011）（原因：省统计年鉴 2003 年中市辖区各区的数据加总与前后两年数据对比不太合常理，即表《2008 年各市市辖区基本情况》中各市辖区和表《各市农业县区基本情况》中各市辖区数据的加总值比对《中国城市统计年鉴》中的数据存在重大不合，且与刚开始的年份数据不合）。

（十九）内蒙古的数据处理

1990—2006 年的数据来自《辉煌 60 年》（各人口与 GDP 数据未做修正，与当年统计年鉴中的值相同）。

行政区划有所改变的，数据对应改过来。

乌海市 1990—1999 年数据不全，用乌海市历年数据（2009 年年鉴）补上，2000—2011 年数据由其内三个区的相应数据加总而来。

（二十）宁夏的数据处理

2001—2003 年红寺堡管委会的人口数据包含在中宁县中，2004 年后，红寺堡管委会的人口数据单列，但其 GDP 数据却不单列。对照中宁县 2001—2006 年的 GDP 数据（见附表 1－1），仍将红寺堡管委会的人口数据包含在中宁县中，即 2004—2010 年后中宁县的人口数据为统计年鉴中中宁县和红寺堡管委会的数据之和。2009 年、2010

年的红寺堡管委会有人口和 GDP 数据，则单列出来。

附表 1 - 1　　　中宁县 2001—2006 年的 GDP 数据比较

	2001	2002	2003	2004	2005	2006
中宁县 GDP(年鉴，万元)	107068	123029	153895	178970	243282	279127
红寺堡管委会人口(人)				141399	143881	146198
中宁县人口(年鉴，人)	344850	393843	408818	293819	297186	300733
中宁县人口(实际采用，人)	344850	393843	408818	435218	441067	446931

2009—2011 年，吴忠市市辖区的数据由其利通区和红寺堡区的数据相加而得到。

(二十一) 青海省的数据处理

1990 年主要以国民收入数据而来。各县区有国民收入数据的，按国民收入数据而来；无国民收入数据的，在将整个地市国民收入总数(由各地市国民收入加总而来，与全省的总数相异)减去其他县区国民收入数据后，按工农业总产值的比例来分配国民收入数据。最后，各县区的国民收入数据乘以全省总 GDP，再除以全省总国民收入，得到计算后的 GDP 值。

1991 年，主要由国民生产总值数据而来。各县区有国民生产总值数据的，按国民生产总值数据而来；无国民生产总值数据的，在将整个地市国民生产总值总数(各地市国民生产总值加总而来，与全省的总数相异)减去其他县区国民生产总值数据后，按工农业总产值的比例来分配国民收入数据。

1992 年、1993 年，主要由国民生产总值数据而来。各县区有国民生产总值数据的，按国民生产总值数据而来；无国民生产总值数据的，由其工农业总产值乘以其所在地市 GDP，再除以相应地市的工农业总产值得到。

1990 年 GDP 数据缺失严重，1991—1994 年的数据都有部分缺失。在此将参照农业总产值(1990 年不变价格)和工业总产值(1990

年不变价格)的数据进行计算(因为统计口径的原因，即不是统计增加值，两者之和大于 GDP 的数据)。

有数据的地区则依其给出的数据，其他地区的数据为总数值与已知数据之余，特别地，如西宁包括市辖区和大通县，给出其中一个数据和西宁市的总数据，则另一个数据不统计为缺失数据。亦即一个区域由两个次级区域组成，则总值和任一次级区域数据已知，则另一个可以算出的次级区域的数据不统计为缺失数据。1991 年开始的《州—地—市社会国民经济主要指标》中的 GNP 现值数据和《城市基本情况》GDP 现值数据一致，故将各县 GNP 数据视为其 GDP 数据。茫崖行政委员会人口数据包含在乌兰县中，故将其 GDP 也并入乌兰县。

（二十二）山东省的数据处理

因 1993—2001 年的《山东统计年鉴》没有相应各县区的数据，故依各市的统计年鉴。2002—2004 年各县区的数据来自《淄博统计年鉴》(各年)。

1993 年日照的市辖区与莒县的 GDP 数据来自前后两年数据乘积的平方根。

1994 年、1995 年济宁市市辖区数据在《中国城市统计年鉴》(各年)中有，但综合前后数据，认为此数据不宜被采用。1994 年、1995 年济宁市各区县数据依 1993—1996 年的增长率计算获得(power(1996/1993，1/3)，power(1996/1993，2/3))。

1993—1995 年滨州市和菏泽市各区县数据依 1993—1997 年的增长率计算获得。

1994 年德州市各区县人口数据来自《中华人民共和国全国分县市人口统计资料》(1994)，1994 年各区县 GDP 来自前后两年数据乘积的平方根。

1995—2000 年德州市德城区的人口数据与德州市市区的人口数据相同，但其 GDP 数据却与德州市市区的 GDP 数据相异。1993 年，德城区的 GDP 为 278512 万元。1995 年，德城区的 GDP 为 412674 万元。1996年市区的数据为506427万元，而德城区的GDP数据为178000万元。1997—2000年，市区和德城区的GDP数据在各自1996年的基础上有正的增长。故取德州市市区数据为其市辖区数据。

东营市1993—2001年各县区的数据总和与其总数相差很大，取各县区数据。

枣庄市（只有市辖区和滕州市）的数据参考《中国城市统计年鉴》（各年）而来。

2005—2010年各市辖区数据来自《中国城市统计年鉴》（各年），各县级行政单位数据来自《中国区域经济统计年鉴》（各年）。

1. 2007年在济南市中有"高新区"的GDP（1010794万元）和"其他"（629800万元），淄博市中有"高新区"的GDP（771570万元），枣庄市中有"高新区"的GDP（166805万元），烟台市中有"开发区"的GDP（4528337万元），潍坊市中有"高新开发区"的GDP（975506万元）、"滨海开发区"的GDP（547334万元）和"经济开发区"的GDP（182680万元），日照市中有"经济开发区"的GDP（759149万元），德州市中有"经济开发区"的GDP（757300万元）和"运河开发区"的GDP（467100万元），菏泽市中有"开发区"的GDP（220627万元）。但在人口数据的所有年份和GDP数据的其他年份中均未见这十二个区域的相关数据，且在行政区划中未单列，故略掉。

2. 2002年、2003年和2004年中，长清县已于2001年改为长清区，在GDP数据中为"长清区"，而在人口数据中为"长清县"，故将人口数据中长清县的数据并入济南市市辖区数据中。

3. 东营市的GDP市总数与其两区三县的总和数据相差很大。使用县区的原始数据。

4. 潍坊1994年和1995年为GNP，在1996年的潍坊市《全市历年主要指标》中，1994年、1995年的GDP数据为相应的GNP的数值，故1994和1995年的GDP为相应的GNP数据。

（二十三）陕西省的数据处理

1990—1998 年各市辖区 GDP 数据是用市总数减去其内各县 GDP 数据而来。

1991 年无人口数据，采用《中华人民共和国全国分县市人口统计资料》（1991）。

1998 年、1999 年白河县的 GDP 是依 1997—2000 年的平均增长率计算而来。

1999 年，除西安市、咸阳市、延安市和榆林市四市和其他各市辖区外，其他各地市的县的 GDP 依前后两年的增长率计算而来。

2000 年的数据来自《中国县（市）社会经济》（2001）。

2001 年数据依前后两年的增长率计算而来。2001 年各区县的数据在《陕西区域统计年鉴》（2012）中有，但与 2000 年和 2002 年的数据相比有诸多矛盾之处，故做如此处理。

2002—2008 年各区县的数据在陕西省统计年鉴中没有，采用《中国区域经济统计年鉴》（2003—2009）中的数据。

2009—2010 年数据来自《中国区域经济统计年鉴》（2010—2011）。2009 年的数据在两个年鉴中是一样的。2010 年数据在《中国区域经济统计年鉴》（2011）和《陕西省统计年鉴》（2011）中都有，两者稍有差异，只是《中国区域经济统计年鉴》（2011）中的数据更精确，故采用《中国区域经济统计年鉴》（2011）中的数据。

1990—1996 年使用国民生产总值数据，原因是无各县 GDP 数据，故不得不使用之；两者很相近，故可以使用（见附表 1 - 2）。

附表 1 - 2　　**陕西省 GNP 和 GDP 情况**（1990—1996）　　　　　　（亿元）

	1990	1991	1992	1993	1994	1995	1996
GNP	405.11	467.72	539.39	662.77	816.58	1000.03	1175.38
GDP	405.1	466.84	538.43	661.42	816.58	1000.03	1175.38

资料来源：《陕西统计年鉴》（1997、1998）。

陕西1990—1998年各市辖区的GDP数据在《陕西统计年鉴》中没有，在《中国城市统计年鉴》中有。但《中国城市统计年鉴》和《陕西统计年鉴》中市的GDP数据不尽相同，且用《中国城市统计年鉴》中的市辖区GDP数据和《陕西统计年鉴》中各市内其他行政单位的GDP数据相加，不等于《陕西统计年鉴》中给出的市的总和数据，也不等于《中国城市统计年鉴》中给出的市的总和数据。为取得数据的统一性，相应市辖区的GDP数据为《陕西统计年鉴》中给出的市的总和数据减去市内其他县级行政单位GDP数据的余值。

2000年、2002—2010年的市辖区数据来自《中国城市统计年鉴》。2000年各县级行政单位数据来自《中国县（市）社会经济统计年鉴》，2002—2010年各县级行政单位数据来自《中国区域经济统计年鉴》。各市数据来自市辖区和市内各县级行政单位的数据加总。

（二十四）四川省的数据处理

1990年的GDP数据依1991—1992年的增长率计算得来。《成都五十年1949—1999》中有1990年成都市各区县的数据，但对照1991—1998年的数据，发现此资料中的数据与《四川省统计年鉴》（各年）中的数据有诸多不吻合之处，故采用1991—1992年的增长率来计算1990年的数据。

1991年、1992年的GDP数据采用GNP数据。

1992年、1993年成都市市辖区的GDP由市总数计算而来。

1998年、1999年各市辖区的GDP数据来自《中国城市统计年鉴》（1999、2000）。

2002年攀枝花的市辖区GDP在《四川省统计年鉴》（2003）中没有，在城市统计年鉴中有（1057069万元），但与2001年（156223万元）和2003年（378289万元）相比，相差太大，故舍弃，而采用2001—2003年的平均增长率来计算得出。

（二十五）西藏的数据处理

西藏在1990—2000年没有各县级单位的GDP数据，在此将参照第一产业的数据进行计算。其原因有六：第一，西藏的数据应该纳入全国区域经济差异的计算范围，而不应将其排除在外。第二，西藏主要为农业、牧业和半农半牧县(见附表 1 - 3)。第三，从西藏整个区的 GDP 和农业数据的对比(见附表 1 - 4)来看，可以参照农业产值的数据来换算出 GDP 数据。第四，农业人口占总人口的比重很高(见附表 1 - 5)。第五，从拉萨市部分县国民经济情况(附表 1 - 6)来看，除城关区外，在其他县工农业总产值中，农业总产值的比重很大。第六，可以用来确定各县 GDP 参考数据的除各县农业总产值之外，暂时可能没有其他可供使用的更有效的数据。

附表 1 - 3　　　　西藏 1990—2000 年农牧业县份额

	1990	1991	1992	1993	1994	1995	1996	1997	1998	1999	2000
县级单位总数(个)	73	73	74	73	73	73	73	73	73	73	73
农业县(个)	35	35	35	35	35	35	35	35	35	35	35
牧业县(个)	14	14	15	14	14	14	14	14	14	14	14
半农半牧县(个)	24	24	24	24	24	24	24	24	24	24	24
农牧业县份额(%)	100	100	100	100	100	100	100	100	100	100	100

资料来源:《西藏统计年鉴》(1991—2001)。

附表 1 - 4　　　　西藏 1990—2000 年农业总产值与 GDP　　　　(亿元)

	1990	1991	1992	1993	1994	1995	1996	1997	1998	1999	2000
GDP	27.7	30.5	33.3	37.3	45.8	56.0	64.8	77.0	91.2	105.6	117.5
农业总产值	14.1	15.5	16.6	18.3	21.1	23.4	27.2	29.2	31.3	34.2	36.3
农业总产值份额(%)	50.9	50.8	49.8	49.0	46.0	41.9	41.9	37.9	34.3	32.4	30.9

说明：这里的农业包含了农、林、牧、渔业。

资料来源:《西藏统计年鉴》(1991—2001)。

附表 1 - 5　　　　西藏 1990—2000 年农业人口份额　　　　(%)

	1990	1991	1992	1993	1994	1995	1996	1997	1998	1999	2000
农业人口份额	86.3	86.4	86.3	86.3	86.2	86.2	86.2	86.2	86.2	86.2	86.2

资料来源:《西藏统计年鉴》(2001)。

附表 1-6　　　拉萨市部分县国民经济情况（1990—1999）　　　　（万元）

		1990	1991	1992	1993	1994	1995	1996	1997	1998	1999
城关区	农业产值	1946	2230	2140	1681	2109	2350	2762	3284	3637	3967
	工业产值	1150	1206	1218	1773	2067	2492	2582	2690	2831	3151
	建筑业产值	1540	1340	1528	2240	3204	4905	4668	5765	6295	6634
	服务业收入	569	508	497	717	1162	1881	2594	3056	4048	4806
林周县	工农业总产值	1938	2305	5158	5364	5288	5326	6649	7061	7227	8307
	农业总产值	1938	2293	5153	5351	5280	5208	6458	6831	7175	8237
曲水县	总收入	2529	2867	2618	1783	3231	3886	5518	6281	6581	7354
	一产收入	2112	2453	2253	1203	2644	3160	4690	5049	5167	5594
	二产收入	134	177	121	242	220	277	297	481	556	803
	三产收入	283	238	243	338	368	450	530	751	858	958
堆龙德庆县	工农业总产值	2952	3464	3713	4671	7991	9329	10201	13885	14069	15880
	农业总产值	2922	3433	3678	4258	6164	7206	7879	9336	9690	11119
墨竹工卡县	工农业总产值						3358	3765	4254	4507	5222
	农业总产值	686	1432	3261	3088	3192	3173	3215	3484	3681	4202
	工业总产值	11					185	550	770	826	1021

资料来源：《辉煌四十年——拉萨市1959年至1999年国民经济统计资料汇编》。

西藏 2001—2004 年各年有些县的农林牧副渔业产值和工业总产值比相应的第一产业和第二产业的 GDP 值要大。

◆　拉萨市数据来源说明

1995—2000 年的 GDP 数据在《拉萨市国民经济统计年鉴》（2000）、《拉萨市统计年鉴》（2007）和《拉萨市统计年鉴》（2011）中有不同之处（见附表 1-7）。但在 1990—1994 年，三者的 GDP 数据是一致的。按照取最近年份数据的原则，我们采用《拉萨市统计年鉴》（2000）中的数据。

附表1－7　　　　1995—2000 年《拉萨市国民经济统计年鉴》

（2000）、《拉萨市统计年鉴》（2007、2011）拉萨市

GDP 数据比较（1995—2006）　　　　（亿元）

年份	1995	1996	1997	1998	1999	2000
《拉萨市国民经济统计年鉴》（2000）	18.80	21.35	24.88	29.11	33.47	40.36
《拉萨市统计年鉴》（2007）	19.02	21.61	25.18	29.46	33.87	40.12
《拉萨市统计年鉴》（2011）	21.32	21.82	27.09	32.82	29.24	44.90

2001—2006 年的 GDP 数据在《拉萨市统计年鉴》（2007）和《拉萨市统计年鉴》（2011）中有不同之处（见附表1－8）。但在 2007 年，后两者的 GDP 数据是一致的。按照取最近年份的原则，我们采用《拉萨市统计年鉴》（2007）中的数据。

附表1－8　　拉萨市 2001—2006 年的 GDP 数据比较（2001—2006）　　（亿元）

	2001	2002	2003	2004	2005	2006
《拉萨市统计年鉴》（2007）	47.41	55.41	64.85	76.14	86.78	103.37
《拉萨市统计年鉴》（2011）	54.92	61.91	69.89	76.14	86.78	1102.39

达孜县：2003—2006 年的 GDP 数据缺失，2003 年、2004 年的 GDP 数据由 2002—2007 年的评价增长率计算而来。2005 年、2006 年的数据按全西藏各区县 2005 年、2006 年的 GDP 数据获得方法来处理。

◆　拉萨市城关区 GDP 来源说明

拉萨市城关区 GDP 来源说明（基于 GDP 份额与市基数）：从拉萨市城关区 GDP 和农业总产值在 1989—2010 年（除 1992—1999 年）的部分年份占拉萨市总值（各区县的加总，而非《西藏统计年鉴》中给出的各市的值）情况（见附图1－1）来看：（1）城关区的农业总产值份额在 0.05 和 0.10 之间，而 GDP 的份额在 0.37 和 0.67 之间，且两个份额的变化也不一样；（2）1989—1991 年、2000—2010 年共 14 年数据的相关系数为 －0.59626；（3）GDP 份额呈下降趋势的年份（1989—

1991 年、2000—2004 年共 8 年)数据的相关系数为 - 0.79238。从这三点情况来看,依农业总产值来计算城关区的 GDP,确有不妥之处。

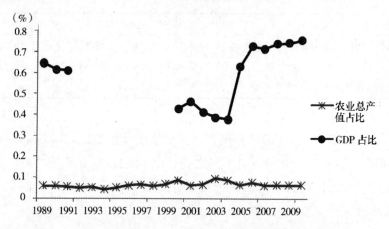

附图 1 - 1　拉萨市城关区 GDP 和农业总产值的份额情况(1989—2010)

以这 8 年的数据进行拟合,以年份(Year)为因变量,GDP 份额(GDP_ Ratio)为自变量,采用以下公式进行拟合。

$$GDP\_ Ratio = a\ Year + C \qquad (附 1 - 1)$$

结果为:

$$GDP\_ Ratio = -0.017537\ Year + 35.52140 \qquad (附 1 - 2)$$
$$-18.34552 \qquad 18.60236$$

$(\hat{R}^2 = 0.979566, Prob. = 0.0000)$

依此公式算出 1992—1999 年拉萨市城关区的 GDP 份额应该更为合理。

◆　拉萨市各区县数据来源说明

2000—2010 年拉萨市各区县的相应数值加总(加总值)不等于相应的《西藏统计年鉴》中给出的各市的数值。从拉萨市各区县 GDP 加总值与拉萨市 GDP 数值的比率情况(1989—2010)(见附图 1 - 2)来看,1989—2004 年拉萨市各区县 GDP 加总值与拉萨市 GDP 数值的比率呈明显下降趋势,且未反超 0.6。

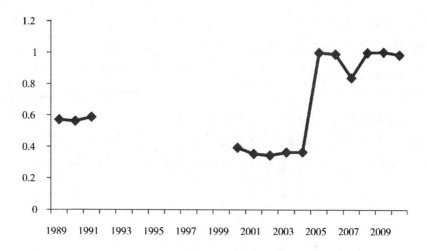

附图 1 - 2 拉萨市各区县 GDP 加总值与拉萨市 GDP 数值的比率情况(1989—2010)

而 2000—2010 年的数据都是采用各区县的数据作为各区县的值,各区县的数据加总作为相应地市的值。故计算 1992—1999 年的拉萨市城关区的拉萨市 GDP 值应由给出的拉萨市 GDP 数值按拉萨市各区县 GDP 加总值(GDP_C)与拉萨市 GDP 数值(GDP_R)的比率(Ratio_C_R)进行校正。而这个比率可以参照以下公式进行计算。

$$\text{Ratio\_C\_R} = a\,\text{Year} + C \qquad\qquad (\text{附} 1\text{-}3)$$

结果为:

$$\text{Ratio\_C\_R} = -0.016725\,\text{Year} + 33.85278 \qquad (\text{附} 1\text{-}4)$$
$$\qquad\qquad -10.66726 \qquad 10.80893$$

$(\hat{R}^2 = 0.9416,\ \text{Prob.} = 0.0000)$

依此公式算出 1992—1999 年拉萨市的 GDP 应该更为合理。

故,依得到的拉萨市城关区 1992—1999 年的 GDP 份额及拉萨市的 GDP 数据计算拉萨市城关区 1992—1999 年的 GDP 数值及其他县的 GDP。

按得到的拉萨市城关区 1992—1999 年的 GDP 份额及拉萨市的 GDP 数据计算拉萨市城关区 1992—1999 年的 GDP 数值及其他县的

GDP 数值，其结果较为合理。为验证这些结果的科学性，按此方法计算了西藏各区县(除林芝地区外)2000 年、2001 年的数据。

与 2000 年西藏各区县(除林芝地区外)的实际 GDP 值(来自《西藏统计年鉴》(2001))进行比对(见附图 1 - 3)后发现：(1)整体西藏的数据相关性为 0.831，整个效果还较为理想；(2)山南地区和日喀则地区的值较低，其他地区的值都在 0.7 以上，特别是拉萨的数值达到 0.989。综合来看，这样处理得到的西藏各区县的 GDP 数值的效果比较理想。

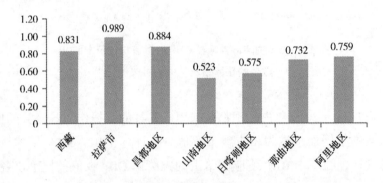

附图 1 - 3　西藏及各地市(除林芝地区外)计算得出的 GDP 值
与实际值的相关系数(2000)

与 2001 年西藏各区县(除林芝地区外)的实际 GDP 值(来自《西藏统计年鉴》(2002))进行比对(见附图 1 - 4)后发现：(1)整个西藏的数据相关性为 0.825，整体效果还较为理想；(2)山南地区的值很低(其农业总产值出现很大负增长)，日喀则地区的值也达到 0.648，其他地区的值都较高，特别是拉萨的数值达到 0.982。

综合 2000 年、2001 年的数据比对情况来看，这样处理得到的西藏各区县的 GDP 数值的效果比较理想。

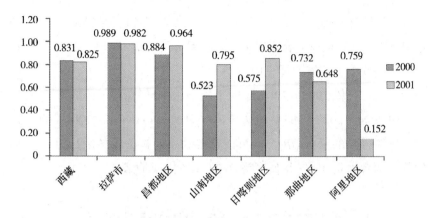

附图 1-4　西藏及各地市(除林芝地区外)计算得出的 GDP 值
与实际值的相关系数(2000、2001)

◆　2005 年、2006 年的数据处理

方法一：依 GDP 与农林牧副渔业总产值的比值数据来处理。西藏 2005 年和 2006 年的 GDP 数据没有，比对 2003 年、2004 年、2007 年、2008 年各县区的 GDP 与农林牧副渔业总产值的比值数据发现，各年间的比值数据具有很大的相似性(见附表 1-9)。由此，用相应的农林牧副渔业总产值乘以相应的倍数以得到 GDP。具体来说，计算公式为：

$$GDP_{2005} = A_{2005} \times \left[a_{2004} + \frac{1}{3}(a_{2007} - a_{2004}) \right] \qquad (附 1-5)$$

$$GDP_{2006} = A_{2005} \times \left[a_{2004} + \frac{2}{3}(a_{2007} - a_{2004}) \right] \qquad (附 1-6)$$

其中，GDP_{2005} 为 2005 年的 GDP，A_{2005} 为 2005 年的农林牧副渔业总产值，a_{2004} 为 2004 年 GDP 与农林牧副渔业总产值的比值，其他类此。

附表 1-9　西藏 2003 年、2004 年、2007 年、2008 年的"GDP
与农林牧副渔业总产值的比值"数据的相关系数

	2008	2004
2007	0.9083	0.9517
2003		0.9640

这样的计算有很大的可行性。比对拉萨市各区县 2006 年计算的 $GDP(GDP_{C1})$ 和可以直接获得(通过网络)的 GDP 发现,两种的相似度为 0.999914(具体数据见附表 1—10)。

方法二:依 2004—2007 年的平均增长率计算。

用 2004—2007 年的平均增长率来计算 2005 年和 2006 年的 GDP 值。比对得到的值(GDP_{C2})与可以直接获得的拉萨市各区县的 GDP 后发现,两者也很相似(相似度为 0.942166)(见附表 1 – 10)。

附表 1 – 10   **拉萨市按照方法一、方法二计算的各区县 GDP**

(GDP_{C1}、GDP_{C2})与实际 GDP(GDP_r)情况　　　　(万元)

	城关区	林周县	当雄县	尼木县	曲水县	堆龙德庆县	达孜县	墨竹工卡县
GDP_{C1}	608851	46490	28604	17488	22246	53734	23612	38180
GDP_r	775900	48000	33100	16700	22800	56500	26600	44300
GDP_{C2}	383496	47479	32444	15308	22399	55733	26567	45627

说明:各区县实际 GDP 数据来自网络(http://zhidao.baidu.com/question/68711772.html)。

比对通过这两种方法计算出来的数值和 2004 年、2007 年的数据,发现:(1)就与拉萨市各区县 GDP 的比对而言,方法一得到的值更合适;(2)就得到的拉萨市城关区的 GDP 值而言,方法一也更合理。故采用方法一进行处理。

然后还需对数据依实际各地区的 GDP 总值进行处理,以使其与实际值更接近,具体公式为:

$$GDP = GDP_c \times \frac{\sum GDP_c}{GDP_r}$$　　　　　　(附 1 – 7)

其中,GDP_c 为计算出来的 GDP,$\sum GDP_c$ 为地市内各县区计算出来的 GDP 总和,GDP_r 为地市的实际 GDP。

2011 年各区县 GDP 数据由 2009 年、2010 年数据外推得到(后改为依工农业总值推算得出)。

◆ 那曲地区尼玛县数据来源说明

那曲地区尼玛县：在行政区划上，尼玛县在 1983 年已经成立，但在《西藏统计年鉴》（1991，1992，1993）和《中华人民共和国全国分县市人口统计资料》（1990，1991，1992）中无尼玛县的相关数据，亦无尼玛这个县级行政单位。从 1993 年开始，才有尼玛县这个县级行政单位及相应的数据。故从 1993 年开始，计入尼玛县的相关数据。

◆ 林芝地区各县数据来源说明

2000 年林芝地区各县 GDP 在《林芝地区统计年鉴》（1996—2000）和《中国县（市）社会经济统计年鉴》（2001）中都有。但比照前后两年的 GDP 数据（见附表 1 - 11），认为《林芝地区统计年鉴》（1996—2000）中的数据更为合理。林芝地区各县 1998—2000 年数据来自《林芝地区统计年鉴》（1996—2000）。

附表 1 - 11　　林芝地区各县 GDP 数据情况（1999—2001）

	林芝县	工布江达县	米林县	墨脱县	波密县	察隅县	朗县
1999	47104	9309	10234	3201	13000	7638	4535
2000a	53242	9294	11140	3465	13772	8724	5496
2000b	3932	9294	3597	3371	13772	8572	5737
20001	53242	10798	11140	3900	17583	11230	6453

资料来源：1999 年和 2000 年（a）数据来自《林芝地区统计年鉴》（1996—2000），2000 年（b）和 2001 年数据分别来自《中国县（市）社会经济统计年鉴》（2001、2002）。

◆ 阿里地区各县数据来源说明

2003 年阿里地区各县 GDP 数据缺失，取前后两年 GDP 的平方根计算而来。

◆ 其他说明

（1）1991 年的数据来自《西藏社会经济统计年鉴》（1992）。

（2）有数据的地区则依其给出的数据，其他地区的数据为总数值与已知数据之余。如1990—1997年，拉萨市及其城关区的GDP数据（《西藏社会经济统计年鉴》（1991、1992））已给出，其他县GDP数据在西藏GDP总值与拉萨市及其城关区GDP数据之差的基础上计算得出。

（3）1998—2001年有各地区的GDP（《西藏统计年鉴》《区域经济统计年鉴》），则其内各县的GDP数据在地区GDP的基础上按农业总产值（当年价）计算。

（4）2011年、2012年各区县GDP以及工农业总产值参照2007—2008年各区县GDP与工农业总值的平均比率来计算。

（5）1990—1999年，拉萨市有相应GDP数据，故其他地区GDP依西藏总值减去拉萨市GDP的剩值为基数进行计算。

（6）1992—1997年，林芝地区有相应GDP数据，故其他地区GDP依西藏总值减去拉萨市和林芝地区GDP的剩值为基数进行计算。

（7）1998年、1999年林芝地区有相应GDP数据，故其他地区GDP依西藏总值减去拉萨市GDP和林芝地区GDP（各县加总）的剩值为基数进行计算。

（二十六）新疆的数据处理

《新疆五十年》（1955—2005）中的数据比较全，包括1990—2004年的数据，但与相应统计年鉴中的数据略有出入，故采用相应各年份的《新疆统计年鉴》中的数据。新疆生产建设兵团的数据未分配至县区，且在空间上无法标识的，则不列入计算。

2003年的GDP数据在《新疆统计年鉴》（2004）中没有，采用《新疆五十年》（1955—2005）中的数据。2003年乌鲁木齐市辖区的GDP来自《中国城市统计年鉴》（2004）（其中乌鲁木齐市总人口数据与《新疆统计年鉴》（2004）一致），乌鲁木齐县GDP数据来自乌鲁木齐市总值减去其市辖区GPD数据。

2004年乌鲁木齐市辖区人口来自《中国城市统计年鉴》（2005）（其中乌鲁木齐市总人口数据与《新疆统计年鉴》（2005）一致），乌鲁木齐县人口来自乌鲁木齐市总人口减去其市辖区人口。

2005—2007 年喀什地区各县级行政单位的人口和 GDP 数据依 2004—2008 年的平均增长率计算而来。

2007—2009 年乌鲁木齐市辖区的人口数据由其各市辖区的数据加总而来。

2008 年、2009 年喀什地区各县级行政单位的人口和 GDP 数据来自《喀什统计年鉴》(2009、2010)。

2010 年的人口数据在《新疆统计年鉴》(2011) 中没有，采用《中华人民共和国全国分县市人口统计资料》(2010) 的数据。

新疆生产建设兵团直辖市包括石河子市(农八师)、阿拉尔市(农一师)、图木舒克(农三师)和五家渠市(农六师)。石河子市的人口和 GDP 数据来自《新疆统计年鉴》，而 2004—2011 年的阿拉尔市、图木舒克和五家渠市的人口和 GDP 数据来自《新疆建设兵团统计年鉴》相应师的数据。

新疆生产建设兵团直辖市：新疆生产建设兵团直辖市包括石河子市(农八师)、阿拉尔市(农一师)、图木舒克(农三师)和五家渠市(农六师)。1981 年 12 月，恢复新疆生产建设兵团，农八师管辖垦区全部农牧团场和石河子的大部分工矿企业，师部驻石河子市。1985 年 6 月，正式成立市人民政府，农八师和石河子市实行一个党委领导的体制。师市合一体制也称石河子模式，后效仿石河子模式建立五家渠市、图木舒克市、阿拉尔市等。这四个市均为县级市。2002 年 9 月 17 日，国务院正式同意设立阿拉尔市、图木舒克市和五家渠市。2004 年 1 月 19 日，阿拉尔市、图木舒克市和五家渠市正式挂牌成立。

伊犁州直属县的级别：在中国，自治州通常为地级行政区，而伊犁哈萨克自治州是唯一的副省级自治州。伊犁哈萨克自治州是全国唯一的既辖地区又辖县市的自治州。伊犁哈萨克自治州直辖塔城地区、阿勒泰地区 2 个地级行政区和伊宁市、奎屯市、伊宁县、霍城县、巩留县、新源县、昭苏县、特克斯县、尼勒克县、察布查尔锡伯自治县共 10 个县级行政区。伊犁州 3 个地区为地级，伊犁州下辖的直属县是县级。

（二十七）云南省的数据处理

1990 年、1991 年各县区的 GDP 数据没有。1992 年有各县区的 GDP 和 GNP，且两者高度相关（R = 0.997081）。故而，1990 年和 1991 年各县区的 GDP 数据由相应年份的 GNP 乘以其与 GDP 的倍数获得（1990 年、1991 年的各县 GNP 数据取自 1992 年的《云南统计年鉴》），即：

$$GDP_县 = GNP_县 \times GDP_省 / GNP_省 \qquad （附1-8）$$

28. 浙江省的数据处理

1994—1996 年台州市辖区的 GDP 来自《中国城市统计年鉴》（1995—1997）。《中国城市统计年鉴》和《浙江省统计年鉴》相应年份台州市辖区的人口数据完全一致，故直接采用。

2006 年义乌市的人口和 GDP 数据在《浙江省统计年鉴》（2007）中没有，故采用《中国城市统计年鉴》（2007）中的数据。

二 用人均 GDP 增长率计算的莫兰系数及其 Z 值

（一）全国用人均 GDP 增长率计算的莫兰系数及其 Z 值

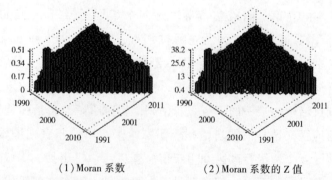

（1）Moran 系数　　　　　（2）Moran 系数的 Z 值

附图 2-1　全国基于县尺度上人均 GDP 增长率的空间集聚（1990—2012）

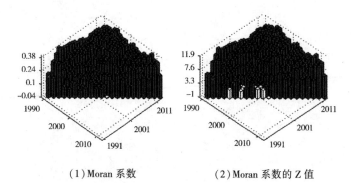

（1）Moran 系数 　　　　　（2）Moran 系数的 Z 值

附图 2 - 2　全国基于市尺度上人均 GDP 增长率的空间集聚（1990—2012）

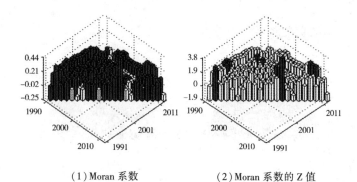

（1）Moran 系数 　　　　　（2）Moran 系数的 Z 值

附图 2 - 3　全国基于省尺度上人均 GDP 增长率的空间集聚（1990—2012）

（二）各省用人均 GDP 增长率计算的莫兰系数及其 Z 值

1. 安徽的莫兰系数及其 Z 值

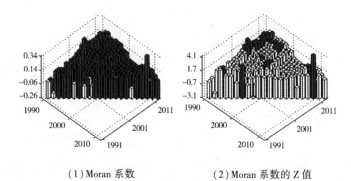

（1）Moran 系数 　　　　　（2）Moran 系数的 Z 值

附图 2 - 4　安徽基于县尺度上人均 GDP 增长率的空间集聚（1990—2012）

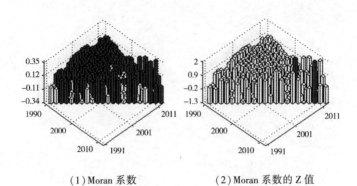

（1）Moran 系数　　　　　（2）Moran 系数的 Z 值

附图 2 − 5　安徽基于市尺度上人均 GDP 增长率的空间集聚（1990—2012）

2. 福建的莫兰系数及其 Z 值

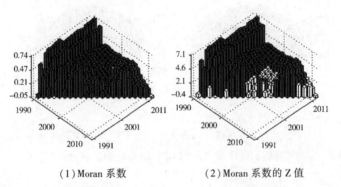

（1）Moran 系数　　　　　（2）Moran 系数的 Z 值

附图 2 − 6　福建基于县尺度上人均 GDP 增长率的空间集聚（1990—2012）

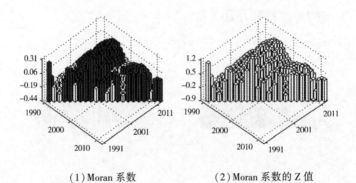

（1）Moran 系数　　　　　（2）Moran 系数的 Z 值

附图 2 − 7　福建基于市尺度上人均 GDP 增长率的空间集聚（1990—2012）

3. 甘肃省的莫兰系数及其 Z 值

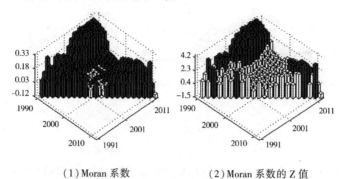

（1）Moran 系数　　　　　　（2）Moran 系数的 Z 值

附图 2 - 8　甘肃基于县尺度上人均 GDP 增长率的空间集聚（1990—2012）

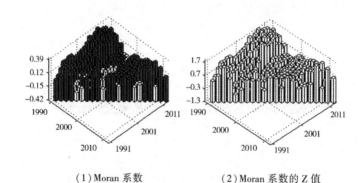

（1）Moran 系数　　　　　　（2）Moran 系数的 Z 值

附图 2 - 9　甘肃基于市尺度上人均 GDP 增长率的空间集聚（1990—2012）

4. 广东的莫兰系数及其 Z 值

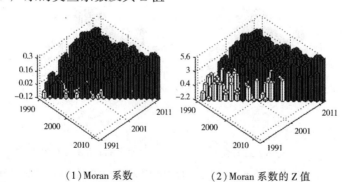

（1）Moran 系数　　　　　　（2）Moran 系数的 Z 值

附图 2 - 10　广东基于县尺度上人均 GDP 增长率的空间集聚（1990—2012）

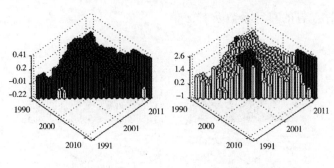

（1）Moran 系数 　　　　（2）Moran 系数的 Z 值

附图 2 - 11　广东基于市尺度上人均 GDP 增长率的空间集聚（1990—2012）

5. 广西的莫兰系数及其 Z 值

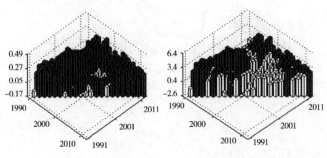

（1）Moran 系数 　　　　（2）Moran 系数的 Z 值

附图 2 - 12　广西基于县尺度上人均 GDP 增长率的空间集聚（1990—2012）

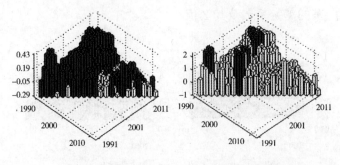

（1）Moran 系数 　　　　（2）Moran 系数的 Z 值

附图 2 - 13　广西基于市尺度上人均 GDP 增长率的空间集聚（1990—2012）

6. 贵州的莫兰系数及其 Z 值

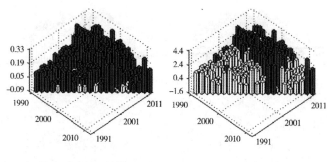

（1）Moran 系数　　　　　（2）Moran 系数的 Z 值

附图 2 - 14　贵州基于县尺度上人均 GDP 增长率的空间集聚（1990—2012）

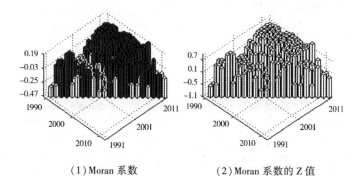

（1）Moran 系数　　　　　（2）Moran 系数的 Z 值

附图 2 - 15　贵州基于市尺度上人均 GDP 增长率的空间集聚（1990—2012）

7. 河北的莫兰系数及其 Z 值

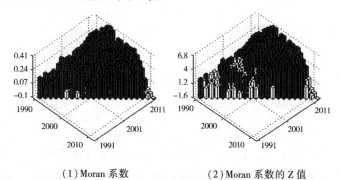

（1）Moran 系数　　　　　（2）Moran 系数的 Z 值

附图 2 - 16　河北基于县尺度上人均 GDP 增长率的空间集聚（1990—2012）

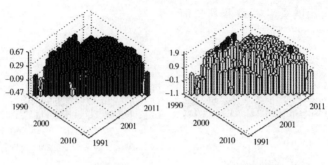

（1）Moran 系数 　　　　　（2）Moran 系数的 Z 值

附图 2 - 17　河北基于市尺度上人均 GDP 增长率的空间集聚（1990—2012）

8. 河南的莫兰系数及其 Z 值

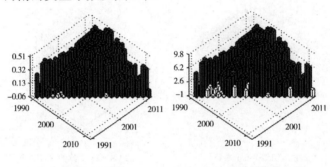

（1）Moran 系数 　　　　　（2）Moran 系数的 Z 值

附图 2 - 18　河南基于县尺度上人均 GDP 增长率的空间集聚（1990—2012）

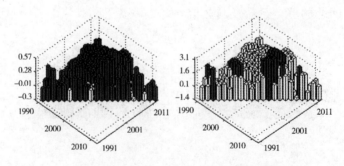

（1）Moran 系数 　　　　　（2）Moran 系数的 Z 值

附图 2 - 19　河南基于市尺度上人均 GDP 增长率的空间集聚（1990—2012）

9. 黑龙江的莫兰系数及其 Z 值

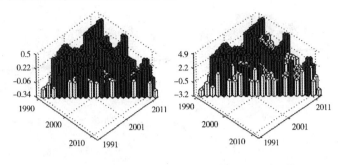

（1）Moran 系数　　　　　　（2）Moran 系数的 Z 值

附图 2 - 20　黑龙江基于县尺度上人均 GDP 增长率的空间集聚（1990—2012）

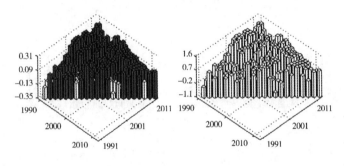

（1）Moran 系数　　　　　　（2）Moran 系数的 Z 值

附图 2 - 21　黑龙江基于市尺度上人均 GDP 增长率的空间集聚（1990—2012）

10. 湖北的莫兰系数及其 Z 值

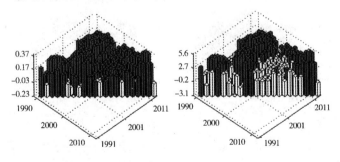

（1）Moran 系数　　　　　　（2）Moran 系数的 Z 值

附图 2 - 22　湖北基于县尺度上人均 GDP 增长率的空间集聚（1990—2012）

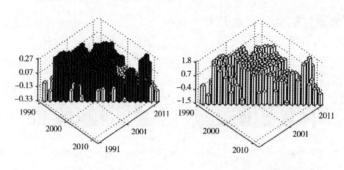

（1）Moran 系数 （2）Moran 系数的 Z 值

附图 2 - 23 湖北基于市尺度上人均 GDP 增长率的空间集聚（1990—2012）

11. 湖南的莫兰系数及其 Z 值

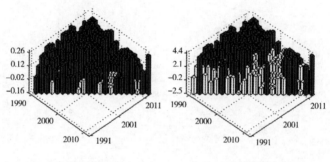

（1）Moran 系数 （2）Moran 系数的 Z 值

附图 2 - 24 湖南基于县尺度上人均 GDP 增长率的空间集聚（1990—2012）

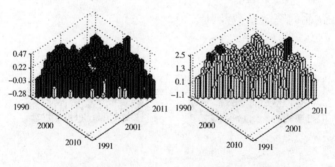

（1）Moran 系数 （2）Moran 系数的 Z 值

附图 2 - 25 湖南基于市尺度上人均 GDP 增长率的空间集聚（1990—2012）

12. 吉林的莫兰系数及其 Z 值

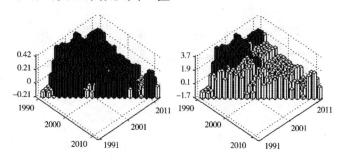

（1）Moran 系数　　　　（2）Moran 系数的 Z 值

附图 2 - 26　吉林基于县尺度上人均 GDP 增长率的空间集聚（1990—2012）

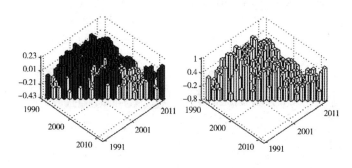

（1）Moran 系数　　　　（2）Moran 系数的 Z 值

附图 2 - 27　吉林基于市尺度上人均 GDP 增长率的空间集聚（1990—2012）

13. 江苏的莫兰系数及其 Z 值

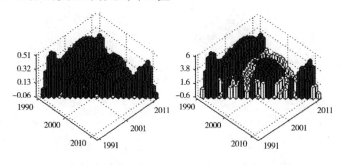

（1）Moran 系数　　　　（2）Moran 系数的 Z 值

附图 2 - 28　江苏基于县尺度上人均 GDP 增长率的空间集聚（1990—2012）

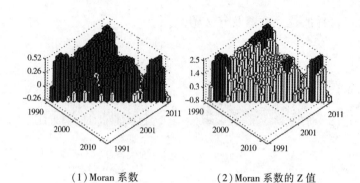

（1）Moran 系数 　　　　　　（2）Moran 系数的 Z 值

附图 2 – 29 　江苏基于市尺度上人均 GDP 增长率的空间集聚（1990—2012）

14. 江西的莫兰系数及其 Z 值

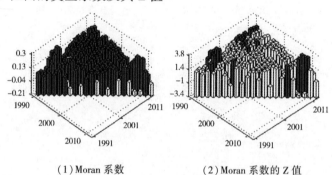

（1）Moran 系数 　　　　　　（2）Moran 系数的 Z 值

附图 2 – 30 　江西基于县尺度上人均 GDP 增长率的空间集聚（1990—2012）

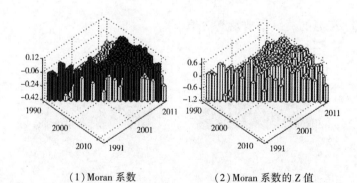

（1）Moran 系数 　　　　　　（2）Moran 系数的 Z 值

附图 2 – 31 　江西基于市尺度上人均 GDP 增长率的空间集聚（1990—2012）

15. 辽宁的莫兰系数及其 Z 值

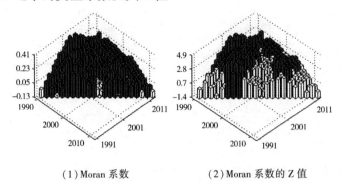

（1）Moran 系数　　　　　　（2）Moran 系数的 Z 值

附图 2 - 32　辽宁基于县尺度上人均 GDP 增长率的空间集聚（1990—2012）

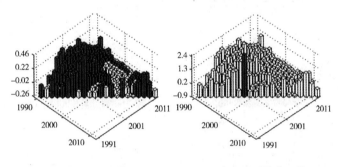

（1）Moran 系数　　　　　　（2）Moran 系数的 Z 值

附图 2 - 33　辽宁基于市尺度上人均 GDP 增长率的空间集聚（1990—2012）

16. 内蒙古的莫兰系数及其 Z 值

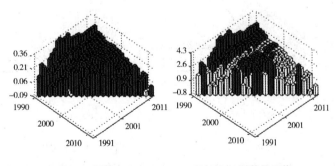

（1）Moran 系数　　　　　　（2）Moran 系数的 Z 值

附图 2 - 34　内蒙古基于县尺度上人均 GDP 增长率的空间集聚（1990—2012）

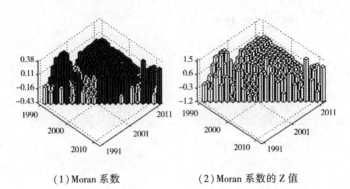

（1）Moran 系数　　　　　（2）Moran 系数的 Z 值

附图 2－35　内蒙古基于市尺度上人均 GDP 增长率的空间集聚（1990—2012）

17. 宁夏的莫兰系数及其 Z 值

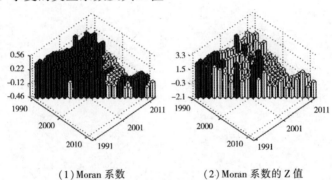

（1）Moran 系数　　　　　（2）Moran 系数的 Z 值

附图 2－36　宁夏基于县尺度上人均 GDP 增长率的空间集聚（1990—2012）

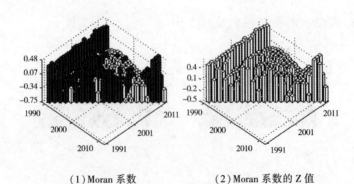

（1）Moran 系数　　　　　（2）Moran 系数的 Z 值

附图 2－37　宁夏基于市尺度上人均 GDP 增长率的空间集聚（1990—2012）

18. 青海的莫兰系数及其 Z 值

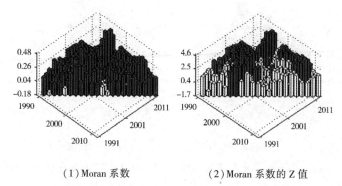

（1）Moran 系数　　　　　（2）Moran 系数的 Z 值

附图 2 - 38　青海基于县尺度上人均 GDP 增长率的空间集聚（1990—2012）

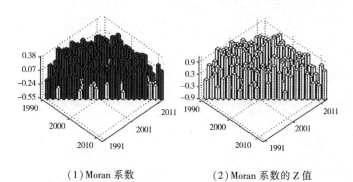

（1）Moran 系数　　　　　（2）Moran 系数的 Z 值

附图 2 - 39　青海基于市尺度上人均 GDP 增长率的空间集聚（1990—2012）

19. 山东的莫兰系数及其 Z 值

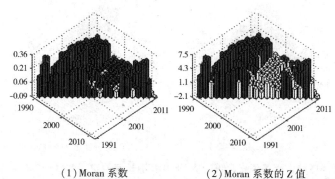

（1）Moran 系数　　　　　（2）Moran 系数的 Z 值

附图 2 - 40　山东基于县尺度上人均 GDP 增长率的空间集聚（1990—2012）

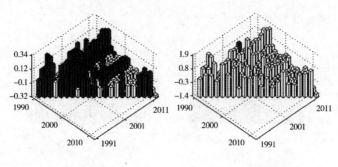

（1）Moran 系数　　　　　（2）Moran 系数的 Z 值

附图 2 - 41　山东基于市尺度上人均 GDP 增长率的空间集聚（1990—2012）

20. 山西的莫兰系数及其 Z 值

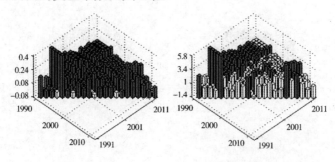

（1）Moran 系数　　　　　（2）Moran 系数的 Z 值

附图 2 - 42　山西基于县尺度上人均 GDP 增长率的空间集聚（1990—2012）

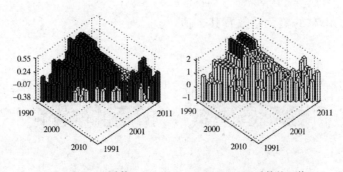

（1）Moran 系数　　　　　（2）Moran 系数的 Z 值

附图 2 - 43　山西基于市尺度上人均 GDP 增长率的空间集聚（1990—2012）

21. 陕西的莫兰系数及其 Z 值

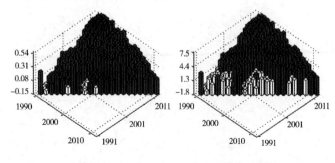

（1）Moran 系数　　　　　　　（2）Moran 系数的 Z 值

附图 2 - 44　陕西基于县尺度上人均 GDP 增长率的空间集聚（1990—2012）

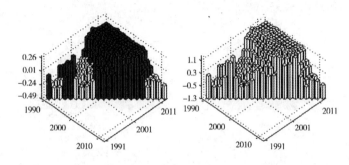

（1）Moran 系数　　　　　　　（2）Moran 系数的 Z 值

附图 2 - 45　陕西基于市尺度上人均 GDP 增长率的空间集聚（1990—2012）

22. 四川的莫兰系数及其 Z 值

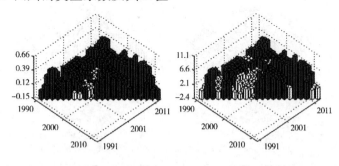

（1）Moran 系数　　　　　　　（2）Moran 系数的 Z 值

附图 2 - 46　四川基于县尺度上人均 GDP 增长率的空间集聚（1990—2012）

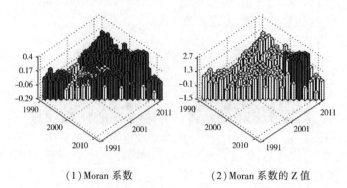

（1）Moran 系数　　　　　（2）Moran 系数的 Z 值

附图 2 - 47　四川基于市尺度上人均 GDP 增长率的空间集聚(1990—2012)

23. 西藏的莫兰系数及其 Z 值

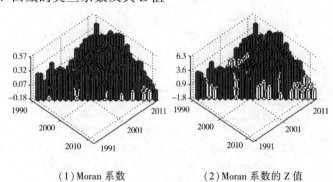

（1）Moran 系数　　　　　（2）Moran 系数的 Z 值

附图 2 - 48　西藏基于县尺度上人均 GDP 增长率的空间集聚(1990—2012)

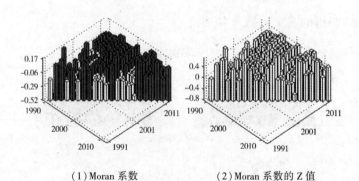

（1）Moran 系数　　　　　（2）Moran 系数的 Z 值

附图 2 - 49　西藏基于市尺度上人均 GDP 增长率的空间集聚(1990—2012)

24. 新疆的莫兰系数及其 Z 值

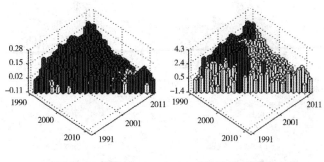

（1）Moran 系数　　　　　（2）Moran 系数的 Z 值

附图 2 - 50　新疆基于县尺度上人均 GDP 增长率的空间集聚（1990—2012）

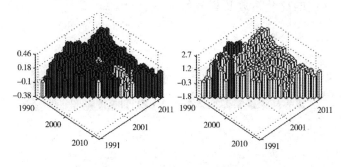

（1）Moran 系数　　　　　（2）Moran 系数的 Z 值

附图 2 - 51　新疆基于市尺度上人均 GDP 增长率的空间集聚（1990—2012）

25. 云南的莫兰系数及其 Z 值

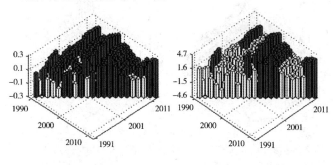

（1）Moran 系数　　　　　（2）Moran 系数的 Z 值

附图 2 - 52　云南基于县尺度上人均 GDP 增长率的空间集聚（1990—2012）

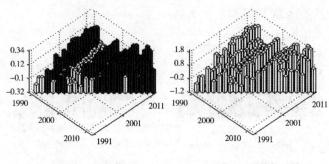

（1）Moran 系数　　　　　（2）Moran 系数的 Z 值

附图 2 – 53　云南基于市尺度上人均 GDP 增长率的空间集聚（1990—2012）

26. 浙江的莫兰系数及其 Z 值

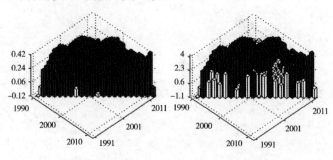

（1）Moran 系数　　　　　（2）Moran 系数的 Z 值

附图 2 – 54　浙江基于县尺度上人均 GDP 增长率的空间集聚（1990—2012）

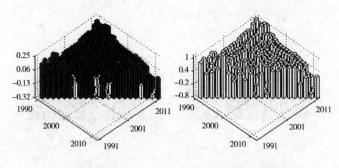

（1）Moran 系数　　　　　（2）Moran 系数的 Z 值

附图 2 – 55　浙江基于市尺度上人均 GDP 增长率的空间集聚（1990—2012）

27. 海南的莫兰系数及其 Z 值

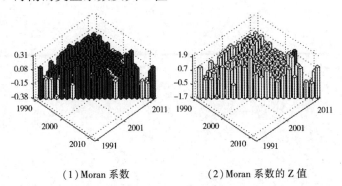

　　　　（1）Moran 系数　　　　　　　（2）Moran 系数的 Z 值

附图 2 – 56　海南基于人均 GDP 增长率的空间集聚（1990—2012）

28. 重庆的莫兰系数及其 Z 值

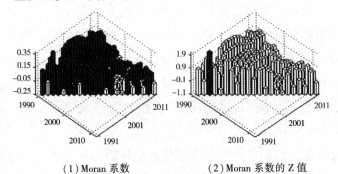

　　　　（1）Moran 系数　　　　　　　（2）Moran 系数的 Z 值

附图 2 – 57　重庆基于人均 GDP 增长率的空间集聚（1990—2012）

后　记

　　本书在余主持之国家社科基金青年项目"中国区域经济差异的尺度效应分析"（11CJL064）最终成果之基础上而成。

　　向者，余对区域经济差异非常关注。逮余阅研文献，乃知前辈大牛和吾辈同仁对区域经济之差异研究颇丰。然细思量之，终觉文献之数据、方法不一，结论迥异，终难能晓众以一致之结论。及余搜索更多文献，始知尺度之于区域经济差异影响甚大。故因之而申报国家社科基金青年项目。期间，得多位贵人相助而能成稿、获批、结项并出版。

　　研究之初，数据收集任务之繁重远超预期。拙书使用之数据包括1990—2012年全国县、市、省尺度的人口与人均 GDP 及高速、国道和省道等交通数据。昔者，部分人口和人均 GDP 数据只存于纸质或图片上，方彼之时，每佝身键字至夜深露重之时，亦曾为购得一市之统计年鉴以补充相关数据而欣喜若狂。偿为得交通数据而让近十数名学生一起，各执几本交通图册，依路索其修建年份，并校准。如此这般，所得原始数据指标虽少，然数据量颇大，念此，余欣然之至。

　　后之，以表征区域经济收敛的 α 收敛、绝对 β 收敛、俱乐部收敛、分布形态和空间集聚等系数、方法和模型用诸县、市和省尺度以明不同尺度上中国区域经济收敛之表现。由此所得之结论似可为关于区域经济收敛的研究及基于相关结论做出的经济发展决策提供些许补充和借鉴，冀望为中国区域经济收敛之研究做出些许探索，然成书草促，挂一漏万，气脉文理亦先后有殊，其纰缪处，以待大雅之教正。

该书写作和出版，得到了南昌大学经济管理学院、社会科学处的支持，得到了"一流平台——区域经济与绿色发展创新研究平台"和南昌大学江西发展升级推进长江经济带建设协同创新中心的支持和资助；还得到了研究同仁的大力帮助和家人的支持与鼓励，没有他们的支持，我难以想象该如何完成这项工作，在此谨向他们表示诚挚的谢意。

周杰文

2017 年 10 月 8 日